Armin E. Hepp

Völker und Stämme in Deutschland

Von der Steinzeit
zum Mittelalter

Armin E. Hepp

Völker und Stämme in Deutschland

Von der Steinzeit zum Mittelalter

Lizenzausgabe 1986 für
Manfred Pawlak Verlagsgesellschaft mbH, Herrsching
© 1979 Grabert Verlag, Tübingen
Schutzumschlag: Bine Cordes, Weyarn
Gedruckt in Jugoslawien
ISBN: 3-88199-293-6

Inhaltsverzeichnis

Meinem Heimatdorf Roßdorf vor der Rhön
zum 1200. Jahrestag der ersten Erwähnung
in einer Urkunde des Klosters Fulda

Einleitung

Die bis knapp tausend Meter hohen Basaltkuppen der Rhön liegen sowohl auf halbem Wege zwischen Island und Zypern als auch zwischen Gibraltar und dem Nordkap oder zwischen Brest und Brest-Litowsk, also ebenso im Herzen Deutschlands wie des sogenannten Abendlandes. Aber wer kennt sie schon, diese unscheinbaren Berge? Hessen, Bayern und Thüringen teilen sich in das Land der Rhöner, die dennoch ein einheitliches Völkchen darstellen. Infolge zahlreicher Auswanderungen zu allen Zeiten gibt es auch außerhalb dieser drei Länder viele Sippen, die aus der Rhön stammen. Doch wer kümmert sich schon um diese bescheidenen Menschen?

Zu ihren Vorfahren zählen fast alle großen Kulturen des europäischen Neolithikums und sowohl Nord- als auch Elb- und Rhein-Weser-Germanen der Eisenzeit. Trotzdem steht der Stamm in keinem Lexikon, dabei hat er eine hochinteressante Vor- und Frühgeschichte. Wissenschaftliche sowohl als auch volkstümliche Geschichtsliteratur gibt es zwar in Hülle und Fülle, aber keine lokalhistorischen Darstellungen, welche geeignet wären, eine persönliche Genealogie unmittelbar fortzuführen. Die üblichen Besiedlungsgeschichten sind entweder zu weiträumig angelegt oder – im Gegenteil – auf einzelne Ortschaften oder politische Bezirke begrenzt.

In vorliegender Schrift wird versucht, eine biologische Einheit ethnogenetisch zu erfassen, die über Jahrtausende hinweg eine weitgehende Eigenentwicklung aufzuweisen hat. Sie bietet jedem genealogisch Interessierten die Möglichkeit, seine mitteldeutschen Spitzenahnen (und welcher Deutsche der Gegenwart hätte keine!) an die Rhöner und ihre Nachbarn anzuschließen, wenn die individuelle Forschung spätestens im Mittelalter auf ihre Grenzen stößt.

Der Einfluß eines einzelnen Menschen von damals auf einen Menschen unserer Zeit ist in der Regel ohnehin so verschwindend klein, daß nur eine umfassendere Betrachtung sinnvoll erscheint, welche zugleich der egozentrischen Entwicklung des 20. Jh.s entgegenwirkt; denn das überpersönliche Leben, die Verwurzelung in Familie, Sippe, Stamm, Volk und Rasse, ist wesentlicheres, beständigeres, potentiell ewiges Leben und darf deshalb nicht als zweitrangig oder gar unwichtig abgetan werden.

9

Diesem fatalen Irrtum unseres scheinbar so aufgeklärten Jahrhunderts kann nicht laut genug entgegengewirkt werden, wenn die »Gedanken Gottes«, wie JOHANN GOTTFRIED HERDER die in Jahrtausenden gewachsenen Völker genannt hat, nicht Opfer der menschlichen Selbstüberschätzung werden sollen.

Erster Teil

Von den Anfängen
der Menschheitsgeschichte bis zur
Seßhaftwerdung

(Steinzeit)

Ich lehre euch den Übermenschen.
Der Mensch ist etwas, das überwunden werden soll. Was habt ihr getan,
um ihn zu überwinden?

Alle Wesen bisher schufen etwas über sich hinaus; und ihr wollt die Ebbe
dieser großen Flut sein und lieber noch zum Tiere zurückgehn,
als den Menschen überwinden?

Was ist der Affe für den Menschen? Ein Gelächter oder eine schmerzliche Scham. Und ebendas soll der Mensch für den Übermenschen sein:
ein Gelächter oder eine schmerzliche Scham.

Ihr habt den Weg vom Wurme zum Menschen gemacht, und vieles ist in
euch noch Wurm. Einst wart ihr Affen, und auch jetzt noch ist der
Mensch mehr Affe, als irgendein Affe.

FRIEDRICH NIETZSCHE
Also sprach Zarathustra, Vorrede 3

Kapitel 1

Urmensch
(Homo habilis)

Urhordengesellschaft
Ursteinzeit (Archäolithikum)
3 000 000–500 000 vZ.

ch heische gehör von den heilgen geschlechtern,
von heimdalls kindern, den hohen und niedern;
walvater wünscht es, so will ich erzählen
der vorzeit geschichten aus frühster erinnrung.

So beginnt die Völuspâ – die Offenbarung der Seherin – in der Edda,
gefolgt von einer Beschreibung der Urzeit und der Aufzählung ganzer
Stammreihen aus den Götter-, Riesen-, Menschen- und Zwergenge-
schlechtern (vgl. Leitwort zu *Teil II*). Nur wenige Völker besitzen ähnlich ausführliche Überlieferungen wie hier die nordischen. Da solche
Urmythen oft ein erstaunliches prähistorisches Wissen enthalten, das
selbst Fachleute immer wieder überrascht, bezieht man sie zu Recht
heute in die Vorgeschichtswissenschaften mit ein. Allerdings reichen
diese Erinnerungen allenfalls bis in die Zeit zurück, als sich die Rassen
und Völker herausbildeten[1].

Für die Zeit, in der die Menschen entstanden, sind wir auf Bodenfunde
und Analogieschlüsse angewiesen. Die Frage, ob die Gattung Mensch
(Homo) eine einmalige Laune der Natur ist, ob der Urmensch (Homo
habilis) etwa durch einen Mutationssprung nur an einer einzigen Stelle
rein zufällig entstanden ist, oder ob sich die drei menschlichen Hauptras-
sen Weiß, Schwarz und Gelb zu verschiedenen Zeiten an verschiedenen
Stellen der Erde langsam aus dem sogenannten Tier-Mensch-Über-
gangsfeld herausgebildet haben, ist letzten Endes nur eine theoretische,
denn ihre gemeinsamen Vorfahren sind in jedem Falle die subhumanen
Hominiden (Affenmenschen)[2], die ihrerseits zu den Primaten (Herren-
tieren) zählen. Wahrscheinlich haben sich in einem jahrmillionenlangen
Prozeß die Habilinen (die Geschickten, Fähigen, Tauglichen) allmählich
von den weniger Tauglichen abgesondert und über diese erhoben.

»Erheblich eher als früher angenommen setzt bereits die Trennung
des Menschenzweiges von der übrigen Primaten ein. Sie ist spätestens
am Beginn des Miozäns, vor rund 25 Millionen Jahren, abgeschlossen.
Seit mindestens fünf Millionen Jahren führen die Vormenschen mit
Waffen die Gruppenjagd auf Großwild aus und benutzen behauene
Steinwerkzeuge. Mehr als 1,5 Millionen Jahre reichen die ältesten bisher
gefundenen Faustkeile zurück. Die Faustkeile wurden vor 700 000 Jahren bereits so hervorragend hergestellt, daß ihre Form nach Meinung der

15

Anthropologen nicht mehr allein mit Zweckmäßigkeitsgründen erklärt werden kann, sondern daß für diese Zeit schon ein Gefühl des Urmenschen für die Schönheit der Form angenommen werden muß, ein erstes Anzeichen erwachenden künstlerischen Sinnes.« (ROLF KOSIEK 1978. 24)

Der Mensch war also sicher nicht plötzlich da. Es gibt auch kein bestimmtes Kriterium, das allein die Bezeichnung Eu-Hominine (echte Menschen) rechtfertigen könnte. Vielmehr war es eine sukzessive Häufung bestimmter Eigenschaften, die schließlich die Trennung vom Tierreich bewirkte: aufrechter Gang, Vergrößerung des Gehirns und damit der Denkfähigkeit, Erfindungsgabe, Sprache und damit Kommunikation, freiwillige Arbeit, Kunstsinn, Familien- und Gemeinschaftsgefühl. Fast alle diese Eigenschaften sind nicht spezifisch menschlich, sie kommen einzeln bei der einen oder anderen Tierart gelegentlich sogar ausgeprägter vor. Also kommt es wohl auf die Zusammenwirkung an, die sich nur in einem langen und fließenden Übergang vervollkommnen konnte. Nach Ansicht bedeutender Denker ist dieser Prozeß noch nicht einmal abgeschlossen (vgl. Leitwort zu *Teil I*). Eine wesentliche Station auf diesem Wege war vor rund 5 Millionen Jahren die sogenannte Jagd- oder Huntingrevolution, der Übergang von ausschließlicher Pflanzen- auf überwiegende Fleischkost. Die Artgenossen, die diesen Wechsel vollzogen, hatten den anderen gegenüber einen größeren Lebensraum und wurden auch dauernd geistig herausgefordert, sich neue Jagdmethoden und bessere Waffen auszudenken, kurz: sie waren ihnen überlegen *(Abb. 1)*.

Diese neue Lebensweise bedingte auch bereits eine gewisse Arbeitsteilung. Während die Männer der Jagd nachgingen, oblag den Frauen das Sammeln von Früchten, die Betreuung der Familien und des Lagers. Nicht zuletzt wurde dadurch auch der Gemeinschaftssinn gefördert.

»Die Bereitschaft zur Zusammenarbeit zwischen den einzelnen Mitgliedern der Horde, die Arbeitsteilung zwischen jagenden Männern und die Kinder versorgenden Frauen, Opferbereitschaft für die Gruppe, das Heimbringen der erlegten Beute zum Hordensitz und das Teilen der Beute mit den übrigen Gruppenmitgliedern, was bei den Menschenaffen nicht üblich ist, schließlich Mut gegenüber dem Großwild, wie Elefanten und Löwen, alle diese gemeinschaftbezogenen Handlungsweisen waren für das Überleben entscheidend. Gleichzeitig bildeten diese Eigenschaften und dieses Verhalten im Lebenskampf für lange Zeiten die wesentlichen Unterscheidungsmerkmale zu verwandten Tierarten. Interessant ist in diesem Zusammenhang, daß ganz unabhängig davon schon vor

Abb. 1: Affenmenschen bzw. Habiline bei der Jagd.

mehr als einem Jahrzehnt der führende amerikanische Anthropologe E.
Mayr in seinem Standardwerk ›Artbegriff und Evolution‹ den Unterschied des Menschen vom Tier beschreibt, den vornehmlich Verhaltensweisen und Gemeinschaftswerte sichtbar machen: ›Der Mensch ist
einzigartig. Er unterscheidet sich von allen anderen Organismen durch

zahlreiche Besonderheiten wie Sprache, Tradition, Kultur und eine enorm verlängerte Dauer von Wachstum und elterlicher Fürsorge.‹ Mit diesen den Menschen kennzeichnenden Verhaltensweisen lebt unsere Art demnach bereits einige Millionen Jahre länger als mit dem erst später auf seine heutige Höhe gelangten Intellekt. Die vor allem gemeinschaftbezogenen Werte sind also ein schon viel älteres Erbe als der Verstand. Sie sind darum in unserer Natur beträchtlich stärker verankert. Gemäß dem psychogenetischen Grundgesetz, nach dem der junge Mensch in seiner individuellen geistigen Reifung die geistige Entwicklung der Menschenart kurz gerafft nachvollzieht, ist somit zu erwarten, daß die stammesgeschichtlich älteren Sozialtugenden in jüngeren Jahren als der Verstand zur Entwicklung anstehen und, soweit genetisch programmiert, dann durch Prägung, Tradition oder Vorbild auszufüllen sind.« (KOSIEK 1978. 25)

Trotzdem darf man die begriffliche Denkfähigkeit als ein wesentliches Postulat der Menschwerdung nicht unterschätzen. »Es ist also, wie Lorenz betont, auch vom biologischen Standpunkt aus keine Übertreibung, das geistige Leben eine neue Art von Leben zu nennen, die es vor Entstehung des begrifflichen Denkens nicht gegeben hat. Dieses Denken wiederum entstand aus der einmaligen in evolutionsgeschichtlichen Zeiträumen ›plötzlichen‹ Integration von Teilfunktionen, unter denen keine einzige ausschließlich dem Menschen eignet, unter denen aber ebensowenig eine zu finden ist, in der der Mensch nicht alle anderen Lebewesen überträfe. Ebensowenig ist eine unter ihnen, deren Mitwirkung bei der nur dem Menschen eigenen Leistung des begrifflichen Denkens und der Wortsprache entbehrt werden könnte.« (KARLHEINZ EBERT 1978)

Rein biologisch gesehen, beginnt die Trennung der Spezies Mensch einerseits und Affe andererseits mit dem Verlust der Paarungsfähigkeit untereinander. »Die Gattung Mensch war bereits am Ende des Tertiär vor etwa 3 Millionen Jahren entstanden.« (KARL-HEINZ OTTO 1974. 3) Geschichtlich greifbar wird der Mensch in Europa allerdings erst vor rund einer Million Jahren, wie die nachfolgende Übersicht zeigt (wiedergegeben mit freundlicher Genehmigung aus »Der neue Brockhaus« 1973–75):

Vorgeschichtliche Chronologie Europas

Zeitangaben v. Chr.[1]		Kulturgruppen	Klima- und Vegetationsstufen	Technik, Wirtschaft	Bevölkerung
500 700	Eisenzeit	Latènezeit Hallstatt-Kultur	Subatlantikum (Buchenwald)	Eisengeräte, Salzbergbau; Burgen, Bronzegeräte, Kupferbergbau. Austbreitung von Pferd und Wagen. Befestigte Siedlungen	Indogermanische Einzelvölker (Germanen, Illyrer, Kelten, baltische Völker)
1000 2000	Bronzezeit	Urnenfelderkulturen Mykenische Kultur Aunjetitzer Kultur	Subboreal (Ausbreitung der Buche)		
3000	Jungsteinzeit — spät	Glockenbecherkultur Streiaxtkulturen		Geschliffene Steingeräte, Kupferschmuck. Ackerbau und Viehzucht (frühestes Bauerntum). Dörfer mit Sippenhäusern	Indogermanen und nicht-indogermanische Völker
4000	Jungsteinzeit — mittel	Rössener Kultur	Atlantikum (Eichenmischwald)		
5000	Jungsteinzeit — früh	Stichbandkeramik Bandkeramik			
6000	Mittelsteinzeit	Tardenoisien	Boreal (Haselwälder)	Feuersteingeräte, Ruderboot, Schlitten, Haushund. Siedlungen mit Rund- und Rechteckhütten. Jagd und Fischfang	
7000	Mittelsteinzeit	Maglemosekultur	Präboreal (Kiefernwaldsteppe)		
8000	Altsteinzeit — Jungpaläolithikum				
9000	Altsteinzeit — Jungpaläolithikum	Ahrensburger Kulturen	Jüngere Tundrenzeit	Stein-, Holz- und Knochengeräte. Pfeil und Bogen, Wurfspeer. Höhere Jäger und Sammler. Hütten, Zelte	
10 000	Altsteinzeit — Jungpaläolithikum	Epimagdalénien	Allerödzeit (Birken- und Kiefernwald)		
15 000	Altsteinzeit — Jungpaläolithikum	Hamburger Kultur Magdalénien	Ältere Tundrenzeit		
25 000	Altsteinzeit — Jungpaläolithikum	Solutréen Gravettien	Würm-Kaltzeit — Paudorf-Interstadial		
	Altsteinzeit — Jungpaläolithikum	Aurignacien			Homo sapiens
40 000	Altsteinzeit — Altpaläolithikum	Blattspitzenkulturen	Brørup Interstadial		
60 000	Altsteinzeit — Altpaläolithikum	Moustérien	Amersfoort-Interstadial		Neandertalmensch
80 000	Altsteinzeit — Altpaläolithikum	Micoquien			
100 000	Altsteinzeit — Altpaläolithikum	Spätacheuleén	Eem-Warmzeit	Geräte aus behauenem Stein. Holzgeräte nur vereinzelt erhalten. Jäger und Sammler. Freiland- und Höhlensiedlungen	Präsapiensmensch
200 000	Altsteinzeit — Altpaläolithikum	Mittelacheuléen	Riß-Kaltzeit		
	Altsteinzeit — Altpaläolithikum		Holstein-Warmzeit		
400 000	Altsteinzeit — Altpaläolithikum	Frühacheuléen	Mindel-Kaltzeit		
600 000	Altsteinzeit — Altpaläolithikum		Cromer-Warmzeit		
800 000	Altsteinzeit — Altpaläolithikum	Abbevillien	Günz-Kaltzeit		Heidelbergmensch
1 Mill.	Altsteinzeit — Altpaläolithikum	Abschlag- und Geröllgerätekulturen	Waal-Warmzeit		

[1] Zeitangaben auf Grund histor. Daten (bis 3000 v. Chr.), von Radiokarbonmessungen (bis 50 000 v. Chr.) und Kalium-Argon-Messungen (für die früheren Zeiten).

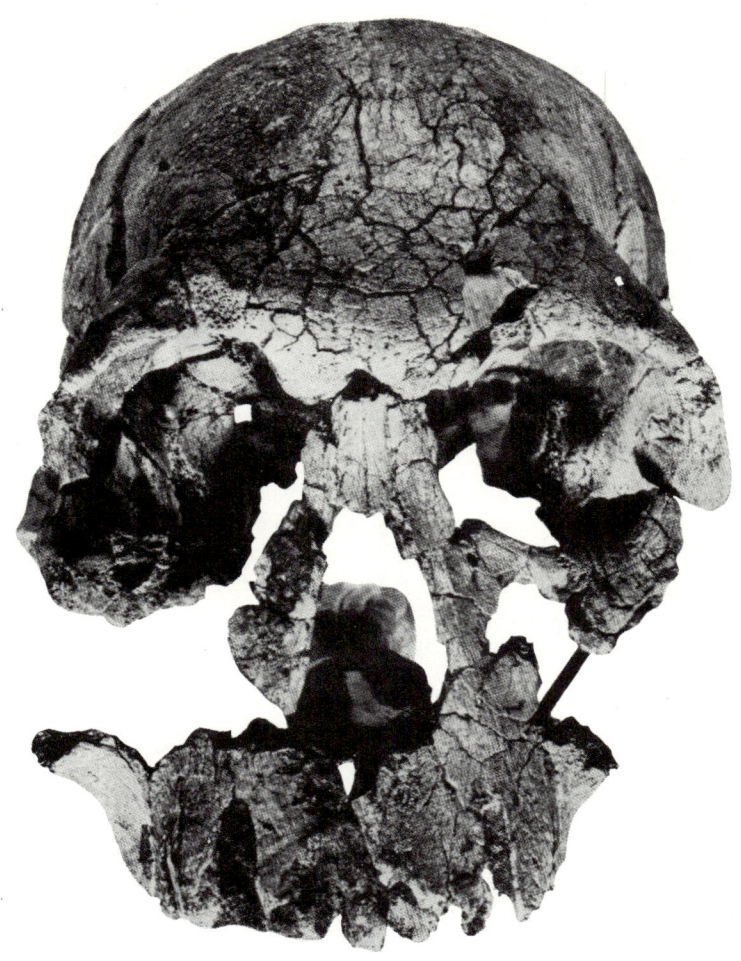

Abb. 2: Schädel eines Urmenschen aus Kenya (2–3 Mio. Jahre alt), vgl. Kapitel-Vignette (Rekonstruktionszeichnung).

War man bis vor kurzem der Ansicht, daß der Mensch nur außerhalb Europas, am wahrscheinlichsten in den Savannen Ostafrikas (RUDOLF GRAHMANN 1952. 62 f) entstanden sein könne, neigt sich die Waagschale jetzt mehr zugunsten Eurasiens. Neuerdings hält RUDOLF FEUSTEL (1978. 82 f) die Hypothese, daß der eurasiatische Raum für diesen Prozeß die günstigeren Bedingungen geboten habe, für durchaus überprüfenswert. In Afrika war eine Umweltselektion jedenfalls nicht so naturnotwendig wie in Eurasien, wo auch vor der eigentlichen Eiszeitära bereits wechselhafte Reizklimate und entsprechende ökologische Schwankungen herrschten. Hier konnte und mußte die biologische Weiterentwicklung zumindest rascher vorangetrieben werden als in den tropischen Regionen, weil hier nur immer die jeweils fortschrittlichsten Habilinen eine Überlebenschance hatten. So ist es durchaus denkbar, daß die afrikanischen Urmenschen Ableger von früheren eurasiatischen sind, obwohl es in diesem Gebiet noch keine Funde des Homo habilis gibt *(Abb. 2)*.

Auch OTTO (1960. 5) weist auf potentielle Urmenschen in Europa, sogar am Rande der Rhön, hin: »Vielleicht gab es vor dem Heidelberger schon Menschen in Deutschland, denn neuerdings sind in spättertiären Schichten Südwestthüringens (z. B. in Sülzfeld bei Meiningen) Quarzit-Porphyrit- und Buntsandsteinstücke entdeckt worden, die Schlagspuren menschlicher Herkunft aufweisen sollen. Der Annahme, daß es sich um Geräte des Menschen handelt, stehen vorerst jedoch noch wissenschaftliche Bedenken entgegen.« In unmittelbarer Nachbarschaft, bei Kaltensundheim vor der Rhön, wurden kürzlich 2 vollständige Mastodontenskelette aus dem Spättertiär gefunden, vielleicht wurden die Tiere von dort jagenden Urmenschen in die Sümpfe getrieben[3]!

Kapitel 2

Frühmensch
(Homo erectus, Archanthropus) und
Altmensch
(Homo präsapiens, Paläanthropus)

Hordengesellschaft
Ältere Altsteinzeit (Altpaläolithikum)
500 000–50 000 vZ.

Der Mensch konnte sich nur in und durch die Gemeinschaft mit seinesgleichen aus dem Tierreich absondern und progressiv zu höheren kulturellen Leistungen und gesellschaftlichen Formen gelangen.

RUDOLF FEUSTEL 1971. 13

Die ältesten menschlichen Überreste in Europa sind jünger als 1 Mio. Jahre und stammen von dem Homo erectus (heidelbergensis), der als sogenannter Frühmensch (Archanthropus) gegenüber dem Urmenschen schon einen weitaus fortgeschritteneren Eindruck macht *(Abb. 3)*.

Sein Aktionsradius wird vielleicht schon in der Günz-Mindel-Zwischeneiszeit von 550 000 bis 480 000 bis Mitteldeutschland gereicht haben, wo er um 350 000 bei Bilzingsleben in Thüringen mit Sicherheit nachzuweisen ist (FEUSTEL 1978, Beilage II). Er lebte in Urhordengesellschaft, was gegenüber dem Urmenschen allerdings kaum einen Fortschritt bedeutet, denn immer noch ist der Mensch sozusagen mehr ein »Herdentier« als ein »Familientier«[4]. Jägerkollektive, die auf Blutsverwandtschaft basierten, durchstreiften vor allem höher gelegene Gebiete, die weniger dicht bewachsen waren. Die Männer jagten mit einfachen Faustkeilen *(Abb. 4)* und primitiven Geräten aus Holz oder Knochen, während die Frauen Wildfrüchte sammelten und das Feuer hüteten, das sie als Naturelement kannten und nutzten, ohne es wahrscheinlich selbst herstellen zu können. Jäger und Sammlerin bildeten so immer noch die kleinste denkbare ökonomische Einheit auf Zeit, also ohne dauernde Bindung[5].

»Im Unterschied zur Tierwelt hat der Archanthropus gearbeitet. Selbst ein Teil der Natur, wirkte er in ständig zunehmendem Maße durch seine Arbeit auf die Natur ein und gewann durch die Auseinandersetzungen mit ihr Erfahrungen und Erkenntnisse. Alle Veränderungen der Naturumwelt durch die Menschen waren Ergebnisse seiner Arbeit.« (OTTO 1974. 4) »Sie (die Arbeit) ist die erste Grundbedingung alles menschlichen Lebens, und zwar in einem solchen Grade, daß wir in einem gewissen Sinne sagen müssen: Sie hat den Menschen selbst geschaffen«, sagt FRIEDRICH ENGELS etwas überspitzt.

In der Mindel-Riß-Zwischeneiszeit von 420–240 000 erscheint der wesentlich fortgeschrittenere Paläanthropus (Altmensch), der nachweislich bis nach Niedersachsen und vielleicht auch darüber hinaus vorgedrungen ist. Er darf bereits als direkter Vorfahre des heutigen Menschen angesprochen werden[6]. Wahrscheinlich lebte er schon in einer Art andauernder Gruppenehe mit zeitlich begrenzten Einzelpaarungen[7].

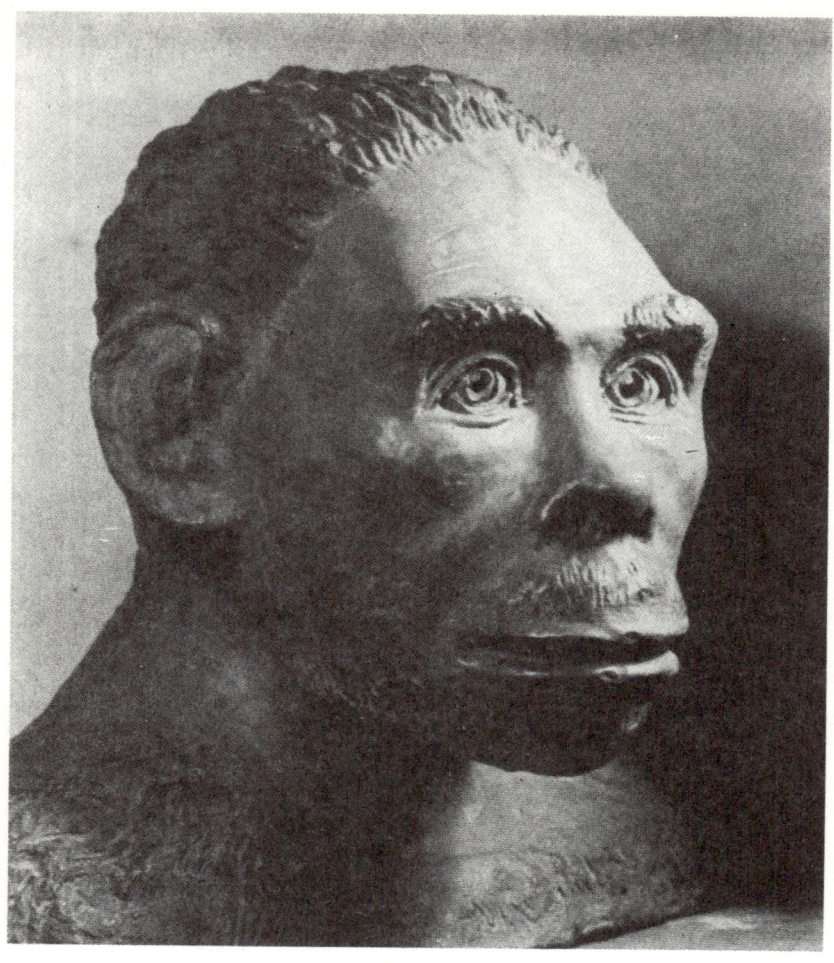

Abb. 3: Rekonstruktion des Homo erectus erectus nach dem Unterkiefer von Mauer bei Heidelberg.

Nach einer Fundstelle von Steinheim an der Murr (Württemberg) wird er auch als »Steinheimer Mensch« bezeichnet.

Nach der Riß-Eiszeit, in der Warmperiode von 175–120 000 bis in die beginnende Würm-Eiszeit um 100 000 lebten in Deutschland der Neandertaler und der Ehringsdorfer Mensch als Spätformen des Altmenschen

26

Abb. 4: Paläolithische Geröllartefakte aus Oberhessen vom Typ wechselseitig zugeschlagener Pebble-tools.

(Abb. 5 u. 6). Während ersterer allgemein als ausgestorben gilt, vermutlich infolge einer durch das glaziale Klima hervorgerufenen körperlichen Entartung (GRAHMANN 1952. 113), weist letzterer deutliche Kennzeichen auf, die ihn als unseren potentiellen Vorfahren ausweisen. Er gilt als Zwischenstufe vom Steinheimer Paläanthropus zum nachfolgenden Neanthropus oder Homo sapiens diluvialis.

Während der Eiszeiten nördlich der Alpen gereichte ihm eine einseitig den Intellekt begünstigende Selektion sicher nicht nur zum Vorteil, wohl aber zu bedeutenden wissenschaftlich-technischen Leistungen. Er bevorzugte auch bereits die Exogamie, die Heirat aus der Sippe heraus, weil er den Inzest als nachteilig erkannt hatte, ob aus ökonomischen oder aus biologischen Gründen, mag dahingestellt bleiben: ». . . das Eheverbot innerhalb der Hordengemeinschaft trug mit dazu bei, daß aus der

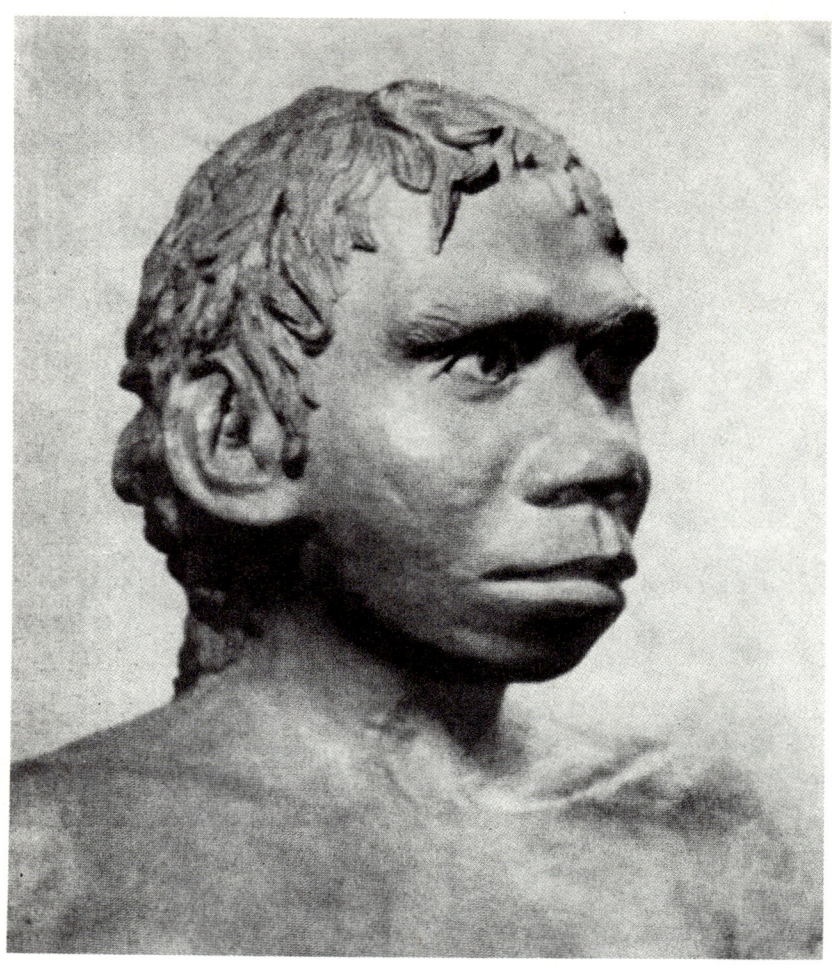

Abb. 5: Präsapiente Frau (mit überbetont primitiven Zügen) von Weimar-Ehringsdorf, Rekonstruktion.

Horde eine neue Kategorie, die Sippe, wurde. Die Sippe war immer exo-
gam. Wahrscheinlich waren die Exogamieregeln eine bewußt menschliche Einrichtung. Welche Erkenntnisse dabei eine Rolle gespielt haben,
ist nicht sicher . . .« (OTTO 1974. 14)

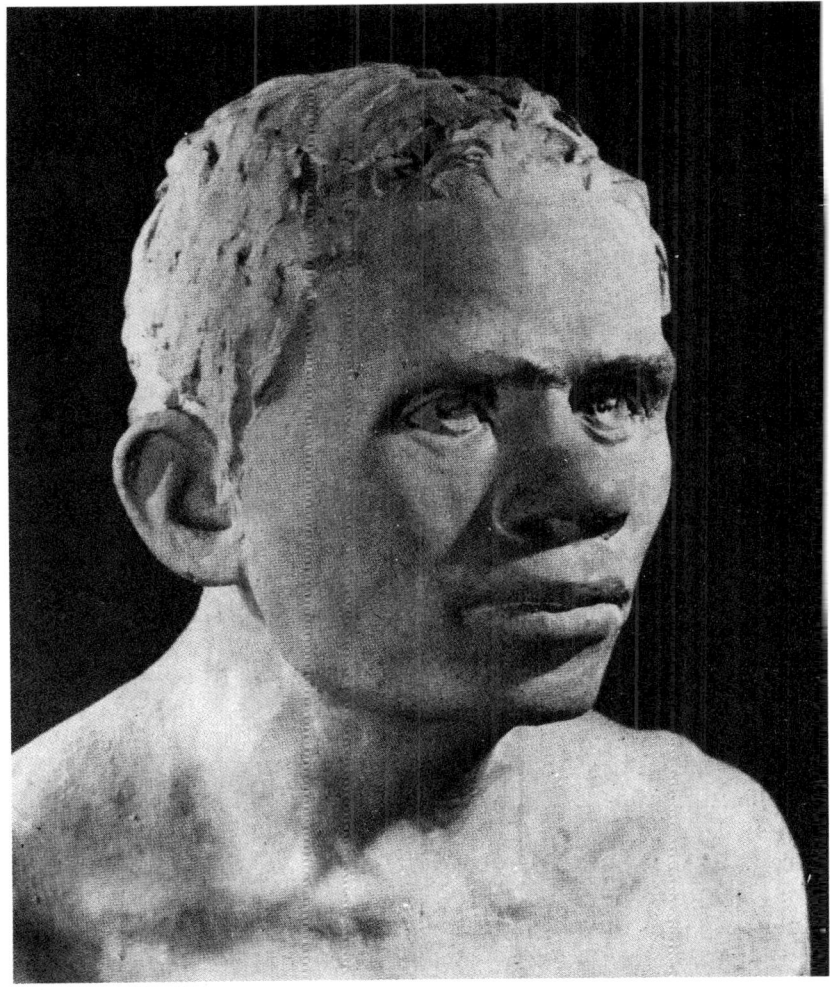

Abb. 6: Jugendlicher Paläanthropus (Sapiensform) von Weimar-Ehringsdorf, Rekonstruktion.

In Mitteldeutschland zeugen zahlreiche Feuerstellen, Steinschaber, Unterkieferknochen und ein Schädeldach von seinem Höhlenleben. Die vorgenannten Hinterlassenschaften wurden nämlich in dem Höhlenge- biet von Ranis und Burgtonna sowie bei Weimar-Ehringsdorf und im

Abb. 7: Steingeräte von Weimar-Ehringsdorf.

nördlichen Harzvorland gefunden. Weiter im Süden gab es wahrscheinlich auch schon Freilandwohnungen. Gejagt wurden Waldelefant und
-nashorn, Wisent, Rothirsch, Bär, Bison und Wildpferd. Auf Grund ana-
tomischer Veränderungen gelangte er zu einer verfeinerten, artikulier-
teren Sprache als seine Vorgänger. Zweiseitig bearbeitete Faustkeile
(Abb. 7) und Eibenholzspeere mit feuergehärteten Spitzen förderten
seine Jagderfolge.

Ein Faustkeil aus der Nähe von Fulda und einige Feuersteinmesser
und -schaber aus der Gegend um Meiningen[8] lassen vermuten, daß die
peripheren Flußtäler der Rhön zeitweise durchstreift wurden. Etwaige
weitere Spuren dürften vom Gehängeschutt der Rhön und des Thüringer
Waldes überrollt worden sein. »Die Gesamtzahl der gleichzeitig in Europa lebenden damaligen Menschen schätzt man allenfalls auf einige
tausend.« (GRAHMANN 1952. 121)

»Trotz des für unsere heutigen Vorstellungen wenig vorteilhaften
Äußeren sollten wir uns den Neandertaler nicht als halbes Tier vorstel-
len . . . Als Bewohner einer erbarmungslos harten Natur war er in seinen
Instinkten, ebenso auch an Schärfe seiner Sinne und an Beobachtungs-
gabe dem Durchschnitt der heutigen Europäer weit überlegen.« (GRAH-
MANN 1952. 111)

Kapitel 3

Neu- oder Jetztmensch
(Homo sapiens, Neanthropus)

Sippen- oder Gentilgesellschaft
Jüngere Alt- und Mittelsteinzeit (Jungpaläo- und Mesolithikum)
50000–5000 vZ.

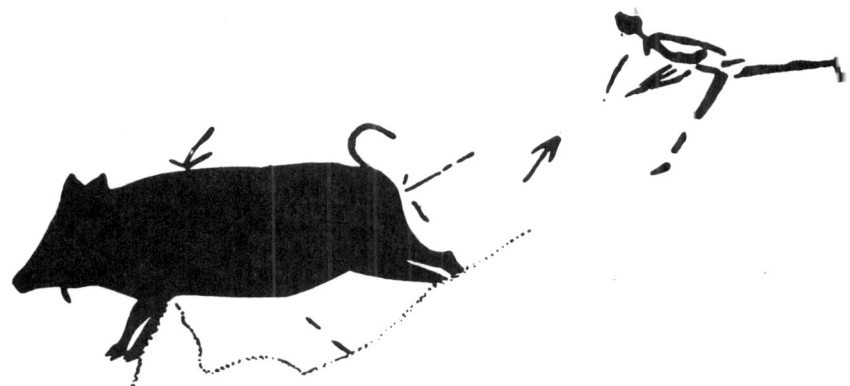

Die Entstehung der Gentilgesellschaft und des Homo sapiens sapiens scheint zwar weitgehend konform zu laufen, doch bleibt fraglich, ob sich beide Entwicklungslinien gegenseitig bedingten . . . Die Sippengesellschaft des Jungpaläolithikums/Mesolithikums war also schon ein recht kompliziertes Gebilde, das in Stämme, Lokalgruppen, Sippen, Groß- und Kleinfamilien gegliedert sein konnte. Dessen Bestandteile waren mannigfach miteinander verflochten, teilweise sogar identisch, wiesen aber auch divergierende Tendenzen auf. Exogamie und Inzestverbot wurden gesellschaftliche Norm. Die Gruppenehe war aufgelöst . . . Soziale Unterschiede bahnen sich an.

RUDOLF FEUSTEL 1971. 25, 31

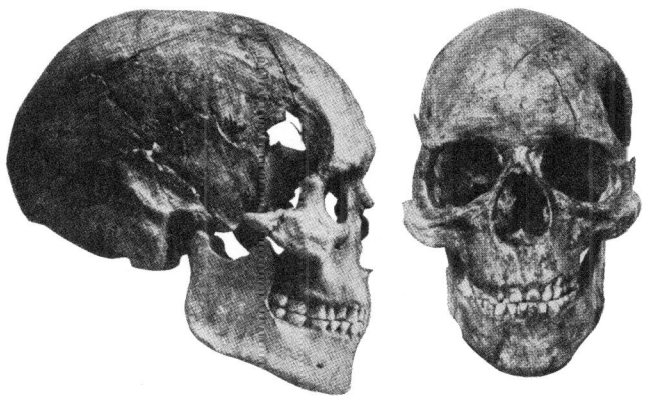

Abb. 8: Homo sapiens sapiens von Combe Capelle, auch »Aurignac-« oder »Brünnrasse« genannt.

Während der Würm-Eiszeit, vor etwa 50000 Jahren, vollendete sich in Europa die Menschwerdung bis zum physischen Typus der Gegenwart, dem Neanthropus *(Abb. 8 u. 9)*, dessen ersten Vertreter man auch Homo sapiens diluvialis nennt. Die Wissenschaft hält es für möglich, daß es sich um eine einmalige Entwicklung innerhalb der Menschheitsgeschichte handelt, von der alle späteren Rassen, deren Konsolidierung dann erst im Meso- und Neolithikum erfolgt sein kann, ihren Ausgangspunkt nehmen. Alle übrigen Zweige wären dann von diesem europäischen Zweig allmählich ausgerottet worden. »Der durch den Bestseller

Abb. 9: Homo sapiens sapiens von Crô Magnon (Rekonstruktion).

›Wohin der Stier Europa trug‹ bekannt gewordene Stuttgarter Geologe und Paläontologe Hans Georg Wunderlich legt in dem Buch ›Die Steinzeit ist noch nicht zu Ende‹ (1977) eine ›Archäologie der menschlichen Seele‹ vor. Die sechs Eiszeiten seit der Entstehung des Menschen sollen als ungeheure ›genetische Pumpe‹ in Europa oder Westasien jeweils die Lebensbedingungen der von wärmeren Zonen abgeschnittenen Menschen so verschlechtert haben, daß nur mit größter Mühe die fähigsten Individuen und Gruppen überlebten. Der so erzeugte große Entwicklungsdruck ließ zur Beherrschung der Natur immer angepaßte Menschen entstehen, die dann in den folgenden warmen Zwischeneiszeiten jeweils sich stark vermehrten und die in den ihnen nun wieder zugänglichen warmen Zonen lebenden älteren Menschenformen ausrotteten. Der Mensch wurde so auch mit Geist und Seele ein Geschöpf der Eiszeit. Der Niederschlag dieser 60000 Steinzeitgenerationen hat sich in den 200 Nachsteinzeitgenerationen noch nicht verflüchtigt und ist auch im Denken und Fühlen des Menschen von heute überall noch zu spüren, wirkt häufig noch entscheidend.« (KOSIEK 1978. 40) Da man annimmt, daß der Jetztmensch aus dem Steinheimer Altmenschen und der Ehringsdorfer Zwischenstufe hervorgegangen ist, wäre Europa als Wiege der gesamten heutigen Menschheit anzusehen[9]. Die letzte Eiszeit, das Würmglazial *(Abb. 10)*, endete von Norden her schon auf der Linie Flensburg–Schleswig–Lübeck–Oderberg (Mark), so daß Deutschland fast durchweg annehmbare – wenn auch nicht gerade angenehme – Lebensbedingungen bot, besonders in den relativ warmen Perioden 80–70000 und 40–20000. Während dieser Zeit verbreitete sich in Mitteleuropa die Aurignac-Kultur, die als unmittelbarer Vorläufer der Mediterranen Rasse angesehen wird. In Mittel- und Westeuropa lebten die breitgesichtigen, aber langschädeligen Crô-Magnon-Menschen, woraus die Fälische Rasse hervorgegangen ist. Und das Nordseegebiet ist wohl die Urheimat der Rentier-Jäger, jenes besonders langschädeligen, hellhäutigen und hellhaarigen Typs, der in der Nordischen Rasse weiterlebt[10].

Seit dem 8. Jt. vZ. herrschte ein trockenes Klima in Europa. Während die Ostsee infolge einer Landhebung zu einem Binnensee wurde, war an Stelle der Nordsee damals noch Festland *(Abb. 11)*. Anfang des 7. Jt.s erhielt die Ostsee wieder Verbindung zum Weltmeer. Mitte des 6. Jt.s entstand ein feuchtwarmes Klima, gleichzeitig begann der Einbruch des Nordseebeckens; mit der Herausbildung des Ärmelkanals gegen 4000 vZ. war die heutige Gestalt der Nordsee im wesentlichen abgeschlossen, die Ostsee erhielt diese dagegen erst im 2. Jt. vZ. nach einer nochmali-

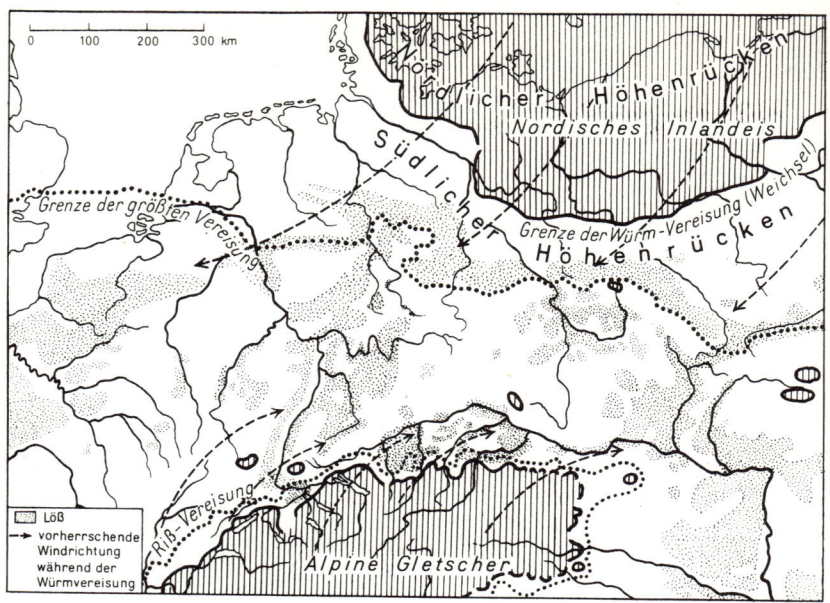

Abb. 10: Vereisungsgrenzen und Lößablagerungen in Mitteleuropa.

gen Abschnürung vom Ozean. Diese tektonischen Veränderungen müssen den Menschen jener Zeit einen gewaltigen Respekt vor den Naturgewalten eingeflößt haben. Sie spiegeln sich deutlich wider in den nordischen Mythen – ein Beweis dafür, daß das religiöse Denken spätestens in dieser Zeit begann. Im dauernden Kampf mit der widerspenstigen Natur war in dieser Zone, in der Feuer und Eis so unmittelbar nebeneinander vorkamen, ohne daß das eine imstande gewesen wäre, das andere nachhaltig zu besiegen, die Ausbildung einer daseinsbejahenden, gemeinschaftsfördernden und zutiefst human-toleranten Weltanschauung geradezu notwendig. Andererseits wurde der Intellekt ständig herausgefordert, um gegen die Naturgewalten bestehen zu können, hinter denen man Götter, Riesen und Zwerge, wohlwollende und böswillige Wesen, vermutete. Die Fortschritte im technischen Bereich sind dementsprechend gewaltig. Von erstaunlichen Fertigkeiten zeugen Dutzende verschiedener Waffen und fein differenzierter Geräte, in Sonderheit die aus unterschiedlichen Stoffen (Holz, Knochen, Stein und Fasern) zusammengesetzten. Man benutzte Lanzen, Speere, Harpunen, Schleudern,

38

Abb. 11: Nordeuropa vor der Zeit der Vereisung.

Wurfhölzer, Pfeil und Bogen, Grabstöcke, Feilen, Ahlen, Fäustel, Meißel, Stichel, Ur- und Mikrolithensicheln *(Abb. 12–14),* Reusen, Netze, Angelhaken, Beile. Paddel, Nähnadeln, Behälter, Hacken, Hauen usw. *(Abb. 15 u. 16).*

Man wohnte teils immer noch in Höhlen (Urdhöhle bei Döbritz/Thüringen), aber auch in Freilandwohnungen, in Zelten aus Fellen oder Hütten aus Gezweig und Schilf *(Abb. 17 u. 18),* teilweise sogar mit hölzernen Fußböden. Am imponierendsten ist die Mikrolithentechnik, mit deren Hilfe erstaunlich gute Geräte hergestellt wurden, wie z. B. die Sicheln. Gejagt wurden vor allem Mammut, Ren und Wildpferd mit gruppenweiser Spezialisierung. Es gab ausgesprochene Fischer und aus-

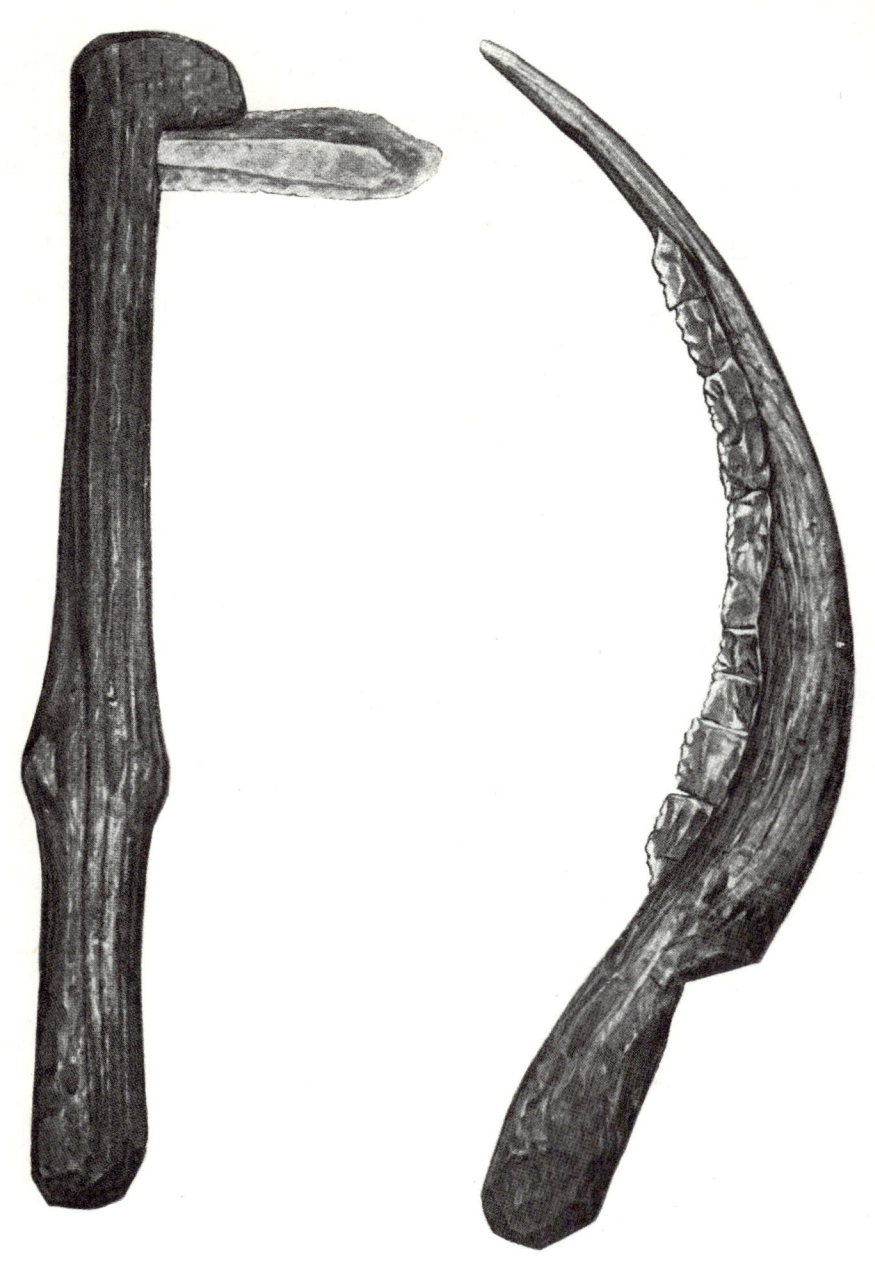

Abb. 12: Ursichel aus Stein und Knochen (bzw. Holz).
Abb. 13: Mikrolithensichel.

40

Abb. 14: Feuersteinsplitter vom Fuße der Queste bei Schmalkalden, vgl.
Abb. 13.

schließliche Großwildjäger. Mit Hilfe des Hundes, des ersten Haustie-
res, veranstaltete man Hetzjagden zwischen raffiniert angelegten Feuer-
gassen: ganze Tierrudel wurden auf Felsvorsprünge getrieben, von denen sie dann zu Tode stürzten. Dort, unterhalb der Felsen, wurden die
Tiere an Ort und Stelle verzehrt; zahlreiche Knochenreste und Feuerstellen beweisen es, z.B. bei Scharzfeld am Harz.

Gegen Ende dieser Periode zeichnet sich bereits eine zeitweilige Seßhaftigkeit ab, man kann deutlich Sommer- und Winterlager unterscheiden. Voraussetzung dafür war vor allem die Kenntnis des Reibefeuers
und dessen Domestizierung, ferner die Arbeitsteilung nach Alter und
Geschlecht, aber auch eine gewisse Vorratshaltung von Fleisch und
Wildfrüchten. Für die Standquartiere bevorzugte man in der feuchten
Nacheiszeit durchlässige Sandböden, die überdies die Sonne gut reflek-
tierten. »Die Frau waltete am Rast- oder Wohnplatz bzw. in dessen
nächster Umgebung, stand als Hüterin des Feuers, Sammlerin der

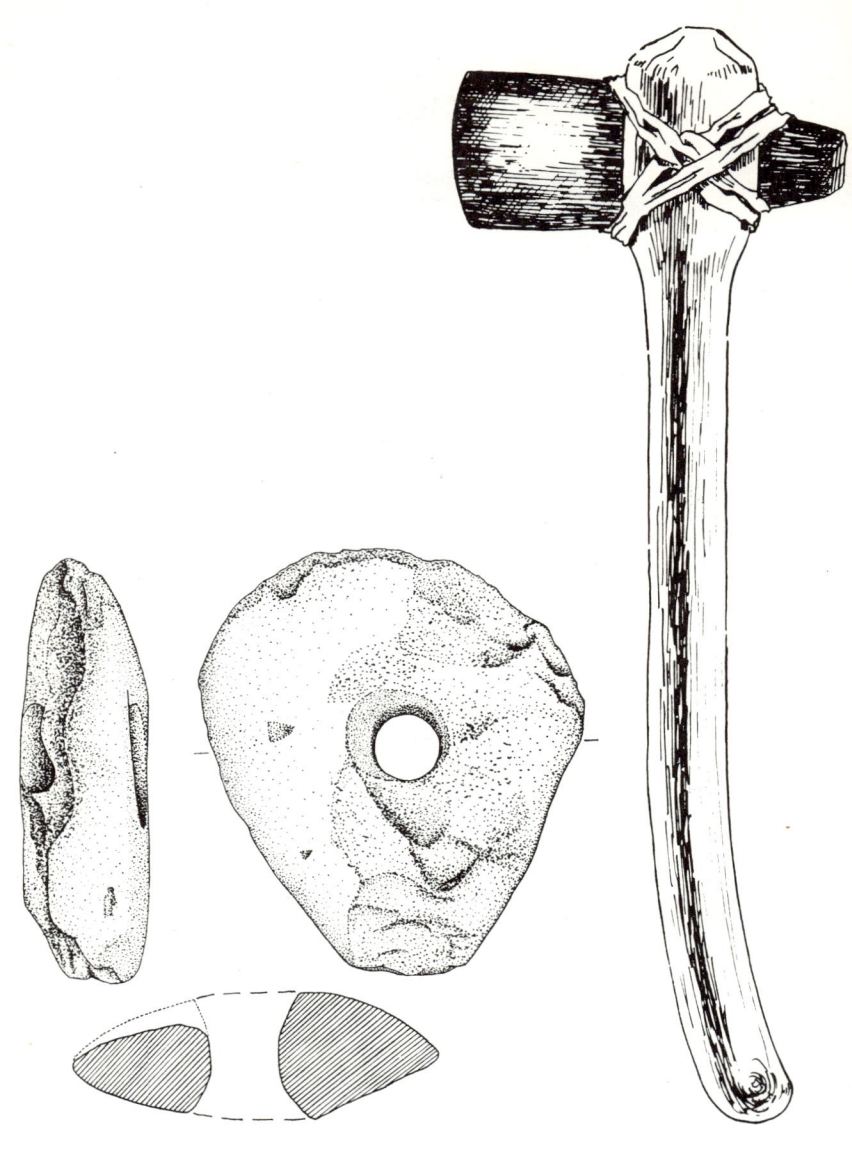

Abb. 15: Geröllhaue vom Rande des Steigerwaldes (Michelau) aus der mittleren Steinzeit.
Abb. 16: Geschäftete Axt vom Staffelberg.

Abb. 17: Dorf um 8000 v.Z. am Tannstock bei Buchau (Federsee). Rekonstruktion von Prof. Hans Reinerth.

pflanzlichen Grundnahrungsmittel, Zubereiterin der Speisen, Pflegerin der Kinder und als diejenige, welche wesentliche Transportleistungen für die Sippe zu vollbringen hatte, gleichberechtigt neben dem Mann. Der Mann ging in der Regel der Jagd nach *(Abb. 20 u. 21)* und hielt sich nicht ständig im Standlager auf. So nahm die Frau in mehrfacher Beziehung, nicht zuletzt als Mutter, eine besondere Stellung in der Sippe ein. Zahlreiche Frauenstatuetten, die in Ost-, Mittel- und Westeuropa, aber auch außerhalb Europas gefunden worden sind, waren Symbole der Mutterverehrung und möglicherweise der Stammütter in den Gemeinschaften.« (Otto 1974. 14)

43

Abb. 18: Siedlung von zwei jungpaläolithischen Sippen. Ein Teil der Jagdbeute wird gemeinsam der »Mutter der Tiere« geopfert.

In Thüringen waren Hochflächen, Berghänge und Flußterrassen von mesolithischen Sammler- und Jägergruppen bewohnt[11], ebenso in der südlichen Rhön: bei Geroda, Althausen-Münnerstadt, Burkardtsroth, Arnshausen-Bad Kissingen, ferner im Gleichberggebiet und am Judenhügel bei Königshofen am Nordhang der Haßberge *(Abb. 19)*[12].

Alle Fortschritte wären unmöglich gewesen ohne die straffe Gentilordnung, die ihrerseits ohne Exogamie nicht denkbar ist. Das Leben in Sippengemeinschaften und -verbänden ermöglichte schließlich auch die großartigen Höhlenmalereien und Felsbilder Westeuropas und die bewundernswerten Skulpturen *(Abb. 22–26),* wie sie auch in Deutschland

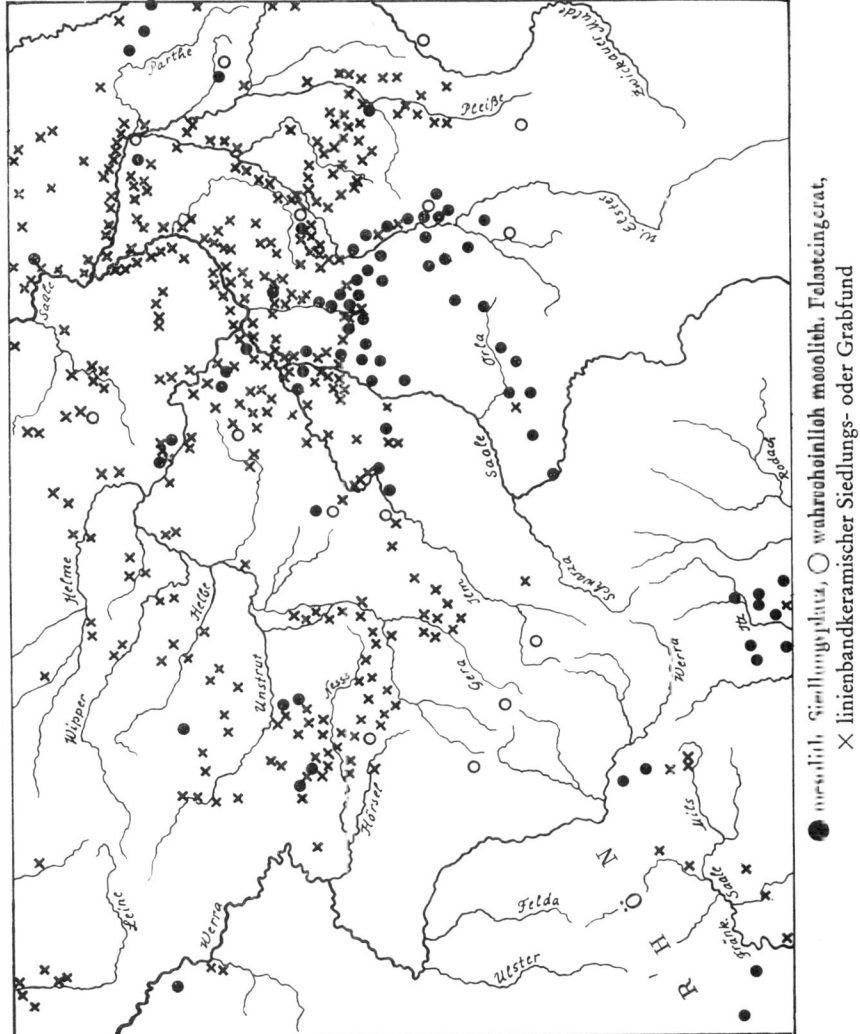

● mesolith. Siedlungsplatz, ○ wahrscheinlich mesolith. Felssteingerät,
× linienbandkeramischer Siedlungs- oder Grabfund

Abb. 19: Mesolithische Fundplätze in Mitteldeutschland.

gefunden wurden. Sie setzen ein hohes Maß an Fertigkeit und jahrelange
Übung voraus, die nur in der Geborgenheit der Sippe möglich war. Vielleicht waren es Verletzte oder Alte, die nicht mehr jagen konnten, die
sich so zu Handwerkern entwickelten, zu Technikern und Künstlern,
aber auch an von der Arbeit freigestellte Priester wird man denken
dürfen.

45

Sowohl die Höhlenmalereien als auch die Steinritzungen und Skulpturen verraten magische und mystische Beziehungen, die im Jungpaläolithikum und Mesolithikum das Gemeinschaftsleben stark beeinflußt und gefördert haben dürften: Fruchtbarkeitszauber, verbunden mit Vorstellungen von einem Leben im Jenseits oder einer Art Seelenwanderung (unter Einbeziehung des Tierreiches), scheint die Regel gewesen zu sein. Der Mensch erkannte sich langsam aber sicher als »Krone der Schöpfung« und versuchte, dieser Rolle gerecht zu werden. Einerseits nutzte er seine Überlegenheit gegenüber dem Tier recht selbstbewußt, andererseits trachtete er angesichts seiner Ohnmacht vor dem »allmächtigen Schöpfer« demütig, dessen Wohlgesonnenheit zu erlangen. Damit wurde er zwangsläufig zu einem in die Natur eingebundenen, religiösen, gottesfürchtigen Wesen, das sich durchaus schon als Glied zwischen den sonstigen Lebewesen unter ihm und den Naturgewalten über ihm begreifen konnte. Zumindest ahnte er schon seine drei göttlichen Gaben: Schönes zu schaffen und zu erleben, Gutes zu tun und zu empfinden, Wahres zu erkennen und zu suchen. Die oft sinnlos zuschlagenden und zerstörenden Naturgewalten reizten ihn aber auch, ebenso selbstherrlich die dämonisch-chaotischen Kräfte nachzuahmen und das Schöne, Gute und Wahre (insbesondere bei seinen Mitmenschen) neidisch zu mißachten und zu vernichten – ein Erbe, das uns heute noch belastet.

Abb. 21: Kollektive Treibjagd. Mesolithisches Felsbild in Ostspanien.

Abb. 20: Mesolithische Bogenschützen mit ihrem Anführer (Häuptling?), Ostspanien.

47

Abb. 22: In Stein eingravierte Frauengestalten von Gönnersdorf am Rhein, ca. 14 000 Jahre alt.

Abb. 23: Jungpaläolithische Frau mit Büffelhorn von Laussel/Dordogne.

Abb. 24: Venus von Willendorf a.d. Donau. Älteste Plastik der Welt? Wahrscheinlich für Kultzwecke geschaffen, ca. 20000 Jahre alt.

Abb. 25: Jungpaläolithische Kleinplastik aus Knochen, Herdlochhöhle bei Stetten ob Lontal (Württemberg).

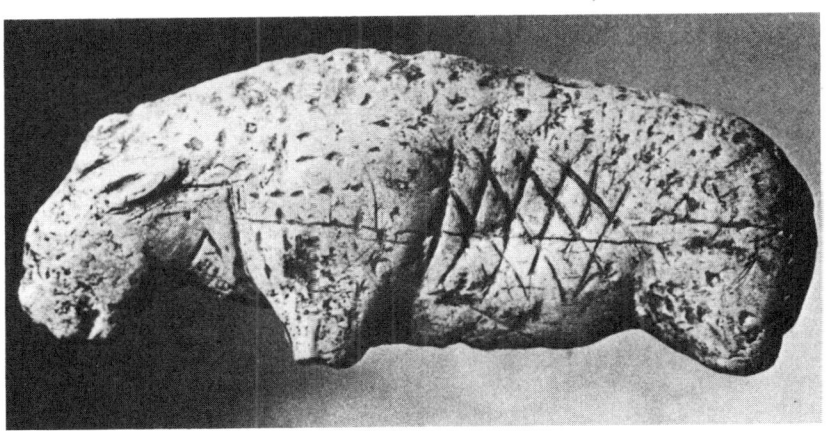

Abb. 26: Höhlenlöwe aus Elfenbein (9,2 cm) vom Vogelherd bei Stetten ob Lontal (Württemberg).

Kapitel 4

Prä- und Urindogermanen
(Europider Rassenkreis)

Seßhaftwerdung und Rassenbildung
(»Neolithische Revolution«)
Jungsteinzeit (Neolithikum)
5000–1800 vZ.

Radiokarbon- und Thermolumineszenz-Datierung haben ein historisches Dogma zerstört: daß nämlich alle großen kulturellen Fortschritte im Europa der Frühzeit aus dem Vorderen Orient bzw. aus dem Mittelmeerraum gekommen seien und sich allmählich zum unzivilisierten Nordwesten hin ausgebreitet hätten. Archäologen und Historiker hatten als selbstverständlich vorausgesetzt, daß die Megalith-Bauten des Mittelmeers viel älter seien als entsprechende Großstein-Bauten in Nordwesteuropa. Neueste physikalische Untersuchungen zeigen jedoch: Die Großsteingräber im Nordwesten Europas, also auch die »Hünengräber« der Lüneburger Heide, sind rund 1000 Jahre älter als die des östlichen Mittelmeers.

KLAUS GOEKE 1978

Abb. 27: Sonnenaufgang am 21. Juni in Stonehenge (England).

Die Megalithkultur erstreckte sich während des frühen Neolithikums vor allem an den nordwesteuropäischen Küsten entlang und an den schiffbaren Flüssen bis weit in die norddeutsche Tiefebene hinein. Für die mitteldeutsche Besiedlungsgeschichte sind ihre Träger dennoch von Bedeutung, weil sie Vorfahren der Völker und Stämme sind, welche später die Rhön und ihr Nachbargebiet besiedelten. Das hohe Alter dieser nordischen Kultur (s. o.) ist heute über jeden Zweifel erhaben. JÜRGEN SPANUTH zitiert zahlreiche Experten dazu und sagt (1977. 218): »Die Baumeister der Megalithanlagen in Nord- und Westeuropa errichteten ihre Steindenkmäler bereits, als die Ägypter noch in vergänglichem Holz oder Lehm bauten. Die Megalithbauern können nicht länger als plumpe Nachahmer höherer Kulturen aus dem östlichen Mittelmeergebiet abgetan werden. Sie schufen eine eigene ganz selbständige Kultur, lange bevor in Ägypten oder Mesopotamien die dortigen Hochkulturen entstanden . . . Die Ganggräber in der Bretagne werden heute auf 4800 v. Chr. datiert . . .« Seit dem Mesolithikum ist eine permanente kulturelle (der Höherentwicklung des Menschen dienende) Ausstrahlung der Megalithkultur aus dem Raum Schleswig-Holstein-Südjütland an den westeuropäischen und mediterranen Küsten entlang bis ans Schwarze Meer und nach Indien unverkennbar. Erst viel später wurden zivilisatorische (dem materiellen Komfort des Menschen dienende) Errungenschaften (Schrift, Geld u. ä.) in umgekehrter Richtung reflektiert. Allein schon aus diesem Grunde ist das Schlagwort »ex oriente lux« längst unhaltbar geworden. Auf welcher Höhe im Nord-Ostsee-Raum megalithische Kunst, Wissenschaft, Technik und Organisation standen, beweisen die Bauten: unzählige Steinkreise, die als Kulttempel, Opfer(s)tiergehege heilige Haine, astronomische Zentren u. a. m. dienten, Dolmen-, Gang-, Steinkisten-, Hügel- und andere Großsteingräber der verschiedensten Formen und Bauarten, Menhire, Felszeichnungen und bearbeitete Felsgruppen, wie die Externsteine bei Detmold, und regelrechte Städte (umwallte Siedlungen), wie Avebury in Südengland, Büdesdorf bei Rendsburg und Basileia, die untergegangene heilige Königsinsel mit der Metropolis (Mutterstadt) der Atlanter. Von Stonehenge (Steingehege), einem der schönsten Steinkreise in England, nimmt man an, daß es ein vorgeschichtliches »Rechenzentrum« war, mit dem man wichtige astronomische Daten voraussagen konnte (Abb. 27 u. 28). In unmittelbarer Nähe lag Woodhenge (Holzgehege), das offenbar kultischen Zwecken diente. Die gewaltigen technischen Leistungen werden durch die Tatsache beleuchtet, daß 20–30 Tonnen schwere Steine über Hunderte von Kilometern hinweg transportiert (Abb. 29) und zu eindrucksvollen

56

Abb. 28: Einer der 5 Trilithe in Stonehenge mit bis zu 50 Tonnen schweren Steinen aus einem 230 km entfernten Steinbruch.

Bauwerken aufgerichtet *(Abb. 30 u. 31)* werden konnten. Über kürzere Entfernungen bewältigte man sogar Felsbrocken mit einem Vielfachen dieses Gewichtes. Selbst die übriggebliebenen Trümmer strahlen noch eine tiefe künstlerische Wirkung aus und verraten auch das hohe wissenschaftliche Niveau, denn die Wahrscheinlichkeit einer bloß zufälligen Übereinstimmung der Steinanordnung in Stonehenge mit astronomischen Punkten und Linien ist nach GERALD S. HAWKINS nicht größer als 1:10 Millionen. Die mathematischen Kenntnisse der Megalithiker erlangten wahrscheinlich erst die alten Griechen wieder, die himmelskundlichen vielleicht erst die Inkas oder unsere Astronomen der beginnenden Neuzeit. Man muß einmal eine solche Anlage studieren und auf sich wirken lassen und sich dabei die primitiven Hilfsmittel vergegenwärtigen, die ihren Erbauern vor 4000 Jahren oder mehr zur Verfügung standen, um deren Leistung gebührend würdigen zu können. Das waren keine halbwilden Nomaden, keine plumpen Nachahmer nahöstlicher Kulturen, sondern seßhafte Sippenverbände, überwiegend Viehzüchter, Fischer und seefahrende Händler, die straff organisiert und geführt wurden von den fähigsten Köpfen ihrer Zeit, deren gräzisierte Namen uns in der altgriechischen Mythologie als Götter wiederbegegnen, die sowohl bei den Dorern als auch bei den Philistern und Libyern verehrt wurden. Aus SOLONS Atlantisbericht, der uns von PLATON überliefert wurde, geht hervor, daß bei den Atlantern ein starker Ahnenkult im Mittelpunkt stand: Nach der Sage war Uranos der Urahn der Atlanter, der mit Gaia den Poseidon zeugte, den späteren Gatten der ruhmreichen Kleito (Leto, Hledis), die deutliche Züge der indogermanischen Magna Mater (Große Mutter – Allmutter) trägt und vielleicht deren Urbild ist. Sie gebar 10 Söhne (5 Zwillingspaare), die später Könige der 10 atlantischen Teilreiche wurden. Atlas, der älteste davon, regierte auf Basileia (untergegangene Insel zwischen Holstein und Helgoland = das Asgard der germanischen Mythologie?), wo sich alle Könige in regelmäßigen Abständen in einem prunkvollen Palast aus Gold, Silber und Bernstein trafen. Mit der Okeanide Pleione hatte er 7 Töchter, von denen eine Elektra (Bernsteinjungfer) hieß. Allmählich nahmen diese Ahnen den Rang von Göttern ein. Man glaubte dann, daß sie mit übermenschlicher Kraft die Säulen des Weltalls trügen, weshalb sie mit entsprechenden Opfern gestärkt werden müßten. Hinter dieser Vorstellung verbirgt sich die tiefe

Abb. 29: Transport der 50 Tonnen schweren Steine von Stonehenge.

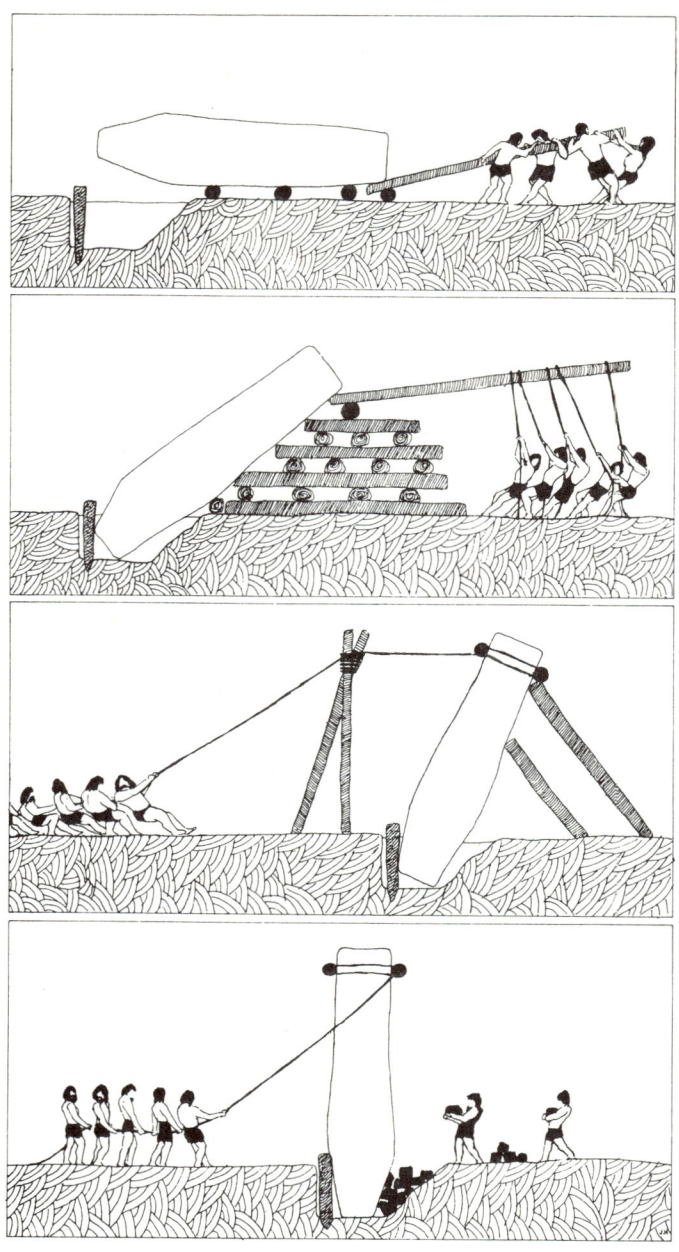

Abb. 30: Aufrichten der Sandsteinblöcke von Stonehenge.

60

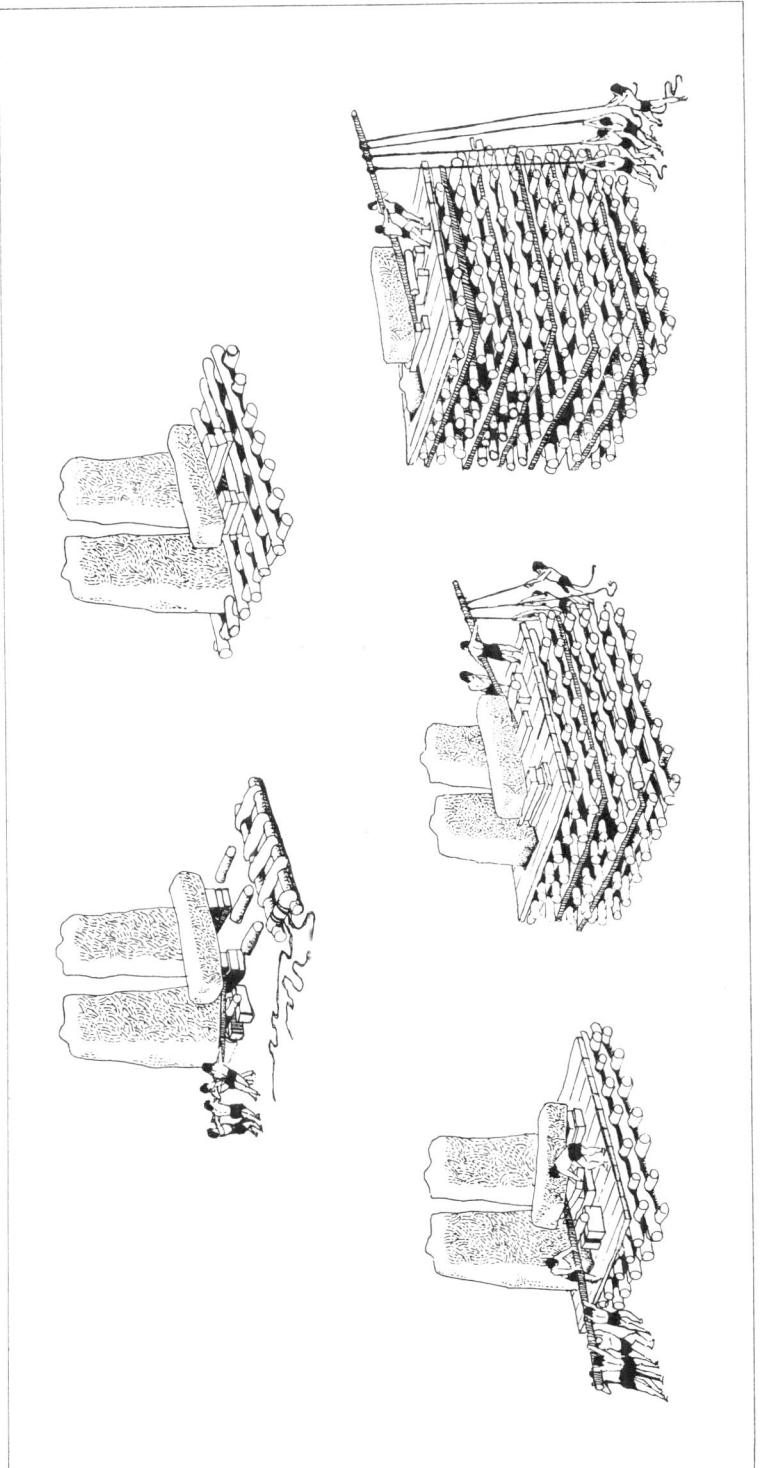

Abb. 31: Heben der Decksteine von Stonehenge. Zeichnungen 29–31 von Alan Sorell.

Weisheit, daß menschliche Macht mit dem Ende der Ahnenverehrung zusammenbricht. Daneben wurden allerlei Wanen (personifizierte Naturgewalten) verehrt, so daß insgesamt der Eindruck einer Vielgötterei entsteht, die jedoch damit keineswegs als ursprünglich erwiesen ist. Wenn autochthone und zugewanderte Stämme miteinander verschmolzen, erweiterte sich naturgemäß der Kreis der Ahnen, bedingt auch der Wanen und später natürlich auch der Götter. Ahnen- und Wanenkult der Megalithiker bezeugen, daß patriarchalische Führung nach außen und matriarchalische Ordnung im Innern in einem ausgewogenen Verhältnis zueinander standen, in dem keines der Geschlechter bevorzugt wurde. Möglicherweise hatten sie weder einen Mono- noch einen Polytheismus im eigentlichen Sinne, sondern vertrauten ausschließlich ihrer eingeborenen Kraft und Stärke; vielleicht liegt darin das Geheimnis ihrer enormen Machtentfaltung. Ahnen und Wanen der Megalithiker wurden (ebenso wie die Asen der späteren Streitaxtleute) erst relativ spät zu gottähnlichen Wesen, und sie erlangten niemals die furchterregende Gewalt orientalischer Despotengötter. Man lebte und kämpfte mit ihnen wie mit seinesgleichen, man hielt sie für ebenso fehlbar und vergänglich, man verehrte sie und opferte ihnen, aber nicht aus Furcht, sondern aus Verbundenheit und Pflichtgefühl. Die relativ frühe Seßhaftigkeit der Megalithiker – die auf der Fischerei basierte – wird vor allem durch ihre mächtigen Sippengräber *(Abb. 32)* dokumentiert, aber auch von den riesigen Steinkreisen und kilometerlangen Steinalleen bestätigt, deren Bauzeit oft mehrere Jahrzehnte gedauert haben muß. Auch die sehr alte Keramik dieses Gebietes spricht dafür; nach GUSTAV SCHWANTES (1958) ist sie vielleicht sogar hier erfunden worden. Als kühne Seefahrer betrieben sie wahrscheinlich einen weiträumigen Handel, der sie bis zu den Kanaren und an die Küsten des Schwarzen Meeres führte, wo fast überall mehr oder minder verwandte oder zumindest beherrschte Stämme saßen. Noch um 1200 vZ. konnten sich die Seevölker (Atlanter) mühelos mit den verbündeten Libyern und Philistern verständigen, vielleicht in einer überstaatlichen Sprache, welche möglicherweise *eine* Basis für die Gemeinsamkeiten in den indogermanischen Sprachen darstellt.

Der Anbau von Getreide, der zunächst nur eine relative Seßhaftigkeit bewirkte, soll, in Verbindung mit Viehhaltung, in Vorderasien schon 3000 Jahre bekannt gewesen sein, bevor sich diese Wirtschaftsweise im 5. Jt. über den Balkan allmählich bis nach Mitteleuropa ausbreitete. Wanderbauern von der mittleren Donau drangen auf der Suche nach noch jungfräulichen Lößböden bis Süddeutschland und ins Thüringer

Besitz stirbt / Sippen sterben
Du selbst stirbst wie sie.
Eins nur weiß ich / Das ewig lebt:
Der Toten Tatenruhm.

aus der EDDA

Abb. 32: Hünengrab in der Lüneburger Heide.

Abb. 33: Älteste Wagendarstellung Europas aus dem Steinkistengrab von Züschen bei Fritzlar (Hessen), vgl. Abb. 43, und Nachzeichnung S. 65.

Becken vor, später auch darüber hinaus. Sie siedelten inmitten der mindestens seit dem Mesolithikum dort lebenden Sammler und Jäger bzw. bereits seßhaften Fischer. Neben Getreide (Gerste und Weizen) brachten sie die hier noch unbekannten Tiere Schaf und Ziege mit, gezähmte Rinder und Schweine waren wahrscheinlich schon bekannt. Wenig später wurde auch das Pferd domestiziert und der Feldbau erweitert auf Linsen, Erbsen, Hirse, Lein, Bohnen und Mohn. Diese Pflanzen waren teils importiert, teils aus Wildfrüchten herausgezüchtet worden. Als Feldbauern und Viehzüchter wohnten sie mit Vorliebe in den schmalen

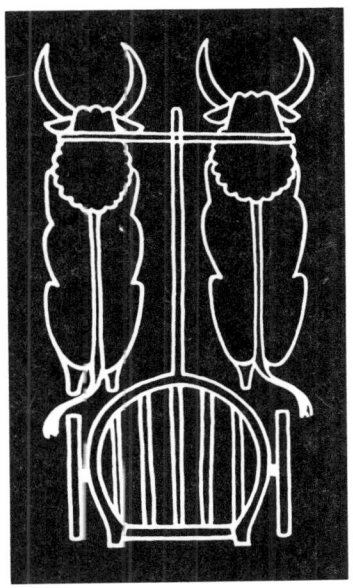

Streifen zwischen Flüssen, Seen und Wäldern, wo sie sowohl Buchekkern- und Eichelmast betreiben, Getreide anbauen und nach Belieben jagen und fischen konnten. Sie wandten bereits Brandrodung an, wenn die Böden ausgelaugt waren, um länger an einer Stelle bleiben zu können. Diese Lebensweise brachte so grundsätzliche Veränderungen mit sich, daß man zu Recht von der »neolithischen Revolution« spricht. In Mitteldeutschland fand man Reste von nordischen Viereckhäusern, die bis zu 40 x 8 m groß sein konnten[13]; in Süddeutschland überwogen dagegen die westischen Rundhütten, die an Seeufern häufig auf Pfählen standen. Webstühle, Wagen (*Abb. 33*) und Boote wurden erfunden. Kon-

Abb. 34: Modell eines neolithischen Steinbohrers um 2000 v.Z., Rekonstruktion nach Prof. Hans Reinerth.

servierungsmethoden (Räuchern, Rösten, Trocknen) erlaubten längere Vorratshaltung. Man nahm nicht mehr nur das, was die Natur bot, sondern verwandelte und vermehrte, zähmte und veredelte es. Man half der Natur mehr und mehr nach und wurde sich dessen auch bewußt. Bohrapparate für zylindrische Hohlbohrungen *(Abb. 34)* und der Steinschliff ermöglichten jetzt die Verwendung des härteren und haltbareren Felsgesteins (anstatt des Flints) für Waffen und Werkzeuge: Hammer, Hacke, Säge, Sense, Sichel, Streitaxt *(Abb. 35)*, Dolch und Pfeilspitzen erreichten bestmögliche Formen; Axt, Beil, Keil und Mahlsteine kamen neu hinzu, ebenso Behälter aus Leder, Holz, Geflecht und Ton (Keramik). Der gebrannte Ton ist das untrüglichste Kennzeichen für Seßhaftigkeit, denn für Nomaden ist er ungeeignet. In der Keramik zeigen sich von nun an auch charakteristische Unterscheidungsmerkmale der einzelnen Kulturen, weil jede Gruppe gewisse Eigenarten in Formgebung, Verzierungen und Brandmethoden entwickelte *(Abb. 36–39)*. Man lauschte der Natur ihre Geheimnisse ab, wie z. B. die Gesetze des Hebels

66

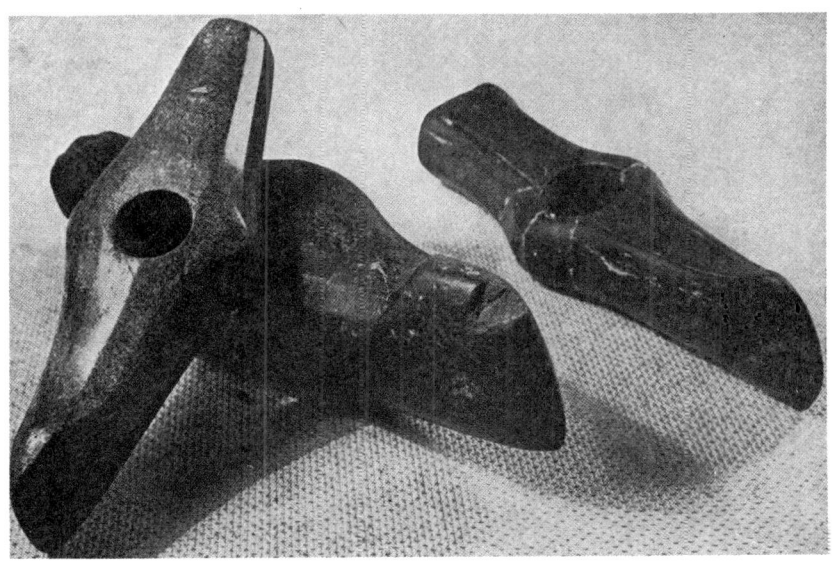

Abb. 35: Streitäxte der Becherkultur von Goldbach bei Aschaffenburg, Rettersheim bei Marktheidenfeld und Himmelstadt bei Karlstadt, um 2000 v.Z. Linke Axt 14,2 cm.

und der Rolle, ohne deren Kenntnis so gewaltige Bauwerke wie die der Megalithiker nicht denkbar wären.

Die ersten europäischen Feldbauern, die von der mittleren Donau[14] kamen, deren Kultur nach WALTER SCHULZ möglicherweise aber auf mitteldeutscher Grundlage gewachsen war, nennt man Bandkeramiker. Sie stießen an der Oder entlang bis zur Ostsee und über Thüringen-Hessen bis über den Rhein vor, überschritten aber nur selten die Lößgrenze. »So bewohnten die Träger der bandkeramischen Kulturen mit Vorliebe Lößböden ... Die nordischen Siedler bevorzugten Höhenlagen für ihre Siedlungen.« (SCHULZ 1939. 40) Ihre Blütezeit erreichten die Donaukulturen von der Mitte des 5. bis zur Mitte des 4. Jt.s. Infolge Vermischung mit einheimischen Populationen entstand in Deutschland eine ganze Anzahl verschiedener Kulturkreise, die nach allen Richtungen ausstrahlten, wie z.B. die Linien- und Stichbandkeramik. In Mitteldeutschland nahm auch die Rössener Kultur ihren Anfang, so benannt nach einem Fundort bei Merseburg, die sich über ganz West- und Süd-

Abb. 36 u. 37: Band- u. Trichterbecherkeramik.

Abb. 38 u. 39: Schnur- und Glockenbecherkeramik.

deutschland verbreitete. Wahrscheinlich handelt es sich während dieser Periode mehr um kulturelle als ethnische Ausstrahlungen. In der 2. Hälfte des 4. Jt.s drangen von den Gebieten südlich der Ostsee die Trichterbecherleute in Thüringen ein und eroberten – diesmal wohl nicht nur kulturell – allmählich den gesamten donauländischen Kulturkreis, soweit er nicht von Nordwesteuropa her von den Michelsbergern *(Abb. 40)* eingenommen wurde, gegen die man sich in Mitteldeutschland mit befestigten Höhensiedlungen schützte, so daß jene rheinaufwärts bis zur Schweiz ausweichen mußten. Beide Kulturen sind im Kontaktgebiet der alteingesessenen Megalithiker mit den donauländischen Bandkeramikern entstanden. Aus dieser friedlichen Begegnung erwuchs die Grundlage für die bald folgende Entwicklung der indogermanischen Völkerfamilie. Der in ganz Europa sichtbar werdende Sonnenkult, der nur vom Norden kommen kann, zeigt sich später in allen indogermanischen Religionen als Niederschlag der Nord-Ostsee-Kulturen. Kultsymbole wie Rad, Strahlenkranz, Kreuz, Tannenzweigmuster, Axtamulett und heilige Gefäße sind untrügliche Kennzeichen des nordischen Kreises *(Abb. 41 u. 42)*, bei den Trichterbecherleuten vielleicht etwas deutlicher noch als bei den Michelsbergern, während Krötendarstellungen u. ä. Sinnbilder auf den donauländischen Kreis deuten.

Die matriarchalisch bestimmte innere Gentilordnung erreichte nochmals einen Höhepunkt. Die Stellung des Mannes wurde aber bald wieder aufgewertet, weil ihm der Schutz der Heimat oblag, die von nun an im Mittelpunkt des Denkens stand. Sippenstärken von einigen hundert Köpfen waren keine Seltenheit. Gemeinschaftsanlagen, wie Back- und Dörrhäuser, Speicher und Brennöfen, sind fast obligat in allen ausgegrabenen Siedlungen. »Alle aus dieser Zeit überlieferten Tatsachen weisen darauf hin, daß die Menschen in einer festgefügten Gentilgesellschaft ohne soziale Unterschiede gelebt haben ... Es entsprach der Gentilordnung, daß in den Stammesgemeinschaften die Sippe wirtschaftliche Grundlage blieb ... Die matriarchalische Sippe entsprach ganz den sozialökonomischen Bedingungen des vollentwickelten Neolithikums.« (Otto 1974. 22f) Durch die Seßhaftigkeit wurden auch größere Gemeinwesen möglich. Es bildeten sich erste Stämme gegen organisierte Raubüberfälle. Daraus resultierten wiederum unterschiedliche kulturelle Gepflogenheiten, die sich besonders bei der Totenbestattung zeigten. In Mitteldeutschland wurden erstmals Leichenverbrennungen beobachtet, anderswo Leichenfesselungen, im Donauraum auch ritueller Kannibalismus. In Norddeutschland überwogen nach wie vor Großsteingräber, in Mittel- und Süddeutschland Hügelgräber und Steinkam-

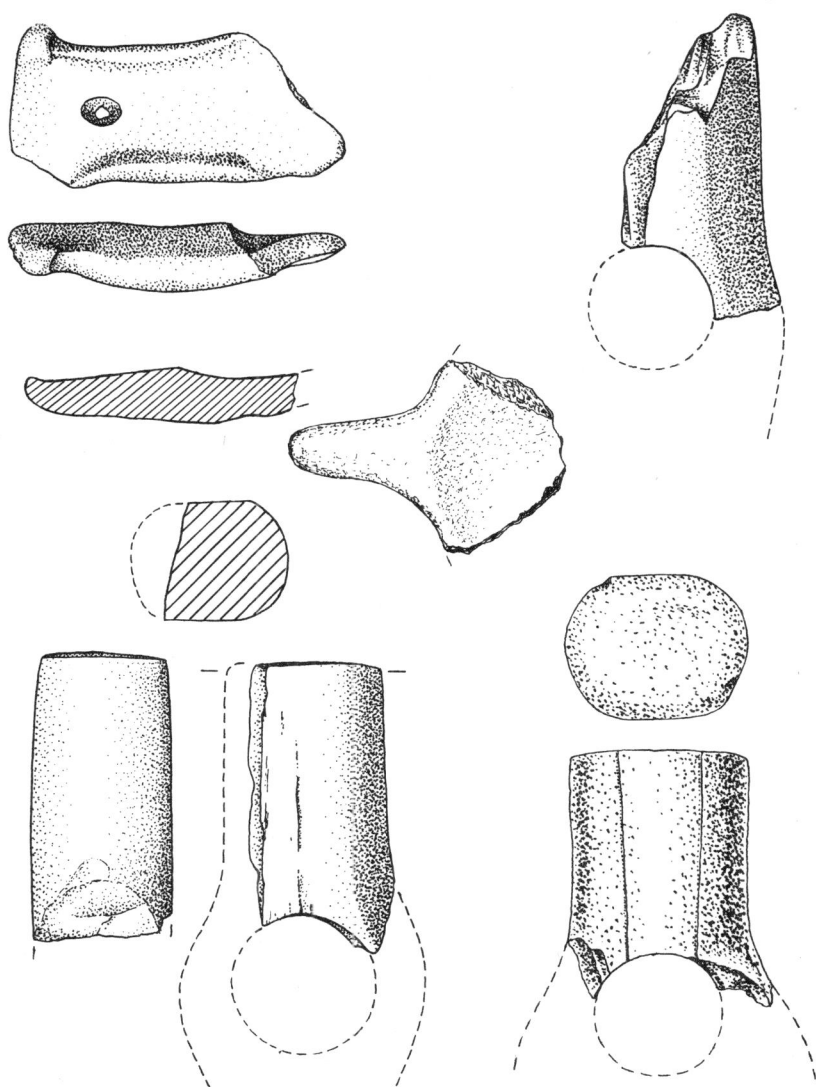

Abb. 40: Felssteingeräte und Tonlöffelbruchstück (?) der Michelsberger Kultur vom Judenhügel (Kreis Rhön-Grabfeld).

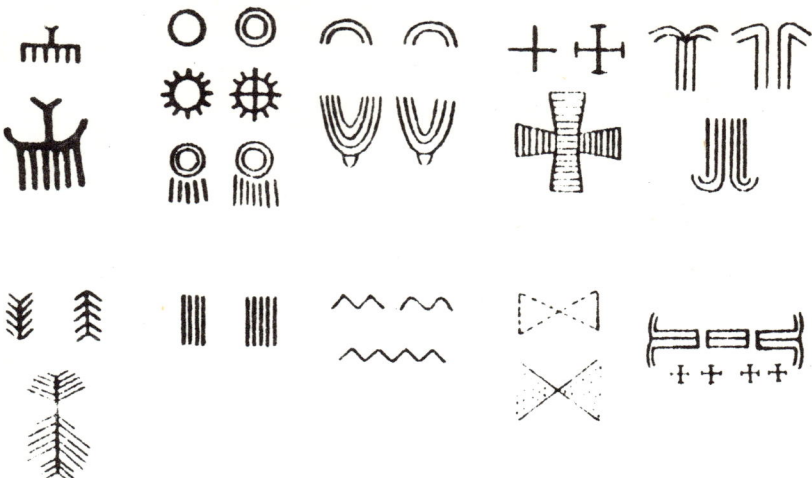

Abb. 41 u. 42: Sinnbildliche Zeichen aus dem nordischen Kulturkreis Mitteldeutschlands.

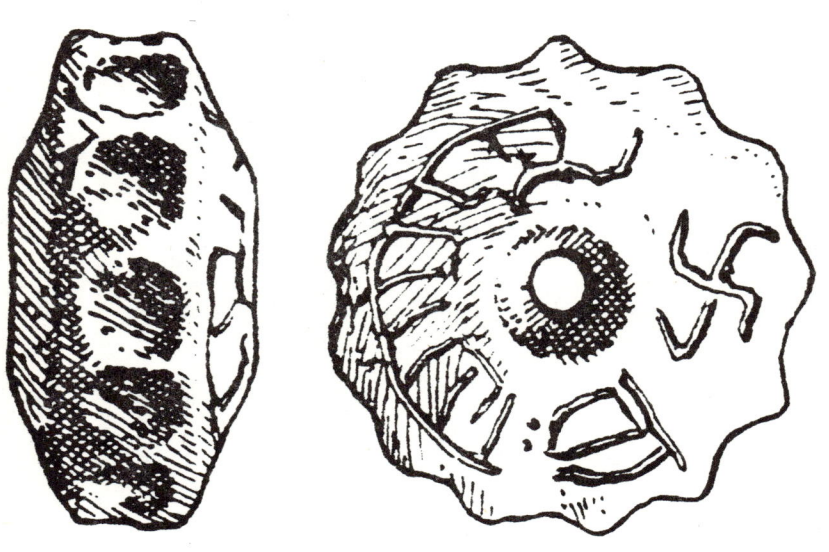

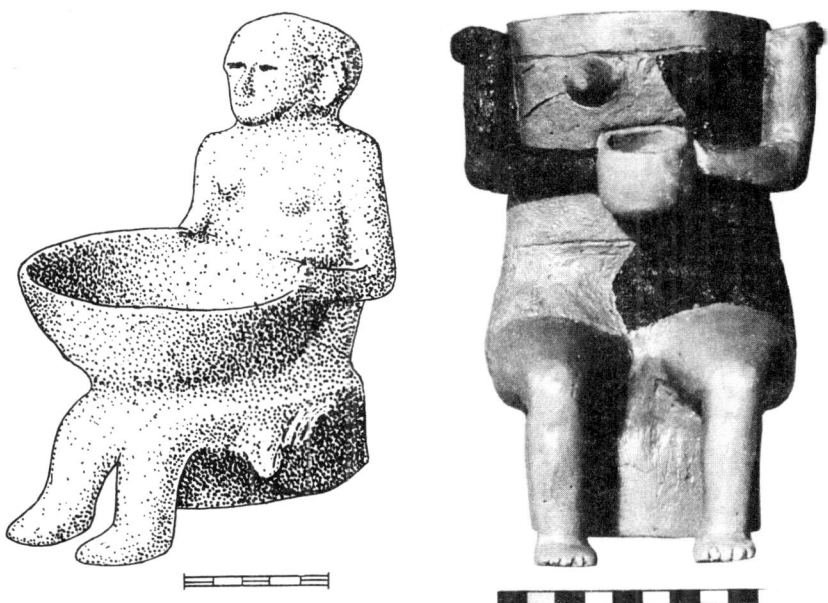

Abb. 44: Frauenfigur aus Ungarn: Urmutter oder Fruchtbarkeitsgöttin?
Abb. 45: Weibliches Gefäßidol der Linienbandkeramik von Erfurt. Aus der
großen Gefäß (Frauenkörper) konnte wahrscheinlich »Lebenswasser« in das
kleine fließen.

mern *(Abb. 43)*. Die Kunst wurde mehr und mehr stilisiert. An Stelle der
Jagdszenen traten bäuerliche Motive; und kultische Fruchtbarkeitsfiguren nahmen zweckbetonte Formen an *(Abb. 44 u. 45)*.

In der ersten Hälfte des 3. Jt.s wurde die Trichterbecherkultur abgelöst von einer offenbar verwandten neuen Kultur, welche die Vorbewohner beherrschte, aber duldete. Ihr schnelles Vordringen versucht man sich so zu erklären, daß man als ihre Urheber Viehzüchter-Nomaden aus Osteuropa voraussetzt, die vorläufig nirgends lange verweilten; entsprechend spärlich sind auch ihre materiellen Hinterlassenschaften. Bald müssen sie sich jedoch auch an Seßhaftigkeit gewöhnt haben, zumal die mitteleuropäischen Verhältnisse ein Leben wie in den russischen

Abb. 43: Steinkammergrab von Züschen (Kreis Waldeck), um 2000 v.Z., vgl.
Abb. 33.

Steppen nicht zuließen. Wegen ihrer entsprechend verzierten Becher
und Amphoren nennt man sie Schnurkeramiker und auf Grund ihrer
schönen facettierten Waffen auch Streitaxtleute. »Die Geschehnisse
nahmen sehr wahrscheinlich ihren Anfang in Osteuropa, Ausgangsge-
biet waren offenbar die Steppen nördlich des Schwarzen Meeres . . . Sicherlich sind auch Stämme von Osten, möglicherweise aus verschiedenen Gegenden und zu verschiedener Zeit, bis in das Gebiet des heutigen
deutschen Territoriums gekommen.« (OTTO 1974. 27) Dagegen betont
SCHULZ (1939. 41): »Die Schnurkeramik-Kultur ist eine der großen
Kulturen, die in Mitteldeutschland ihren Ursprung haben!« Wahrscheinlich ist sie aus Teilen der osteuropäischen und der thüringischen
Trichterbecherkultur erwachsen. Durch laufenden Zuzug aus dem

74

Osten, wobei möglicherweise auch die Schwarzmeermegalithiker beteiligt waren *(Abb. 46),* wurde schließlich der gesamte später deutsche Raum beeinflußt. Typisch für sie sind Hockergräberfelder; aber sie benutzten ebenso Großstein- und Hügelgräber ihrer Vorgänger, die assimiliert wurden. Die Sitte der Hügelbestattung wird später sogar als Kennzeichen für die Ausbreitung der schnurkeramischen Kultur angesehen (FRIEDRICH HOLSTE 1939. 89). Aber auch Leichenverbrennungen fanden schon statt; die Asche wurde dann in sogenannten Totenhäusern beigesetzt, deren Form wahrscheinlich wiederum von der Vorbevölkerung übernommen wurde, wie Ausgrabungen (HANS REINERTH 1928. 202 ff) in der Schweiz vermuten lassen.

Etwa gleichzeitig wurde Mitteldeutschland von den Glockenbecherleuten, den mutmaßlichen Nachfahren der iberischen Megalithiker, erreicht, die ausgezeichnete Bogenschützen waren und auf der Suche nach Kupfer die Rhön offenbar nur tangierten. Sowohl über Hessen als auch über Franken und Böhmen gelangten sie bis Thüringen und darüber hinaus, hinterließen aber keine eigenen Siedlungen, obwohl sie Feldbauern waren. Sie wurden wohl bald von den Vorbevölkerungen und den in entgegengesetzter Richtung expandierenden Schnurkeramikern aufgesogen. Letztere konnten sich jedenfalls im Laufe des 20. Jh.s vZ. über Thüringer Wald, Rhön und Vogelsberg hinweg bis nach Südwestdeutschland durchsetzen. Inzwischen auch zu Bauern geworden, scheinen sie sogar als erste den Pflug verwendet zu haben. In Deutschland entstanden so zahlreiche verwandte, aber doch unterschiedliche und sich überschneidende Becherkulturen *(Abb. 47).* Sei es auf Grund ihrer kampfbetonten Asenreligion, ihrer patriarchalisch ausgerichteten Gentilordnung, ihrer gesunden Lebensweise, verbunden mit großer Fruchtbarkeit, oder der Überlegenheit ihres Geistes und damit ihrer Waffen: Überall dominierten die Schnurkeramiker, so daß sie als der Vaterstamm der Indogermanen angesehen werden. Analog dazu sind die jeweiligen Vorbevölkerungen (im wesentlichen also die Nachkommen der Megalithiker und Bandkeramiker) demnach als die Mutterstämme der Indogermanen zu betrachten *(Abb. 48).*

»Die Stellung Gustav Kossinnas zur ›Herkunft der Germanen‹ ist bekannt genug: ›Vom nördlichen Mitteleuropa, von der Ostsee her und weiter dann von der oberen und mittleren Donau sind damals, im 3. Jahrtausend vor Christus, die großen Völkerbewegungen ausgegangen, die ganz Europa, vor allem Südeuropa, und Vorderasien mit derjenigen Bevölkerung erfüllt haben, die unsere Sprache spricht, die Sprache der Indogermanen.‹ Boghazköi lehrt nichts anderes.

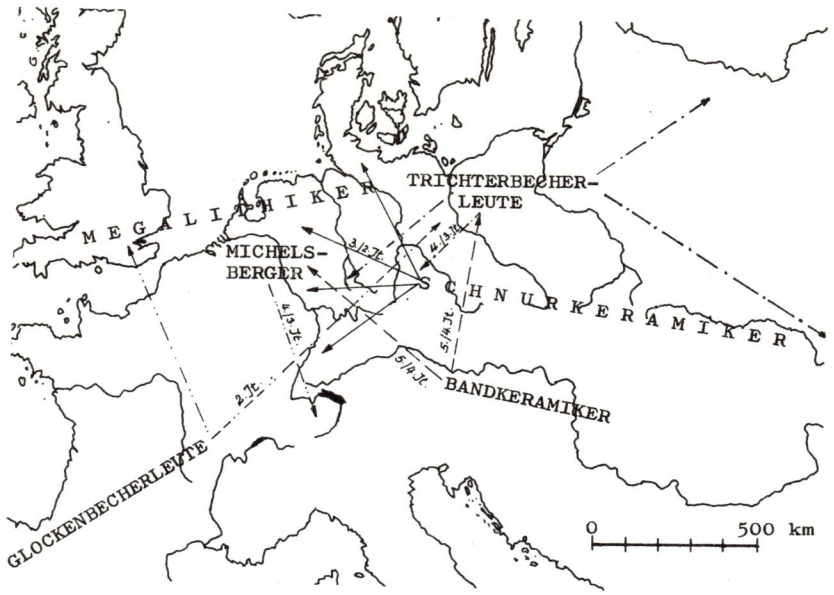

Abb. 46: Die großen neolithischen Kulturen Mitteleuropas.

Nach diesen Zeugnissen, auf die ich mich beschränke, stimmen die vorgeschichtliche und die geschichtliche, die Sprach- und die Siedlungsforschung heute darin überein, und es darf als wissenschaftlich begründet gelten, daß die indogermanische Urheimat Europa war, und da es sich um nicht geringe Völkermassen handelt, so muß die Heimat ein weites Gebiet umschlossen und also wohl von der Ostsee bis zum Kaspischen Meer und darüber hinaus gereicht haben.« (OTTO SIGFRID REUTER 1922. 10)

Möglicherweise sind Megalithiker und Schnurkeramiker urverwandte Populationen (so WOLFGANG KRAUSE, Die Herkunft der Germanen, 1941, und im Anschluß daran BOLKO VON RICHTHOFEN, in Mannus, 1/1970. 63 ff) – vielleicht sind damals aber auch zwei grundverschiedene Urrassen eine glückliche Symbiose eingegangen. Während Wanenglaube, Mutterrecht, Geschwisterehe, Phallus- und Fruchtbarkeitskult der Megalithiker letztlich vergleichbar sind mit dem afrikanischen Götzentum, weisen Asenglaube, Vaterrecht und Kampfeslust der Schnurkeramiker (Streitaxtleute) auf Asiens weite Steppen, wo Nomadentum, ver-

76

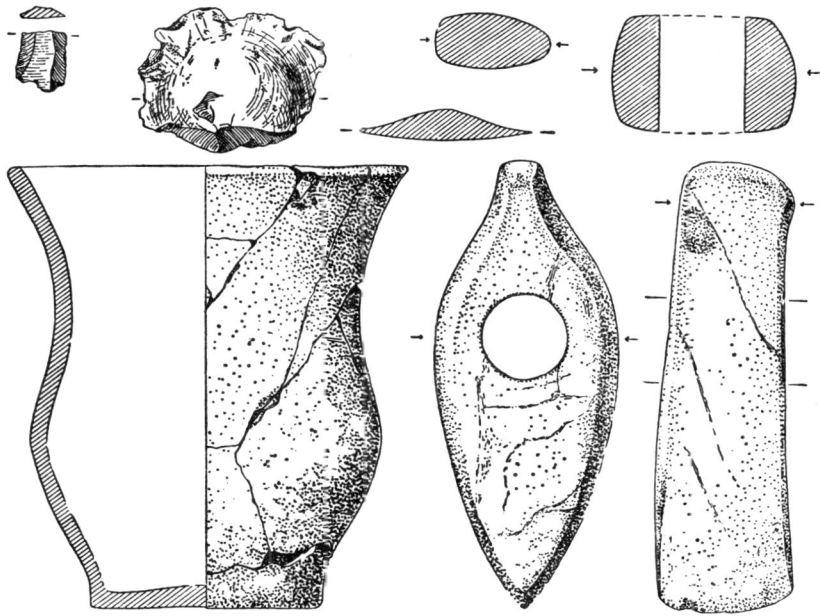

Abb. 47: Grabfund der Becherkultur von Wollbach (Rhön-Grabfeld).

bunden mit riesigen Viehherden, und extreme klimatische Bedingungen ganz andere Grundordnungen erwachsen ließen, ohne daß sie allerdings einen gemeinsamen Ursprung ausschließen müßten.

Ihr Zusammentreffen bewirkte jedenfalls ein ethnogenetisch und kulturell außerordentlich wirksames Zentrum in Mitteleuropa, das alle Nachbarkulturen nachhaltig beeinflußte. WILHELM WITTER (1938, II. 35 f und 104 f) hat z. B. überzeugend nachgewiesen, daß die ältesten Metallfunde aus deutschem Boden aus mitteldeutschen Erzen erzeugt sein müssen, höchstwahrscheinlich schon zur nordischen Dolmenzeit. Die Kunst der Kupfererzeugung und -bearbeitung wurde nach ihm nicht aus dem Mittelmeerraum übernommen, sondern eher umgekehrt, allenfalls kann an eine eigenständig-parallele Entwicklung gedacht werden.

Neolithische Siedlungen in der Rhön sind nur von den peripheren Flußterrassen der Fulda, Werra und fränkischen Saale und aus dem Grabfeld bekannt. Eine bandkeramische Siedlung lag am Fuße der Steinsburg bei Haina. Aus dem Kreis Meiningen sind etwa 20 neolithi-

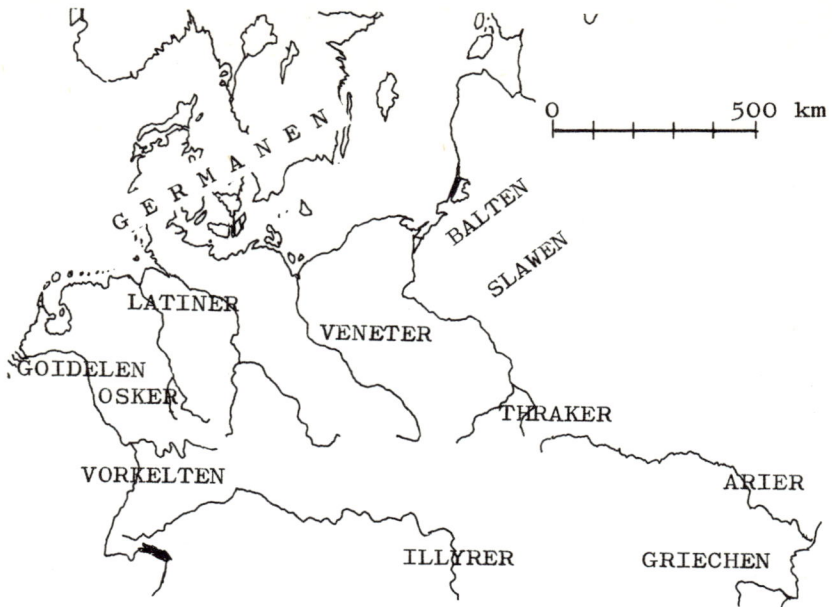

Abb. 48: Mutmaßliche Urheimat der westindogermanischen Stämme.

sche Fundstellen bekannt[15]. Aus den Kreisen Rhön-Grabfeld, Bad Kissingen, Haßberge und Schweinfurt gibt es mindestens 30 nachgewiesene Funde der jüngeren Bandkeramik, ca. 20 der Rössener, Michelsberger und Stichreihenkultur und ebenso viele aus der späten Jungstein- und frühen Bronzezeit der Becherkulturen[16], die auch am Schulzenberg bei Fulda und auf der Milseburg nachweisbar sind[17]. Glockenbecherkeramik ist im Süden nur vom Judenhügel bekannt[18], im Westen vom Schulzenberg[19], ein Zeichen dafür, daß die Rhön von den Trägern dieser Kultur umgangen wurde.

Die zahlreichen Streufunde zeigen, daß die Rhönberge noch längere Zeit von im frühneolithischen Habitus lebenden Sammlern und Jägern beherrscht wurden, die man hauptsächlich dem nordischen Kreis wird zuordnen dürfen. Feste Siedlungen gab es zweifellos nur in den Randgebieten. Erst im ausgehenden Neolithikum mögen die vorwiegend viehzüchtenden Schnurkeramiker die Reize und Vorteile der Bergwelt für ihre Lebensweise entdeckt haben und auch hier seßhaft geworden sein. Siedlungsreste wurden aber bis heute noch nicht gefunden *(Abb. 49)*.

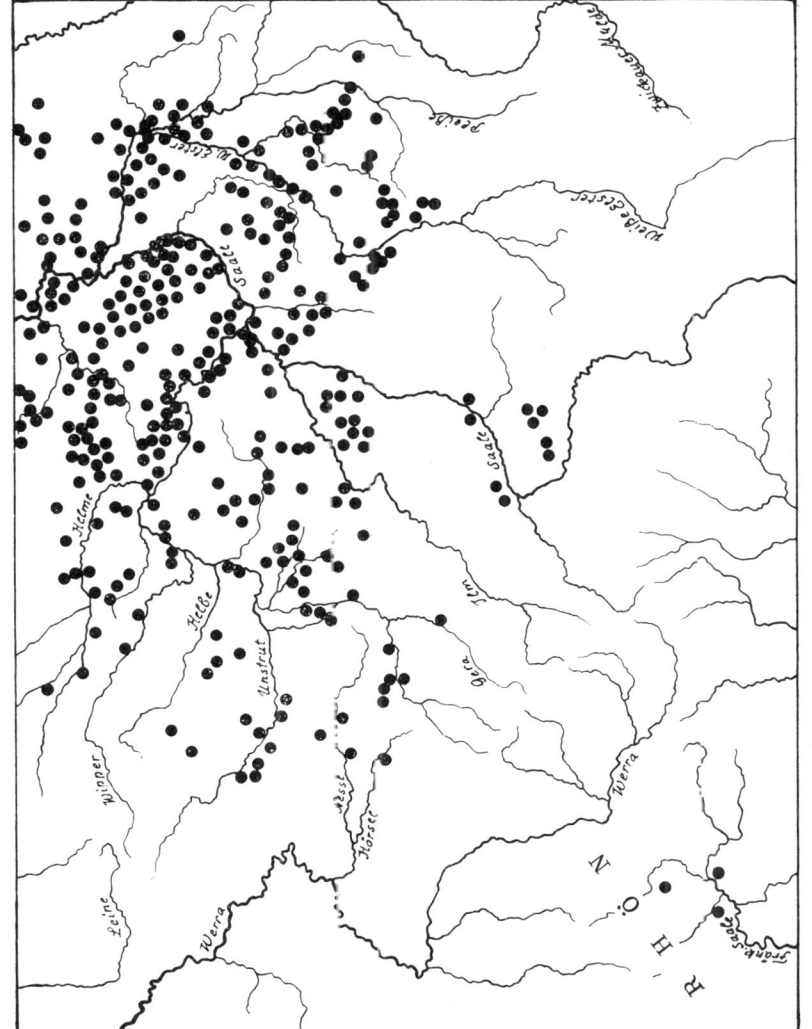

Abb. 49. Schnurkeramische Grab- und Siedlungsfunde in Mitteldeutschland.

79

Zweiter Teil

Von den ersten Rhönsiedlern bis zur germanischen Landnahme

(Metallzeit)

Zeit ist's / den Menschen aus der Zwerge Volk /
Lofars Ahren / im Liede zu nennen;
es zog ihr Stamm aus der steinigen Heimat
durch sumpfige Täler zum Sandgefilde.

Sie hießen Draupnir und Dolgthrasir /
Har / Haugspori / Hlewang / Gloin /
Dori / Ori / Duf / Andwari /
Skirfir / Wirfir / Skafid / Ai /

Alf und Yngwi / Eikinskjaldi /
Fjalar und Frosti / Fid und Ginnar:
Wissen wird man / solange die Welt besteht /
diese lange Reihe von Lofars Ahnen.

Edda (1943) – Völuspâ 14–16

Kapitel 5

Fulda-Werra-Kultur
(Urgermanen)

Entstehung der indogermanischen Völkerfamilie
Hügelgräber- und Urnenfelderbronzezeit:
Goldene Zeit des Nordens
18.–8. Jh. vZ.

An der Entstehung der bronzezeitlichen Hügelgräberkultur, insbesondere auch der Fulda-Werra-Gruppe, soll ... die Schnurkeramik einen erheblichen Anteil haben. Auch Verbindungen zur Glockenbecherkultur werden in Erwägung gezogen ... Man darf vermuten, daß vom Neolithikum zur Bronzezeit kein Bevölkerungswechsel stattfand, sondern daß neolithische Bevölkerungsteile durch Beziehungen zu kulturell entwickelteren Populationen das höhere metallzeitliche Niveau erreichten.

Rudolf Feustel 1958. 56

Mit zunehmender Bindung der Menschen an die Scholle bildeten sich in jahrhundertelangem Prozeß naturgemäß in sich geschlossene Gruppen mit zwar verwandten Sprachen, die aber analog zur Entfernung mehr oder weniger voneinander abwichen, ebenso wie Kult und sonstige Lebensgewohnheiten. In Europa und Westasien entwickelten sich so die Urvölker der indogermanischen Sprachfamilie.

Die reine Agrargesellschaft, die bisher je nach Mentalität der Menschen und Gunst oder Ungunst ihrer Wohngebiete nur durch unterschiedliche Bevorzugung der Viehzucht, des Fischfangs, der Jagd oder des Feldbaues variierte, wandelte sich allmählich in eine Produktionsgesellschaft, in der bei einigen Völkern durch wachsende Arbeitsteilung Handwerk und Handel zunehmende Bedeutung gewannen. Hervorgerufen wurde dieser Wandel vor allem durch ein neues Material: die aus Kupfer und Zinn legierte Bronze, welche beiden Ausgangsstoffen an Härte und Verarbeitbarkeit überlegen war. Waffen und Geräte aus diesem sowohl gußfähigen als auch schmiedbaren Metall veränderten in Europa seit dem 2. Jt. vZ. die Lebensbedingungen entscheidend. Die Viehzucht wurde zur Herdenhaltung weiterentwickelt, der Ackerbau intensiviert: sowohl durch Metallpflug und andere Bronzegeräte als auch durch die Brachwirtschaft, wobei ein Teil des Bodens ungenutzt liegen blieb, damit er sich wieder erholen konnte. Beim Abweiden des Wildwuchses erfolgte dann zudem eine natürliche Düngung durch das Weidevieh. Warenproduktion über den eigenen Bedarf hinaus führte schließlich zu weiträumigem Tauschhandel. Damit waren die Voraussetzungen gegeben für größere und dauernde Siedlungen, aber z. B. auch für Besitzstreben und Klassendenken und alle davon herrührenden sozialen Probleme, die größtenteils heute noch ihrer Lösung harren. Wohnkultur und Kleidung spiegeln diese Wandlung wider *(Abb. 50 bis 53)*.

Abb. 51: Bronzezeitlicher Wohnraum aus der älteren Siedlung der Wasserburg Buchau um 1100 v.Z., Rekonstruktion nach H. Reinerth.

Wenn auch in anderen Ländern (Vorderasien, Ägypten, China) um diese Zeit bereits bedeutende Hochkulturen entstanden, Schriften und Geldwährungen erfunden wurden, darf man daraus nicht auf Kulturlosigkeit in Mittel- und Nordeuropa schließen. Wissenschaftliche Entwicklungen (z.B. in der Astronomie), Wagen- und Schiffbau, Bronze- und Goldschmiedekunst aus der »goldenen Zeit des Nordens« – wie man die Hochbronzezeit zu Recht nennt – strafen solche Gedanken Lügen. Es spricht durchaus nicht gegen diese gesunden Bauernvölker, daß sie ohne Zivilisation (städtisches Leben) und ohne Geld und Schrift auskamen. Sie hatten ein auf mündlicher Überlieferung beruhendes Geschichtsbewußtsein und eine ethische Rechtsordnung, die jedem Vergleich in der Welt standhalten.

Abb. 50: Germanin der frühen Bronzezeit, nach Funden dargestellt.

Abb. 52: Bettecke mit Bronzewaffen und Kochkessel (vgl. Abb. 51).

In Mitteldeutschland wurden erneut Hügelgräber charakteristisch, was auf abermalige Durchsetzung der Trichterbecherleute oder erneuten Zuzug aus dem Norden schließen läßt, wo die jütische Halbinsel ihre heutige Gestalt erhielt und in Verbindung damit weite Wohngebiete verlorengingen *(Abb. 54)*. In Thüringen hatte sich aus Trichterbecherleuten und Schnurkeramikern die Leubinger Kultur als peripherer Ausläufer der Aunjetitzer herausgebildet und die Glockenbecherkultur abgelöst[20]. Typisch für sie sind sog. Witwenopfer oder »Totenhochzeiten«, die auf patriarchalisch bestimmte Gesellschaftsordnung mit Sippenaristokratie weisen. Diese Kultur fand ohne erkennbare Ursache ein rasches Ende. Gewisse Spuren lassen aber auch hier an Unterwerfung durch Eindringlinge aus Norddeutschland denken, wo seit dem 16. Jh. vZ. eine erstaunliche Entwicklung zu beobachten ist. Das ganze frühbronzezeitliche Stadium des übrigen Europas überspringend, entfaltete sich dort eine

Abb. 53: Germane der frühen Bronzezeit, nach Funden dargestellt.

88

schöpferische Selbständigkeit, welche die bronzezeitliche Kultur zu höchster Vollendung reifen ließ. Bronze-, Gold- und Bernsteinschmuck gelangten von dort bis in die südlichen Mittelmeerländer.

Die zahlreichen Hügelgräber der späten Hoch- und beginnenden Spätbronzezeit auf den Bergen der Rhön und des südlichen Thüringer Waldes gestatten trotz der darin gefundenen recht einheitlichen Bronzen *(Abb. 55–59)* wegen der fast völlig fehlenden Keramik leider keine klare ethnische Zuordnung dieser Bergbauern und Viehzüchter[21]. Nicht zuletzt deshalb spricht man von einer eigenständigen osthessischen Fulda-Werra-Gruppe der Hügelgrabkultur.

Typisch für sie und einzigartig sind neben gerippten Armbändern, »hessischen« Halskragen und »osthessischen« Radnadeln vor allem die schönen Brillennadeln *(Abb. 60–62):* gegenläufige, doppelspiralige Gewandnadeln. Ob es sich bei den Trägern dieser Kultur um unmittelbare Nachkommen der neolithischen Bevölkerung der Rhönrandgebiete oder Zuwanderer handelt, ist nur schwer zu sagen, weil bislang keine Siedlungsreste gefunden wurden. Wahrscheinlich trifft beides zu. Jedenfalls läßt HANS HAHN (1974. 17) an einer ununterbrochenen Besiedlung der Rhön seit dem Neolithikum keinen Zweifel: »Diese durchlässige, kegelreiche Vorderrhön, durch Fulda und Ulster mit der Werra verbunden, ist gleichfalls – wie die Grabenbruchzone von Fulda bis Lauterbach – vom Neolithikum an durchgehend besiedelt, wobei der Bronzezeit und der Hallstattzeit besonderes Gewicht zukommt.« Und zur ethnischen Zuordnung sagt HOLSTE (1939. 89 u. 102 ff): »Welche neolithischen Vorläufer – für die Hügelgrabkultur – im einzelnen in Frage kommen, entzieht sich so gut wie völlig unserer Kenntnis; die Sitte der Hügelbestattung wird man jedoch berechtigt mit der schnurkeramischen Ausbreitung in Verbindung bringen . . . Es bedarf jedoch noch eingehender Untersuchung der Frage, ob dieses Bechervolk – z.B. im Schwalmmündungsgebiet – ein aus Thüringen eindringendes Element oder nicht vielmehr ein südlich abwandernder Teil des nordwestdeutschen Zweiges der Einzelgrabkultur ist . . . Die Besetzung der zum Wesersystem entwässernden Täler und das Haltmachen vor der Wasserscheide – zum Rhein – legen nachdrücklich den Gedanken an eine Besetzung Osthessens von Norden nahe. Dieser Eindruck wurde von Schumacher besonders stark empfunden, und Kunkel hat sich ihm ebenfalls nicht entziehen können, auch Bremer vertritt ähnliche Anschauungen . . . Sowohl die Schnurkeramik wie auch ein Teil der nordwestdeutschen Einzelgrabkultur mußte aber den Raum von Norden betreten und sich fächerförmig den Flußtälern folgend ausbreiten, während . . . für

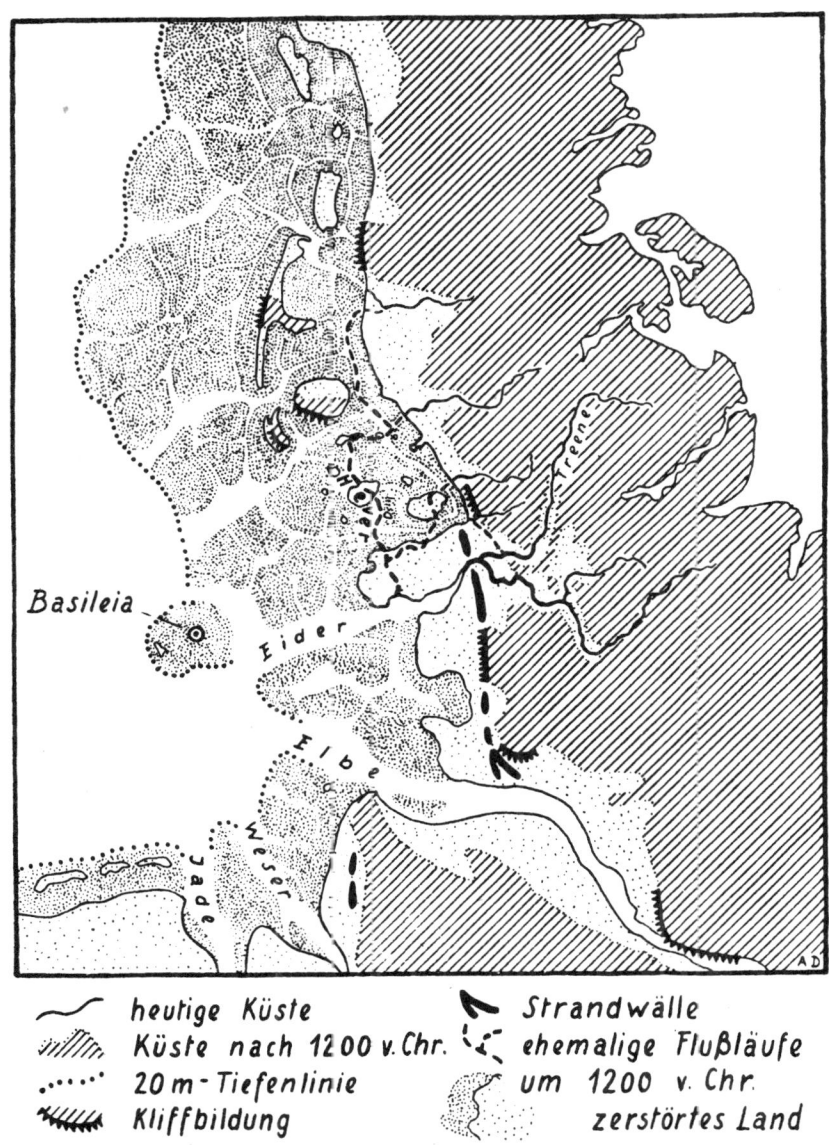

Basileia

Eider

Elbe

Weser

Jade

Treene

—⌃— heutige Küste
⫽⫽⫽⫽ Küste nach 1200 v.Chr.
∙∙∙∙∙∙ 20 m - Tiefenlinie
⤙⤙⤙⤙ Kliffbildung

◢ Strandwälle
◠◡ ehemalige Flußläufe
⸙⸙ um 1200 v. Chr.
zerstörtes Land

Abb. 54: Überschwemmungen an der deutsch-dänischen Nordseeküste im 13. Jh. v.Z., nach Jürgen Spanuth.

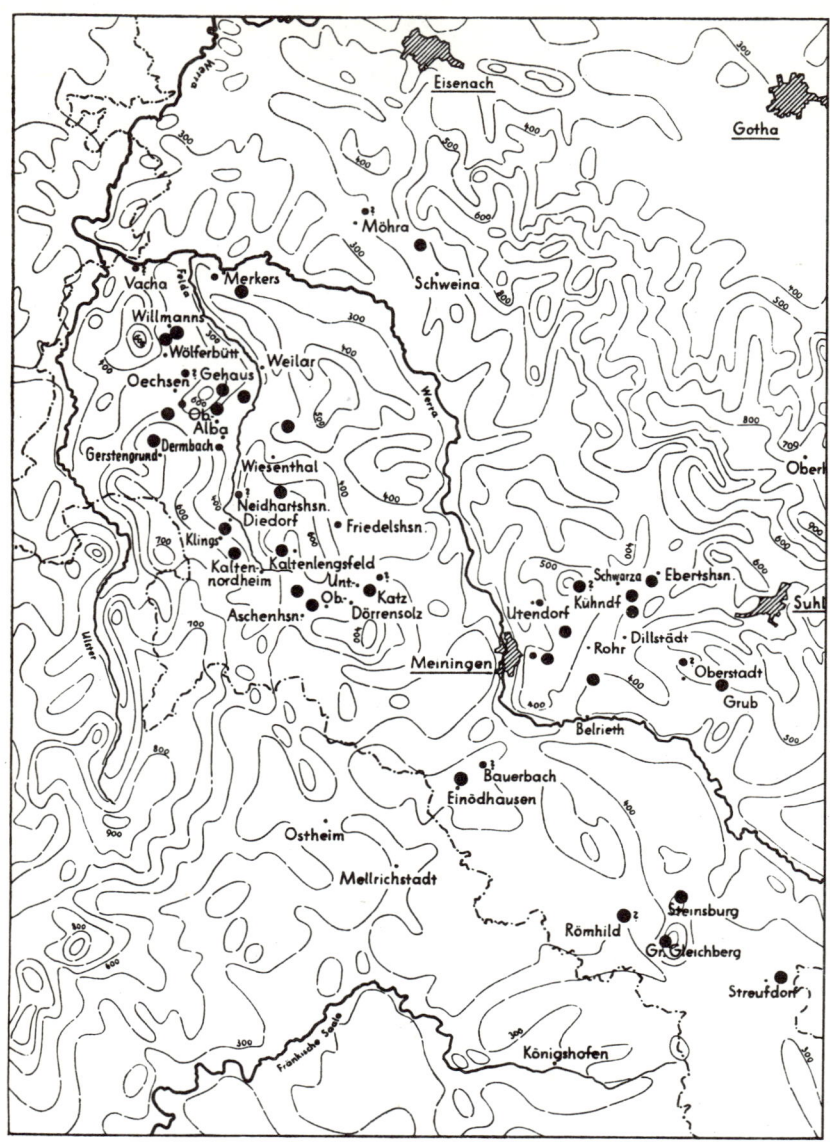

Abb. 55: Funde der bronzezeitlichen Hügelgräberkultur in Südthüringen.

92

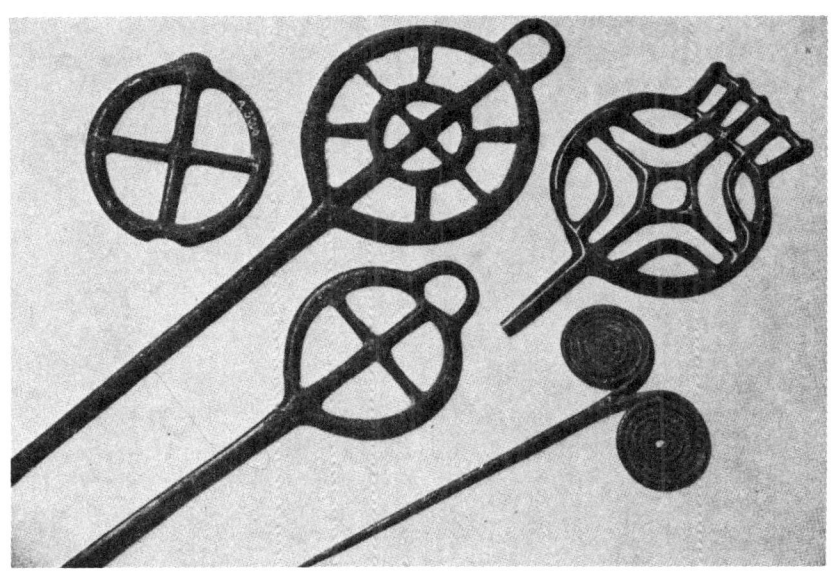

Abb. 56: Schmucknadeln und Anhänger aus Bronze (1600–1200 v.Z.) aus Ostheim, Stetten, Würzburg und Thundorf.

Abb. 57: Bronzezeitliche Funde »aus dem Fuldischen« (westliche Rhön) (zu S. 94).

Abb. 58: Bronzezeitliche Funde vom Windberg bei Klings (östliche Rhön) (zu S. 95).

Abb. 59: Bronzezeitliche Funde vom Horn- und Roßberg bei Roßdorf und Wiesenthal (östliche Rhön) (zu S. 96).

Abb. 60–62: Verbreitung der hessischen Halskragen, gerippten Armbänder und Brillennadeln (Fulda-Werra-Kultur) (zu S. 97).

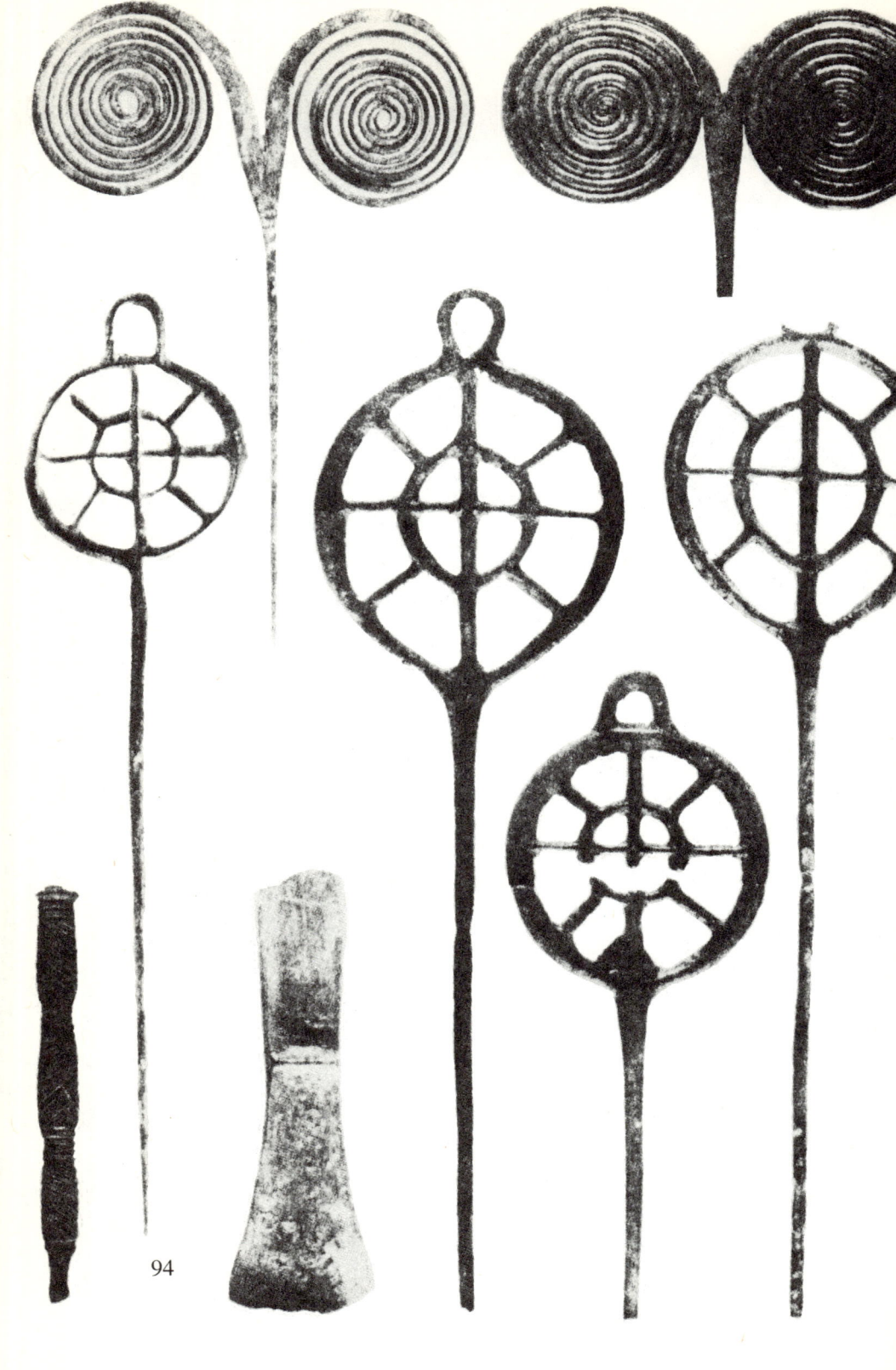

94

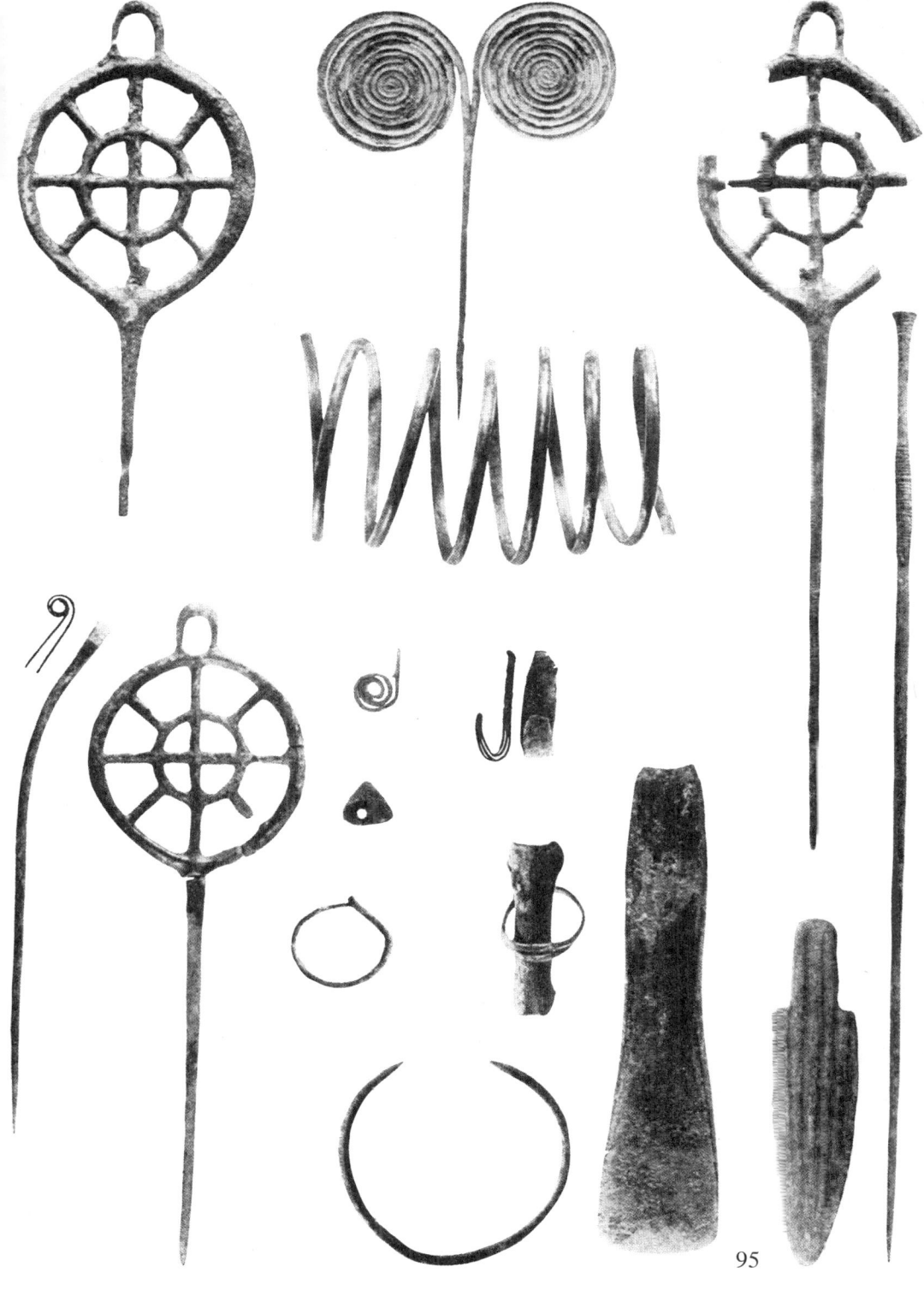

95

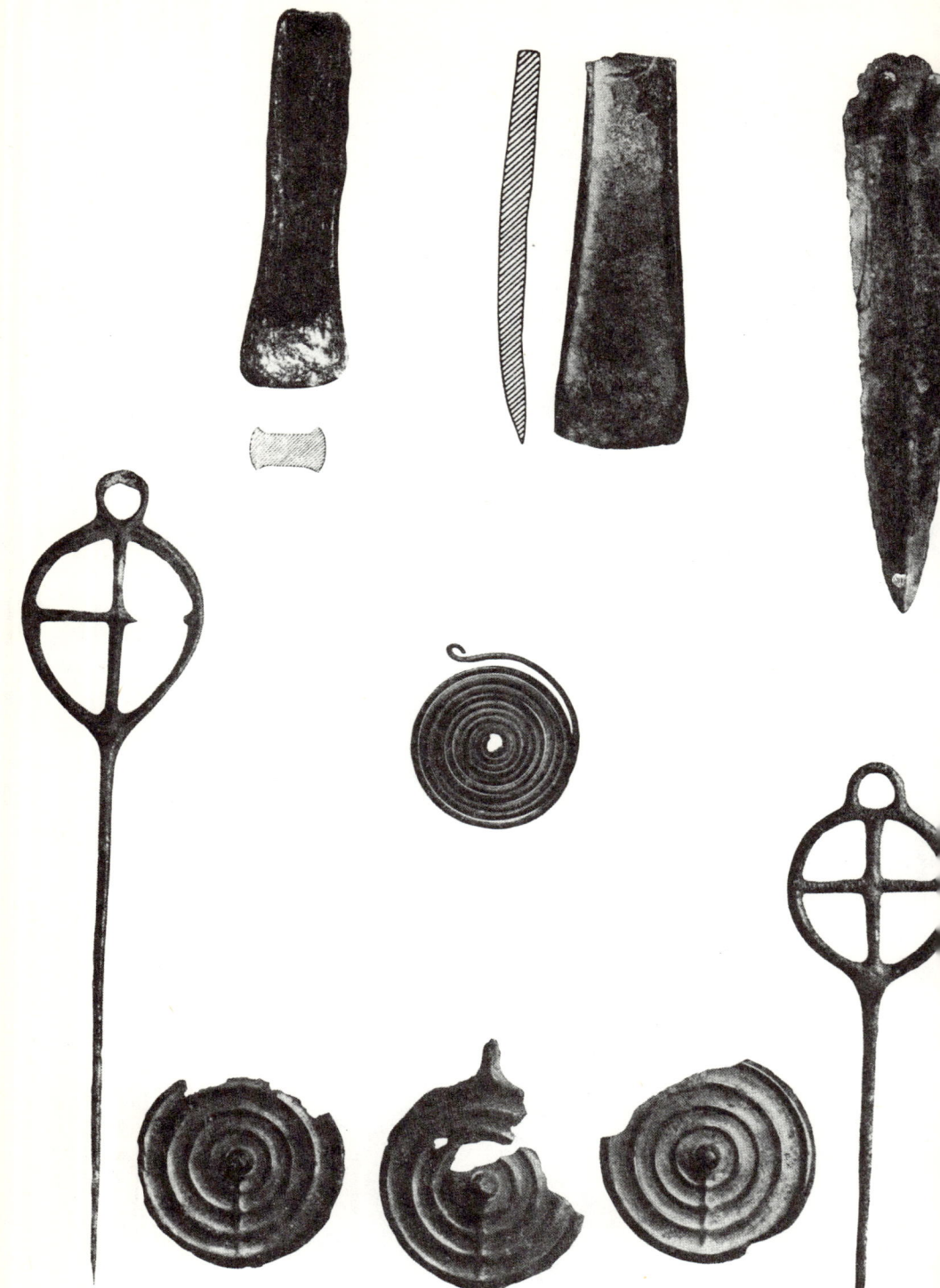

96

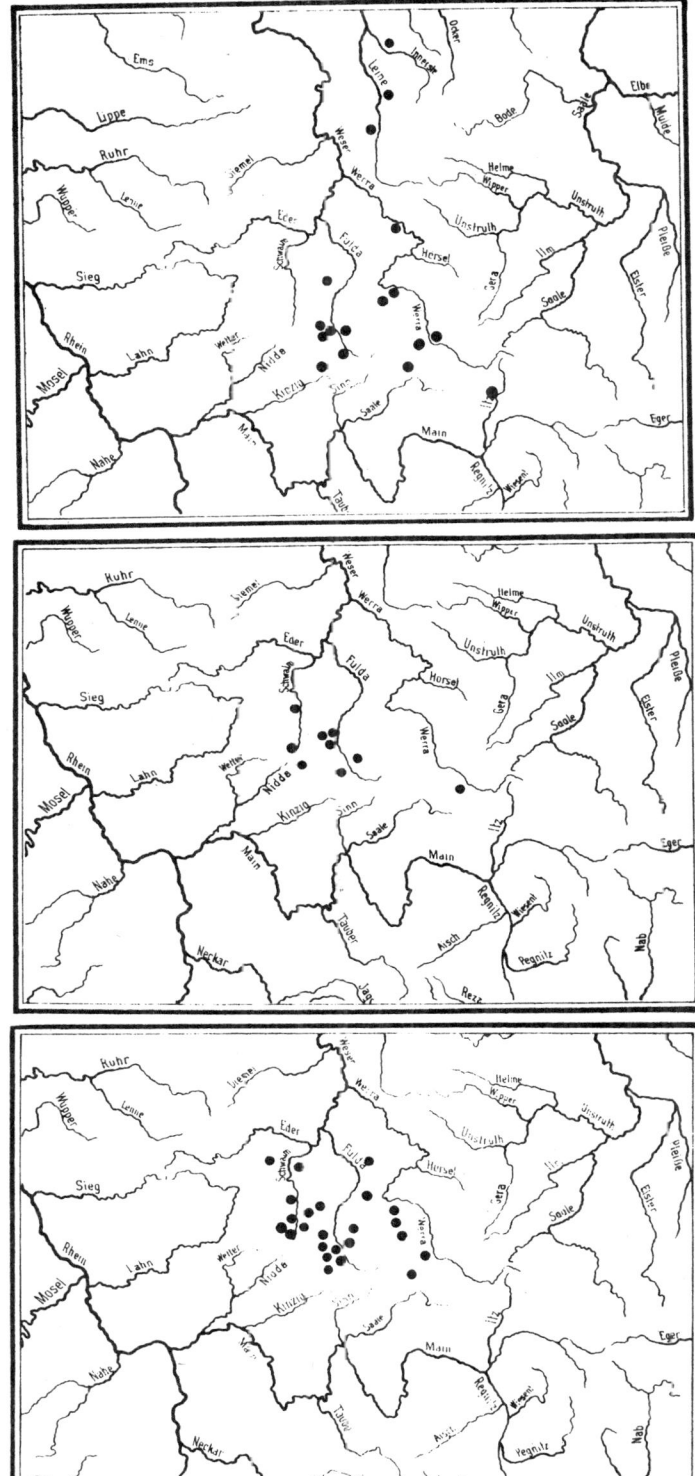

97

ein von Süden kommendes Volk die Auswahl jener Plätze schwerlich verständlich ist . . . Die Überlegung, daß ein abwanderndes Volk mit Bevölkerungsresten in der alten Heimat in Verbindung bleibt, läßt nach einer Kulturgruppe Ausschau halten, in deren Fundstoff sich rückläufige Beziehungen aufzeigen lassen. Das ehemalige Kerngebiet der Schnurkeramik verrät keine Einflüsse in nennenswerter Stärke . . . Um so deutlicher ist das der Fall in Nordwestdeutschland, wie Sprockhoff eindeutig erwiesen hat . . . Erinnert man sich daran, daß . . . die Halskragen und die osthessischen Radnadeln deutlich nach Norden weisen . . ., wird das Volkstum Osthessens gleichfalls als eng verwandt mit dem, was Kossinna als germanisches Volkstum erschlossen hat, anzusehen sein.« HOLSTE betont also das Element der Einzelgrabkultur Nordwestdeutschlands, das die Fulda-Werra-Gruppe trotz der gemeinsamen schnurkeramischen Einflüsse von der süddeutschen und westhessischen Hügelgrabkultur unterscheidet. Schon zu dieser Zeit von Völkern zu sprechen, wie ERNST SCHWARZ (1956. 176) es tut, ist sicherlich gewagt. Offenbar meint auch er deren Vorläufer: »Im Zuge des Vorschiebens nach Süden müssen die Germanen mit der älteren Bevölkerung, Illyrern oder Venetern und Kelten, zusammengestoßen sein. Nach Meinung von Prähistorikern setzen Beziehungen bereits in der mittleren Bronzezeit (1400–1200 v.Chr.) ein.« ERICH MARQUARDT (1937. 14) war noch ein Verfechter der Urkelten- und/oder Urchatten-Theorie: »Die Bronzekultur ist also nicht von dem eingesessenen Volke aufgenommen, sondern von einem anderen (Eroberervolk) mitgebracht worden. Während Kossinna (Die dt. Vorg., 4. A., S. 57) dieses Volk als keltisch bezeichnet, vertreten Gg. Wolff in der Prähist. Zs. 1911 und andere Forscher den Standpunkt, daß es sich wohl um Urchatten handele. Jedenfalls spreche die lückenlose Aufeinanderfolge der Funde bis in die germanische Zeit für diese Auffassung. Es scheint sich aber um Urkelten zu handeln, die aus ihrer Urheimat nordwestlich des Harzes auszogen und hier in Süddeutschland, in Südhannover und Hessen die Hügelgräberkultur der Bronzezeit begründeten.« Übereinstimmend stellen HOLSTE, SCHWARZ und MARQUARDT einen Zuzug aus Nordwest- und Mitteldeutschland während der Bronzezeit fest. Wahrscheinlich hat die nordwestdeutsche Einzelgrabkultur sowohl Anteil an der Bildung der Kelten wie auch der Rhein-Weser- (einschließlich Rhön-)Germanen. Man kann in ihren Trägern demnach ebensogut Urkelten oder Urgermanen sehen; ja selbst

Abb. 63: Wanderwege der Atlanter, nach Jürgen Spanuth.

98

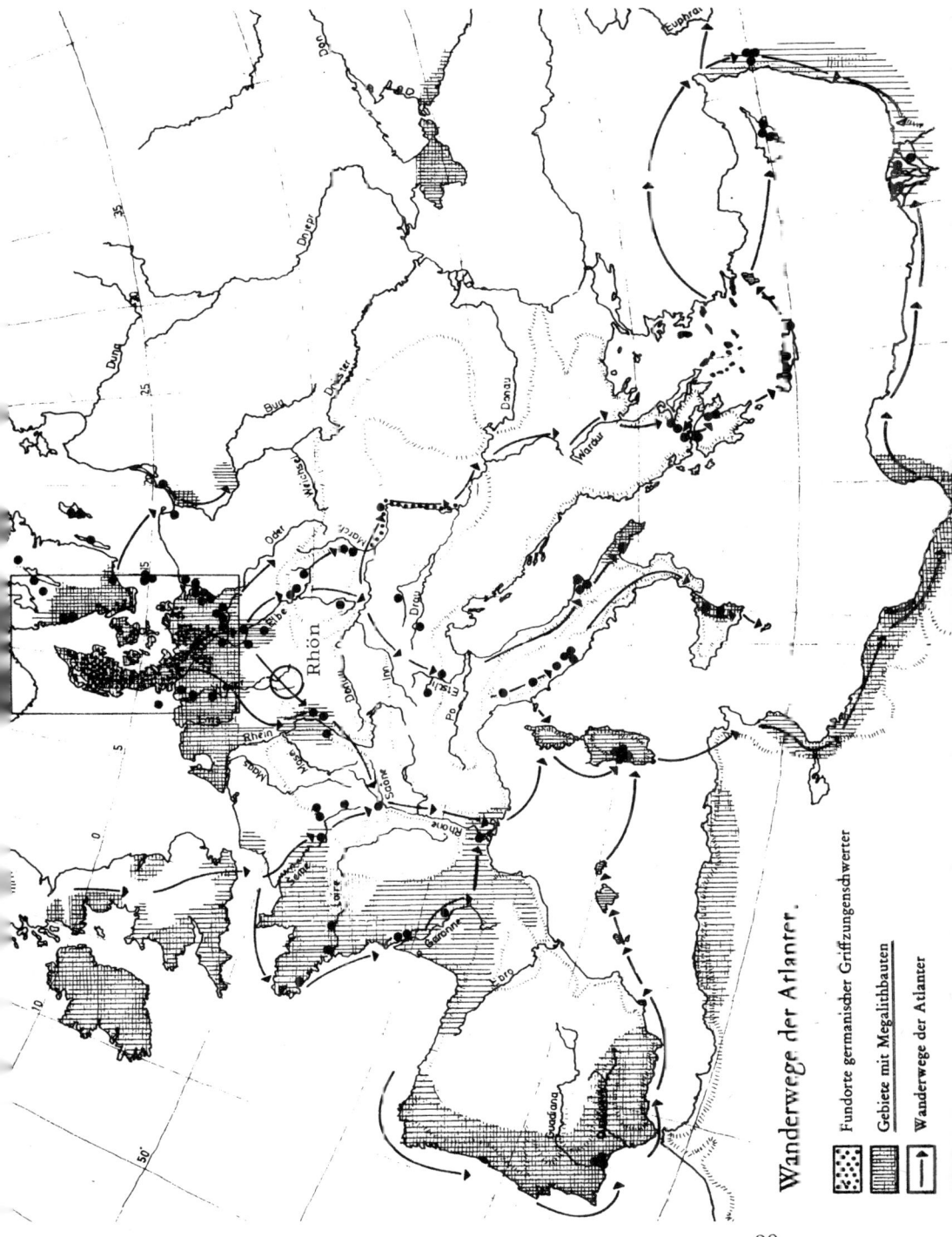

Wanderwege der Atlanter.

Fundorte germanischer Griffzungenschwerter

Gebiete mit Megalithbauten

Wanderwege der Atlanter

99

die Bezeichnung Urchatten ist nicht von der Hand zu weisen, wenn man sich der oben erwähnten tektonischen Veränderungen im Raum Jütland-Kattegat erinnert. Von dort ging zunächst ein gewaltiger Druck auf das Festland aus, und wenig später sind auch heimatlos gewordene Seevölker (Atlanter?) abgewandert, die auch Spuren in Mitteldeutschland hinterlassen haben *(Abb. 63)*. Auf Grund der spärlichen materiellen Hinterlassenschaften (fast ausschließlich Bronzen), insbesondere wegen der fast völlig fehlenden Keramik und nirgends nachzuweisender Siedlungen, ist man geneigt, bezüglich ihrer Kulturstufe an noch im frühneolithischen Habitus lebende Halbnomaden zu denken, die sich in die Berge flüchteten, um der endgültigen Seßhaftwerdung zu entgehen. Für die frühe Bronzezeit betont CHRISTIAN PESCHECK (1975. 16ff) zumindest eine gewisse Rückständigkeit: »In Nordbayern (Rhön-Grabfeld) lebte die Becherbevölkerung noch während der frühen Bronzezeit im steinzeitlichen Kulturzustand. Während in den Räumen der Aunjetitzer, Straubinger und Adlerbergkultur schon reichlich Bronze verwendet wurde, finden sich Metallgeräte in Unterfranken nur höchst selten und dann nur im Bereich der Handelsrouten.« Seit dem 14. Jh. vZ. sind jedoch Kulturbeziehungen der Fulda-Werra-Gruppe nachweisbar über Hessen bis zum Mittelrhein, nach Nordbayern und vor allem nach Nordwestdeutschland einschließlich der Lüneburger Heide.

Hügelgräber gab und gibt es durchaus auch in der Ebene, wo sicherlich viele durch spätere Siedlungen und landwirtschaftliche Nutzung zerstört wurden, im Gegensatz zu den Bergen, wo die nachfolgende Bewaldung bis heute einen vorzüglichen Schutz bietet. Zweifellos kann man aber von einer Bevorzugung mittlerer Höhenlagen (300–600 Meter über dem Meeresspiegel) durch die Hügelgräberleute im allgemeinen und die Fulda-Werra-Gruppe im besonderen sprechen. Dies dürfte die natürliche Folge eines jahrhundertelangen Klimaoptimums gewesen sein, währenddessen z.B. Getreide und Wein bis weit nach Skandinavien hinein und in Mitteleuropa höhenmäßig über die entsprechenden heutigen Grenzen hinaus gediehen[22]. Die Mittelgebirge boten damals optimale Lebensbedingungen für überwiegend viehzüchtende Bergbauern. Möglicherweise bildeten sie eine »Oberschicht« in des Wortes doppelter Bedeutung, denn man lebte sicher angenehmer auf den waldarmen Höhen als in den Tälern, die durch den vordringenden Wald immer enger und gefährlicher wurden. Die Berge hingegen boten sowohl Sicherheit vor wilden Flüssen und Tieren als auch vor landsuchenden Menschen.

Einige der zahlreichen indogermanischen Wanderungen haben sicher ihren Ursprung in dem Gebiet rings um das Kattegat, wo die Bevölke-

100

Abb. 64: Gefallener Krieger der Nordmeervölker = Atlanter mit Hörnerhelm. Steinbild von Medinet Habu (Ägypten) wie auf gleichzeitigen schwedischen Felsbildern.

rung infolge gewaltiger tektonischer Veränderungen und Bodenauslaugung in ärgster Bedrängung war. Im 13. Jh. vZ. versank die Westhälfte Jütlands (etwa in der Breite des heutigen Restes) endgültig im Meer. Durch Abwanderungen einiger heimatlos gewordener Stämme aus diesem Gebiet wurden andere Völker mitgerissen wie die Kugeln bei einem Billardspiel. Das Aufnahmevermögen der unmittelbar benachbarten verwandten Stämme war bald erschöpft, so daß sich nun der mitteldeutsche Gebirgsraum – in Sonderheit die Rhön – als weitere Zufluchtstätte anbot, zumal hier ähnliche Verhältnisse herrschten wie in den skandinavischen Hochebenen. Und es ist sicher kein Zufall, daß in der Folgezeit noch mehrmals Stämme aus dem skandinavischen Raum in der Rhön erscheinen, wie die nachfolgenden Kapitel zeigen werden.

Natürlich war die Rhön keineswegs nur Endstation, sondern vor allem eine gut zu verteidigende Bastion auf dem Wege nach dem Süden, und zwar schon seit dem Neolithikum, denn »daß die Ausbreitung nordischer Steinzeitkulturen nach Süddeutschland und der Schweiz in mehreren Zügen besonders aus dem sekundären Zentrum in Mitteldeutschland ausging, haben die Untersuchungen von Reinerth (1926. 219ff) eindringlich erwiesen«. (WITTER 1938. 217) Diese Entwicklung setzte sich auch in der Bronzezeit fort, in der sich zunächst die Hügelgräberkultur entwickelte, gefolgt von der Urnenfelderkultur, welche im 13. Jh. vZ. höchstwahrscheinlich von der Seevölkerwanderung[23] ausgelöst wurde. Abgesehen davon, daß die Meinungen darüber noch sehr geteilt sind, spricht vieles dafür, den Unruheherd des 13. Jh. vZ. am Kattegat zu suchen anstatt in Mittel- oder Osteuropa, obwohl die klimatischen Veränderungen auch dort eine nachhaltige Verschlechterung der Lebensbedingungen bewirkten. Fest steht jedenfalls, daß die Rhön nicht unberührt blieb von den indogermanischen Wanderungen, wo immer sie auch begonnen haben mögen. Um die regionalen Verhältnisse besser zu verstehen, muß man sie im Spiegel ihrer Zeit, d. h. im Zusammenhang mit den Ereignissen der gesamten abend- und morgenländischen Welt in der Mitte des 2. Jt.s vZ. sehen: Zunächst zogen Arier nach Persien und Indien, Thraker (Phryger) nach Anatolien, Illyrier nach Griechenland und Süditalien, Italiker überschritten die Alpen und verdrängten die Reste der Latiner in die Gebirgstäler, Dorer und Atlanter erschienen in der Ägäis, auf Kreta und vor den Toren Ägyptens. Vielleicht besteht ein enger Zusammenhang zwischen Eudusen (= Eu-Duren?) und Haruden (= Ha-Duren?) in Jütland sowie Theuriern, Teuriskern, Turonen und Häduern in Mitteleuropa, Dor(i)ern in Südrußland–Ungarn–Griechenland, Ariern in Asien und weiteren, ähnliche Namen tragenden Völkern, die in jener Zeit ausschwärmten wie die Bienen.

Habitus, Kleidung und Bewaffnung der »Völker von den Inseln des Meeres« sind uns überliefert, weil Pharao Ramses III. sie naturgetreu in die Wände und Säulen seines Tempels Medinet Habu zu Theben ein-

Abb. 65–68: Wagen- und Schiffsdarstellungen auf bronzezeitlichen Felsbildern in Schweden.

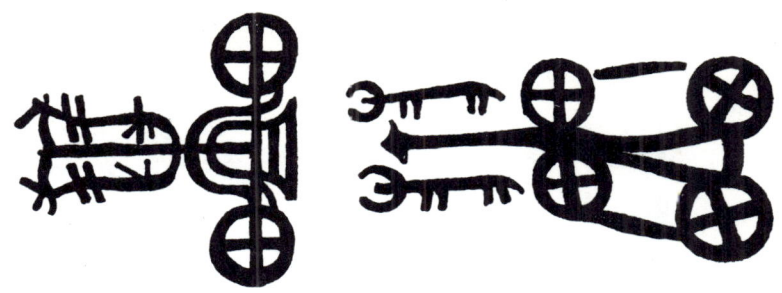

Abb. 69: Bildstein des Grabes von Kivik in Schonen (Schweden).

Abb. 70: Felszeichnung von Rished bei Askum in Bohuslän (Schweden).

Abb. 71: Felsbild von Val Camonica in den Südalpen (Italien).

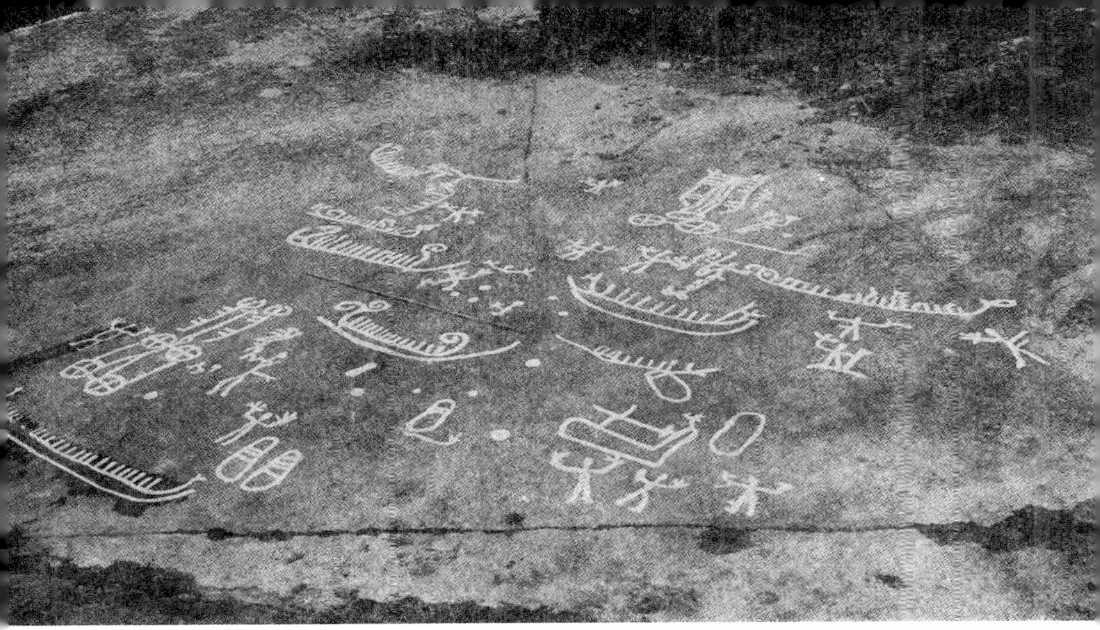

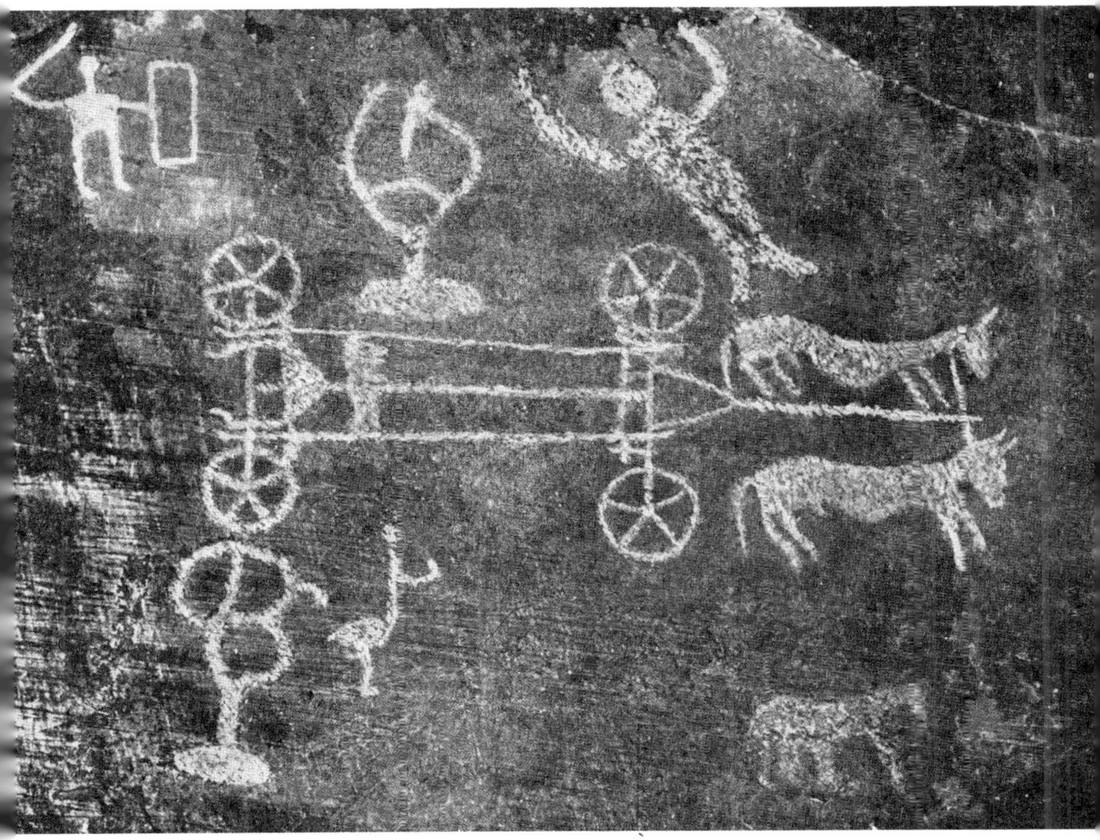

Abb. 72: Bronzezeitlicher Sonnenwagen von Trundholm (Dänemark).

Abb. 73: Wagen von Dupljaja (Jugoslawien): Apoll auf dem Sonnenwagen.

Abb. 74: Bronzener Kesselwagen von Acholshausen bei Würzburg; 17,6 cm.

meißeln ließ, nachdem er sie in überaus harten und grausamen Schlachten zu Wasser und zu Lande – mühsam und mit Glück – besiegt hatte *(Abb. 64)*. Trotz ihres Bündnisses mit den verwandten Philistern und Libyern scheiterten diese tatenlustigen Seevölker am letzten Gegner, nachdem sie zuvor das mächtige Reich der Hethiter zerschlagen und so bedeutende Stadtstaaten zerstört hatten, wie Mykenä, Tiryns, Pylos, Malti, Korinth u. a. in Griechenland, Megiddo, Byblos und Jericho in Palästina, Mersin, Tarsos und Troja in Kleinasien u. a. m. Urnengräber in Griechenland, der Ägäis und in Syrien, Philisterkeramik an der Küste Palästinas, die Tempelreliefs in Theben, Buckelware von Troja VIIb, Griffzungenschwerter, Panzer, Beinschienen, Schilde und Fibeln in Südosteuropa geben zwar Hinweise auf die historischen Ereignisse, sie reichen aber noch nicht aus, die Wanderungen archäologisch klar zu fassen[24]. Vergleiche mit Funden in Jütland, Felszeichnungen in Schweden und in den Alpen *(Abb. 65–71)* ergeben jedoch viele Übereinstimmungen, so daß man an der Herkunft der Seevölker, ja ihrer Identität mit den Atlantern und deren unmittelbaren Verwandtschaft mit den Dorern kaum mehr zweifeln kann. Es darf heute auch nicht mehr als reine Spekulation abgetan werden, wenn man sie als Urgermanen betrachtet. Von den im Norden verbliebenen Stämmen unterscheiden sie sich später nur, weil sie eine andere sprachliche, geistig-kulturelle und ethnogenetische Entwicklung genommen haben.

Nach GUSTAF KOSSINNA (1978. 26) kann man in gewissem Sinne bereits die gesamte neolithische Bevölkerung Nordeuropas bis Hessen, Thüringen und Böhmen als Germanen auffassen, weil es sich um eine homogene Volksmasse handelte und dort seither ethnogenetische Veränderungen infolge Zuwanderung nicht mehr erfolgt sind. Er zieht jedoch den Begriff »Nordindogermanen« vor, weil große Teile abwanderten und nach Vermischung mit anderen Völkern als Nichtgermanen weiterleben. Es ist die gleiche Situation wie bei der germanischen Völkerwanderung: Goten, Wandalen (bedingt auch Angeln und Sachsen) waren z.B. zwar germanische, aber keine deutschen Stämme, wie etwa Sweben und Chatten, denn erstere leben, wiederum nach Abwanderung und Vermischung – zumindest teilweise – weiter in anderen, nichtdeutschen Völkern.

Ein gutes Beispiel für die enge kultische (und sicherlich auch ethnische) Verwandtschaft der bronzezeitlichen Völker Europas ist auch das Kultwagengrab von Acholshausen, das gleichfalls Parallelen in Skandinavien und auf dem Balkan hat *(Abb. 72–74)*. »Die Sicherheit des Urteils hängt davon ab, wieweit man den indogermanischen Schwärmen

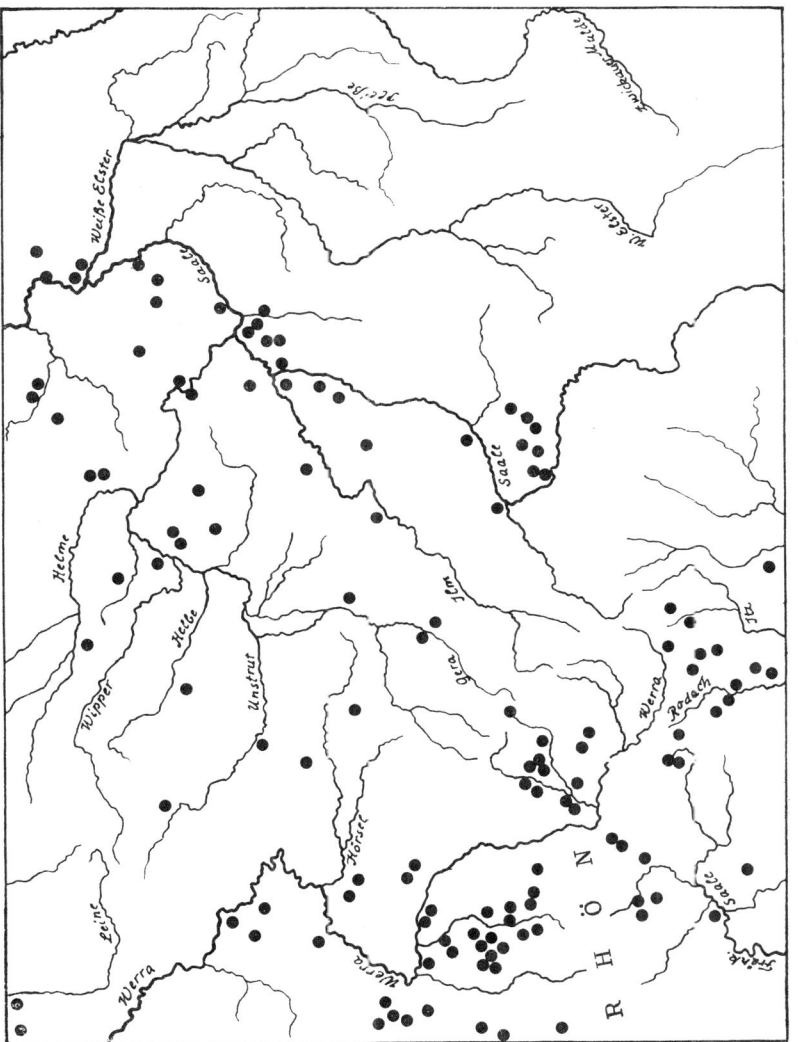

Abb. 75. Fundplätze der Hügelgrabkultur in Mitteldeutschland

der Urheimat schon eine dialektische und stammliche Gliederung ...
zutrauen kann.« (SCHWARZ 1956. 32)

Das baldige Ende der Bergsiedlungsperiode in der Rhön fällt mit einer
extremen Trockenzeit in der zweiten Hälfte des 13. Jh.s vZ. zusammen[25], die sich an Mooren und Seen mit Hilfe der Pollenanalyse genaue-

stens nachweisen läßt. Wohl infolge Versiegens vieler Bergquellen hatten die Höhenbewohner keine andere Wahl, als talwärts zu ziehen, etwa zur gleichen Zeit, als überall die Urnenfelderbewegung begann. Ganz Europa wurde von einer Unruhewelle erfaßt, die sicherlich mit den klimatischen Veränderungen zusammenhängt.

An der mittleren Oder hatte sich im 13. Jh. die Lausitzer Kultur als eine der ersten Urnenfeldkulturen entwickelt, bald danach ist sie auch in Thüringen nachweisbar. Belege der mittelböhmischen Knovizer Kultur lassen sich bis in die Gegend von Fulda verfolgen. Die sogenannte Süddeutsche Urnenfeldkultur reichte ebenfalls bis an Rhön und Thüringer Wald. Überall dort, wo die Urnenfeldkultur nachweisbar ist, ging die Hügelgräberkultur sichtbar zurück. Als ihre Träger kommen in Mitteldeutschland hauptsächlich Urillyrer oder Urveneter in Frage.

Seit der Urnenfeldzeit werden Hafer und Roggen in Mitteleuropa angebaut und die mitteldeutschen Solquellen genutzt. Auch die ersten Burgen dieses Raumes wurden in der Spätphase der Bronzezeit erbaut[26]. Die Brandbestattung hat sich wohl in der zweiten Hälfte des 2. Jt.s vZ. als die für Wandervölker zweckmäßigste Bestattungsart erwiesen, begleitet von entsprechenden Wandlungen in den religiösen Vorstellungen. Keinesfalls ist sie an eine bestimmte ethnische Gruppe allein gebunden, sondern eine Zeiterscheinung über Völkergrenzen hinweg.

Am Ende der Bronzezeit kamen die Völkerbewegungen vorübergehend zur Ruhe. In der Rhön und in ihrem Vorland setzte sich die Hügelgräberbestattung wieder durch[27], während in Thüringen, Hessen und Südwestdeutschland die Brandbestattung beibehalten wurde. Das beweist einmal mehr die enge Bindung dieses Gebiets zum alten nordischen Kreis (Abb. 75 u. 76). »Im Gebiet der süd- und westdeutschen Urnenfelder-Kultur war es offenbar hauptsächlich die Assimilierung der herrschenden ›Urnenfelder-Stämme‹ durch die alteingesessenen Nachkommen der ›Hügelgräber-Leute‹, die das Ende der Urnenfelder-Kultur bewirkte.« (OTTO 1974. 43) Im 9. und 8. Jh. vZ. müssen also die Nachkommen der Hügelgräberleute wieder die Oberhand gewonnen haben. Das läßt auf permanente Zuwanderung oder Unterstützung aus dem Norden schließen, anders ist diese Entwicklung kaum zu erklären.

Abb. 76: Rekonstruktion der bronzezeitlichen Frauentracht von Schwarza / Südthüringen. Zeichnung: Lisa Knoll, Weimar.

Kapitel 6

»Vorkelten«
(Rhön- und Nordgermanen)

Bergfestungen in den Mittelgebirgen
Eisenzeit, Hallstattperiode
8.–5. Jh. vZ.

Das Ende der Urnenfelder-Kultur hatte in den einzelnen Gegenden unterschiedliche Ursachen. Allem Anschein nach war während des 8. Jhs. v. u. Z. eine neue Unruhewelle über Mitteleuropa hereingebrochen. Sie wurde wahrscheinlich ausgelöst durch einen Unruheherd nördlich des Schwarzen Meeres; beteiligt waren vor allem Kimmerier und Skythen. Diese Unruhewelle wirkte sich bis in das östliche Mittelmeergebiet und bis nach Mitteleuropa aus. Vielleicht sind in dieser Zeit kimmerische Stämme sogar nach Mitteleuropa gelangt . . . Höchstwahrscheinlich drängten auch Stämme aus norddeutschen Gebieten nach dem Südosten, was zu Bevölkerungsverschiebungen bzw. zur Einengung des Siedlungsgebietes der »Urnenfelder-Leute« führte.

KARL HEINZ OTTO 1974. 43

Auch die große Unruhewelle des 8./7. Jh.s vZ. hatte ihren eigentlichen Ursprung im norddeutsch-skandinavischen Raum: Ein Klimasturz[28] zwang die dort lebenden Sippen, den Ackerbau von den schweren auf leichtere Böden zu verlegen, womit eine folgenschwere Bewegung ausgelöst wurde. Entsprechende Änderungen in der materiellen Kultur vom Rhein bis zur Saale und die Anlage eines Befestigungsgürtels auf den Bergen von der Eifel bis zum Thüringer Wald zeigen das Vordringen der germanischen Stämme ebenso an wie die (von ihnen ausgelösten) Folgewanderungen der Skythen und Kimmerier, welche die Hallstatt-Kultur aus dem Gebiet nördlich des Schwarzen Meeres nach Süd- und Westeuropa brachten. Die Mittelgebirgsbevölkerung übernahm die Mittlerrolle zwischen der Hallstatt-Kultur in Süddeutschland und der beginnenden Jastorf-Kultur in Norddeutschland. Hier wie da wurden jedoch auch Traditionen der Urnenfelderzeit fortgesetzt. Während in materieller Hinsicht der Hallstatt-Einfluß bis nach Hessen und Thüringen überwiegt, spiegelt sich die starke politische Bindung der sogenannten »Thüringischen Kultur der frühen Eisenzeit«[29] in umgekehrter Richtung besonders deutlich in der Tatsache wider, daß sie in sprachlicher Hinsicht die gleiche Entwicklung vollzog, womit die Volkszugehörigkeit eindeutig festgelegt wurde. »Zur Zeit der Kultur der ›Jastorf-Gruppen‹ erfolgte die sogenannte erste germanische Lautverschiebung. Sie bewirkte, daß sich die germanische Sprache von der indoeuropäischen Sprachfamilie absonderte. Dieser Vorgang vollzog sich u. a. in jenem Gebiet, das von Stämmen im Bereich der Kultur der ›Jastorf-Gruppen‹ besiedelt war. Wann dieser Prozeß einsetzte, ist ungewiß, möglicherweise wie bei den Kelten schon in der späten Bronzezeit in einem historisch-ethnographischen Gebiet, das sich von anderen Gebieten wirtschaftlich, kulturell und schließlich auch sprachlich abgrenzte. Noch in der frühen Eisenzeit sind dabei nichtgermanische Sprachen, u. a. durch Überschichtung von Stämmen, verdrängt worden. Erst von diesem Zeitpunkt an können die Stämme in diesem Gebiet Germanen genannt werden. Die germanisch sprechenden Stämme stellten anthropologisch keinen einheitlichen Typus dar.« (OTTO 1974. 53)

Germanen sind also nicht nur aus der Jastorfkultur hervorgegangen. »Daß sich ein vergleichbarer Vorgang, der zur Herausbildung germanischer Einzelstämme führte, auch außerhalb der Jastorfkultur abgespielt haben kann, ist recht wahrscheinlich . . . Deshalb sei nur am Rande vermerkt, daß ein solcher Kern am Niederrhein und westlich davon gelegen haben könnte, wofür dort auch sprachliche Indizien sprechen mögen.« (KARL PESCHEL 1978. 31) Und auch die Rhön darf in diesem Zusammenhang nicht außer acht gelassen werden! Die sprachliche Bindung erweist sich neben der gewachsenen Rechtstradition in der Regel als das stärkste Kriterium bei der Trennung ehemals gleicher oder beim Zusammenwachsen ursprünglich verschiedener Populationen[30]; sie wiegt schwerer als die kultische und gelegentlich sogar als die ethnogenetische Komponente. Das zeigt sich in der Rhön ganz besonders deutlich, wo trotz vorübergehender keltischer Herrschaft im Spätlatène eine permanent germanische Kernlandschaft von der Bronzezeit bis zum Mittelalter zu erkennen ist. Die irreführende Bezeichnung Vorkelten für die früheisenzeitliche Rhönbevölkerung, die auf historischen Karten immer noch verwendet wird, muß nach dem heutigen Forschungsstand für das Gebiet zwischen Fulda, Werra und fränkischer Saale durch Vorgermanen, besser noch Rhöngermanen ersetzt werden, denn die Teile der Urbevölkerung, die im Spätlatène keltisiert wurden, wanderten ohnehin später mit den Helvetiern ab, so daß sich hier auch kaum keltische Sprach- und Brauchtumsrelikte halten konnten. Viele ehemals als keltisch angesehene Landschaftsnamen wurden längst als nordgermanisch erkannt, was keineswegs überrascht, weil die Rhön seit dem Neolithikum immer wieder vorzugsweise von nord- und westskandinavischen Stämmen nicht nur durchwandert, sondern auch bevölkert wurde[31]. Es ist merkwürdig, wie schwer es den Fachwissenschaftlern fällt, die damalige Rhönbevölkerung als Germanen anzuerkennen: »Ob es sich aber um Illyrier, Veneter oder Germanen, um ›undifferenzierte Indogermanen‹ oder um die Angehörigen einer vor dem Einsetzen der schriftlichen Überlieferung untergegangenen Sprachgruppe handelt, läßt sich nicht sagen. Da sie aber stark von der Hallstatt- bzw. der Frühlatènekultur beeinflußt ist, dürfte sie in gewissem Maße keltisiert worden sein. – Sicher ist, daß alle diese Gruppen während der Latènezeit kulturell und wohl auch ethnisch zusammenwachsen und uns am Ende dieser Epoche als Germanen entgegentreten. In welchem Ausmaß germanische Stammesteile von Norden her eingewandert sind, ist nicht bekannt.« (GERHARD MILDENBERGER 1968. 193) »Man darf also von autochthoner Bevölkerung sprechen . . . zwischen Main und Ruhr . . ., dem Keltischen zwar verwandt, aber nicht keltisch. Daß sie deshalb als germanisch betrachtet werden müsse, diese Annahme könnte sich nur auf die Nachrichten der antiken Autoren seit Poseidonios stützen, wobei man allerdings ›vor der erstaunlichen Feststellung stünde, daß ein Raum, dessen Bevölkerung nach den materiellen Hinterlassenschaften bruchlos aus der süddeutschen Urnenfeldkultur hervorgegangen sein muß, im Lichte der schriftlichen Quellen als sicher von Germanen besiedelt erscheint‹ . . . ›es gibt Stämme in Westdeutschland, die zu Beginn der historischen Zeit den Namen Germanen führen, deren Vorfahren Urnenfelderleute waren . . .‹« (GEORG KOSSACK 1962. 97f, mit Zitaten von H. BECK und H. BEHAGEL)

Nicht nur die Gaunamen in der Rhön (vgl. *Kap. 7*) und zahlreiche Berg- und Flußnamen (s. unten: Thulinger), sondern auch der Gebirgsname selbst und viele Ausdrücke der Umgangssprache sind eindeutig nordgermanischen Ursprungs. HANS KUHN leitet Rhön von dem nordgermanischen Wort *hraun* (gesprochen: hrön) ab, das im Isländischen heute noch Lavafeld bedeutet, genauer noch: mit Lavageröll übersäte Hochfläche! Wer je eine möglichst unberührte Rhönlandschaft gesehen hat, mit wie gesät herumliegenden Basaltfindlingen, der wird an dieser Erklärung keinen Zweifel hegen, wenn sie auch von unverbesserlichen »Keltomanen« als zu »kühn« (in Anspielung auf *Kuhn*) angesehen wird[32]. Hier sei lediglich noch auf Foll und Folldal hingewiesen (Mittelnorwegen), deren Entsprechungen Fulda und Fuldatal in der Rhön mundartlich genau gleich ausgesprochen werden. (Weitere Parallelen folgen in den nächsten Kapiteln).

Als Beweis für die eindeutige Zugehörigkeit der Rhön zum germanischen Kulturkreis in der frühen Eisenzeit können auch die damals angelegten Bergfestungen zwischen Fulda und Werra *(Abb. 77–79)* angesehen werden: Milseburg, Kreuzberg, Öchsen, Baier, Dolmar, Steinsburg und zahlreiche weitere Berge bilden klar südwärts gerichtete Stoßkeile, während die entgegengesetzte Abwehrkette, die sich über Taunus, Steigerwald und Haßberge am Main entlang zieht, von Illyrern und/oder Venetern errichtet wurde, lange bevor die Kelten hier herrschten. Neben der rein kriegerischen Funktion (als Fluchtburgen) dienten diese vorgeschichtlichen Anlagen in Friedenszeiten ähnlich wie die griechischen Akropolen als Kult- und Rechtspflegestätten. Deutlich ist also auch eine gewisse Homogenität von Skandinavien bis zum Peloponnes festzustellen. Es wird demnach noch langer guter Zusammenarbeit aller einschlägigen wissenschaftlichen Disziplinen bedürfen, um die Feinabgrenzungen zwischen den früheisenzeitlichen Kulturgruppen zu vollziehen, bevor sie uns im Lichte schriftlicher Quellen eindeutig als in sich geschlossene Völker entgegentreten.

Die folgende Studie, Thuler / Thulinger / Tulinger / Tylangier, Ubier und Tubanten betreffend, ist als ein Versuch zur Aufhellung der Ethnogenese der Rhöner in der Früheisenzeit im Sinne von SCHWARZ[33] zu verstehen: Die Südgrenze der (kulturell) *rein*germanischen Siedlungsgebiete verlief nach herkömmlicher Auffassung noch um 500 vZ. etwa über Köln/Rhein – Höxter/Weser – Dresden/Elbe – Breslau/Oder – Krakau/Weichsel. Die Frühgeschichtsforschung ist sich aber keineswegs einig in der ethnogenetischen Zuordnung zahlreicher, sogar entschieden jüngerer Stämme zu dem einen oder anderen Volk, besonders zu den

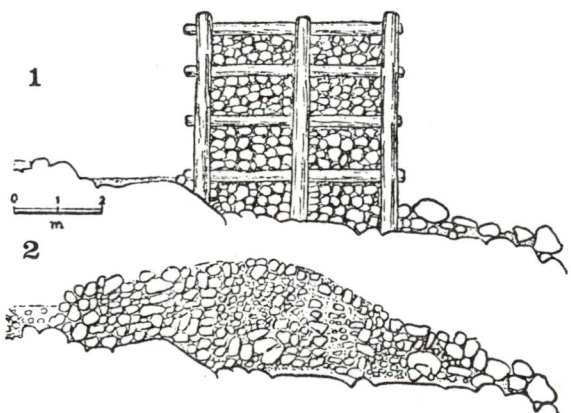

Abb. 77: Steinwall wie am Kreuzberg (Rhön), Rekonstruktion nach dem Grabungsschnitt, nach F. Geschwendt. 1 = Wehrmauer aus Balkenrahmen und Steinfüllung, 2 = Steinwall nach Zerfall.

118

Germanen und Kelten. Selbst die bekannten und anscheinend eindeutig germanischen Kimbern und Teutonen werden immer wieder in die Diskussion mit einbezogen, in Sonderheit die Ambronen[34], die zur gleichen Wandergruppe gehörten. Erst recht werden Stämme des germanisch-keltischen Grenzgebietes bald hierhin, bald dorthin gezählt: T(h)ulin-

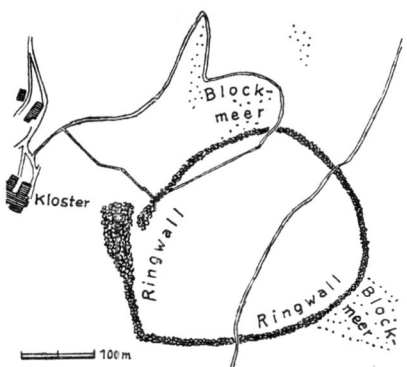

Abb. 78: Ringwall auf dem Kreuzberg.

ger, T(h)eurier, Teurisker, Turonen, Belgen u. a. m. Erschwert wird die richtige Einstufung vor allem dadurch, daß manche germanischen Stammesnamen nur durch keltische Vermittlung zu den römischen und griechischen Geschichtsschreibern gelangt sind, die ohnehin die beiden Völker nur mit Mühe unterscheiden konnten, weil sie sprachlich, ethnisch und kultisch untereinander näher verwandt waren als mit anderen Indogermanen (vgl. *Kap. 7*). So sind uns von manchen germanischen Stämmen die Eigennamen gar nicht bekannt, andere sind in den verschiedenen Quellen u. U. mit ganz unterschiedlichen Namen bezeichnet. Als potentielle Rhöngermanen der Hallstattzeit werden sicherlich auch schon die Vorfahren der im Jahre 58 vZ. aus Oberhessen vertriebenen Tenkterer und Usipier anzusprechen sein, dsgl. auch der Tubanten, die später meistens gemeinsam mit jenen genannt werden *(Abb. 80)*.

CORNELIUS TACITUS (Germania 32) sagte von ihnen: »Den Chatten zunächst, wo der Rhein noch ein festes Bett hat und als Grenzscheide genügt, wohnen die Usipier und Tenkterer. Die Tenkterer überragen

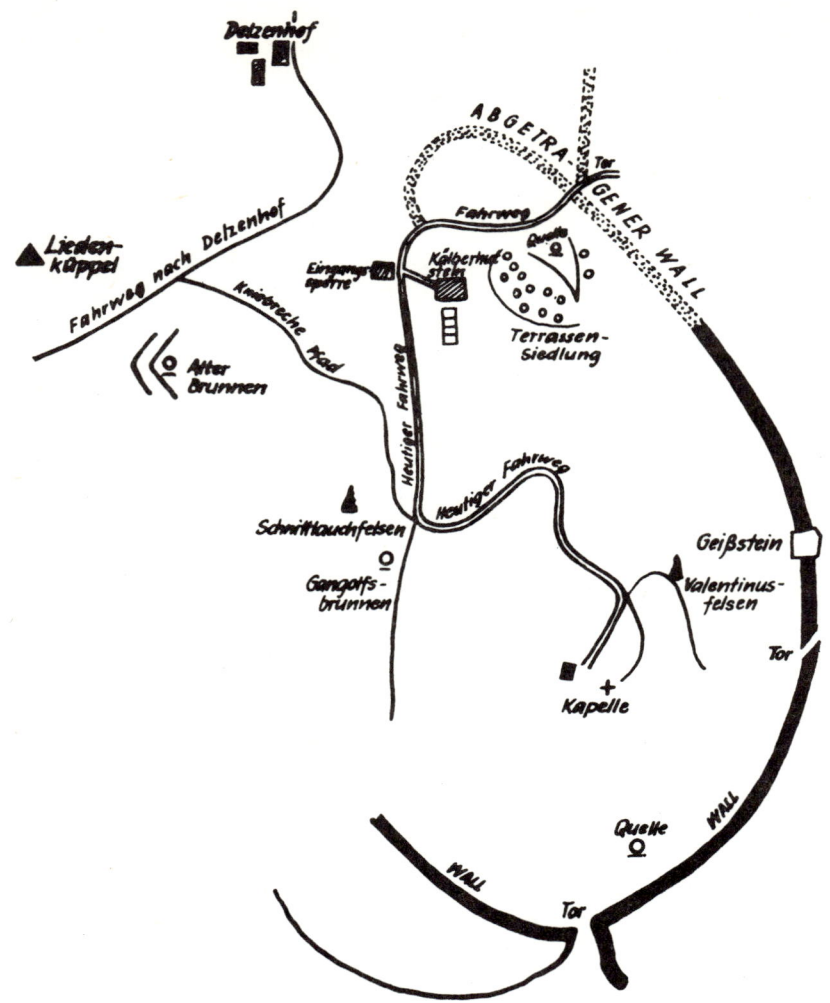

Abb. 79: Milseburg-Wall.

den üblichen Kriegsruhm durch ihre vorzüglich geschulte Reiterei, und ebenso großes Ansehen wie das Fußvolk der Chatten genießt die Reitertruppe der Tenkterer . . . Ein Sohn erbt die Pferde, doch nicht, wie alles andere, der erstgeborene, sondern jeweils der streitbarste und tapferste.«

Abb. 80: Mutmaßliche Sitze der Germanen (und ihrer Nachbarn) während der Hallstattperiode.

Südlich der o. g. Städte-Linie, auf illyrischem, venetischem und keltischem Gebiet, gab es währerd der Hallstatt- und der anschließenden Latèneperiode bereits *rein*germanische Enklaven, z. B. in der Rhön, in den Alpen und in den Karpathen *(Abb. 81).* Zwar sind die sogenannten Alpengermanen nach wie vor umstritten; und die Gaesaten (= Speermänner), wie sie auch genannt werden, waren kein geschlossener Stamm, sondern offenbar nur speerbewaffnete Söldner aus verschiedenen germanischen Stämmen in keltischen Diensten, aber trotzdem ist die Existenz (nord)germanischer Stämme südlich dieser Linie seit dem 7. Jh. vZ. nicht zu widerlegen. Von AVIANUS (4. Jh. nZ.) stammt z. B. eine Nachricht über Tylangier, Daliternen, Kalukonen und Temeniker. Er fußt auf einer griechischen Quelle des 6. Jh.s vZ.[35], welche diese Stämme damals an der oberen Rhône bezeugt, dort wo zu Avianus' Zeit die halbgermanischen Uberi (die Oberen?), Nantuates, Veragri oder Velagri und Seduni (Sedusi/Eudusi?) wohnten. Obwohl diese Stämme auch heute noch vielfach als keltisierte Ligurier angesehen werden[36], ist seit Kaspar Zeuss und Rudolf Much an ihrem Germanentum kaum mehr zu zweifeln. Aller Wahrscheinlichkeit nach waren es Nordgermanen, die während der »swebischen Landnahme« (so Schwantes), also nach dem Klimasturz des 8./7. Jh.s vZ., Skandinavien verlassen mußten. Damit entfällt das Gegenargument, daß es schwierig anzunehmen sei, »vom Rhein kommende germanische Scharen«[37] hätten sich schon im 6. Jh. vZ. an so unwirtlicher Stelle angesiedelt. Da das Aufnahmevermögen Norddeutschlands nach der etwa gleichzeitig erfolgten »Rückkehr« der Ursweben und Urchatten erschöpft gewesen sein dürfte, die von jeher Flachlandbewohner waren, werden die aus Norwegen kommenden Stämme gar nicht so ungern die ihnen vertrautere Bergwelt vorgezogen haben, sei es nun in den Mittelgebirgen, den Alpen oder Karpathen.

Eine absolute Gleichsetzung der Tylangier mit den Tulingern, die Gaius Julius Cäsar als Bundesgenossen der Helvetier 58 vZ. nennt, erscheint allerdings fragwürdig. Eher wird man davon ausgehen dürfen, daß es sich in beiden Fällen um Nachkommen ein und desselben Stammes handelt, die sich auf der Wanderschaft an verschiedenen Stellen, vielleicht auch zu verschiedenen Zeiten, niederließen. So erscheint es folgerichtiger, den Zwischensitz der Tulinger in der Rhön, also in der Nähe der damaligen helvetischen Sitze, zu suchen als an der oberen Rhône[38]. Nur so wird die gemeinsame Wanderung nach Gallien verständlich. Vielleicht sind damals im 8. oder 7. Jh. vZ. Teile der Thulinger und Kalukonen in den Mittelgebirgen geblieben, während der Rest bis in die Alpen ziehen mußte, weil hier nicht genug Platz war, denn es ist nicht ausgeschlossen, daß außer ihnen und den genannten Urchatten und Ursweben auch Dulgubnier, Cherusker, Ubier, Usipier, Tubanten und Tenkterer gleichzeitig auf Landsuche waren, sofern diese nicht Splittergruppen von jenen sind. So ist es auch verständlich, daß die Jünglinge gern fremde Kriegsdienste annahmen, und so mögen sie sowohl wegen ihrer Tapferkeit als auch wegen ihrer Bewaffnung – dem Eschenspeer – zu dem gemeinsamen, stammesunabhängigen Namen Gaesaten gekommen sein. Da sie nackt zu kämpfen pflegten, war der Speer ohnehin ihr einziges Kennzeichen[39].

Die Ähnlichkeit vorgenannter Stammes- und zahlreicher Landschaftsnamen von Mittelnorwegen bis in die westlichen Alpen ist ein starkes Indiz dafür, dahinter eine gemeinsame Aktion verwandter

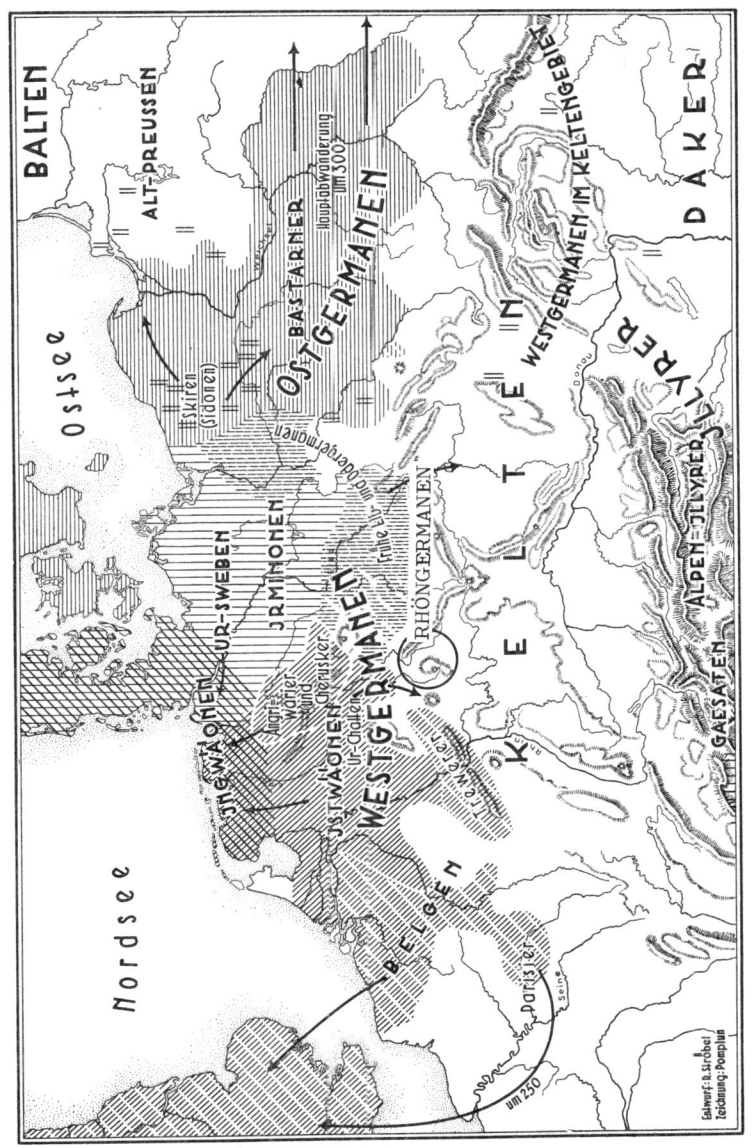

Abb. 81: Gesamtverbreitung der Germanen im 4. u. 3. Jh. v.Z.

Stämme zu vermuten: Rückkehrer aus Skandinavien, Nachkommen des gemeinsamen Urstammes, der die nordischen Inseln und Halbinseln seit dem Neolithikum und der Bronzezeit besiedelt hatte.

Daß die Tulinger von manchen Forschern immer wieder als Kelten betrachtet werden[40], basiert vor allem auf der Scheu, sie sonst in die Nähe der sagenumwobenen Thuler zu rücken. Die als Beweis herangezogene gemeinsame Wanderung mit den Helvetiern ist kein ernsthaftes Argument, denn auch Kimbern und Teutonen hatten keltische Wandergenossen. Die einzige überlieferte Schreibweise ihres Namens mit ungermanischem *T*-Anlaut besagt nichts, denn sie basiert lediglich auf keltischer Vermittlung des Namens an CÄSAR. Beweiskräftiger sind sicherlich die Gau-, Berg- und Flußnamen in der Rhön, die germanischen *Th*-Anlaut bewahrt oder in mhd. *D* verwandelt haben: Thulba, Thul(b)inger Bach, Döllfeld, Döllau, Döllbach, Dolmar, insbesondere wegen ihrer Parallelen in Mittelnorwegen: Thule[41], Tolga, Tylldal, Dölvadfjellet usw. *(Abb. 82).*

Nicht zuletzt darf auch auf ein erstaunliches Brauchtumsrelikt verwiesen werden, das im nächsten Kapitel näher beschrieben wird: ein typisch nordgermanisches Winteraustreiben, das wie die ebenfalls dort erläuterten Gaunamen der Rhön schon auf thulingische Tradition zurückgehen könnte. Völlig ungewöhnlich für einen keltischen Stamm wäre schließlich das germanische Suffix *ingen*[42]. Im übrigen paßt die germanische Bedeutung Thulinger = Abkömmlinge der Thuler (= Hochlandbewohner) in allen wahrscheinlichen Wohngebieten von Mittelnorwegen über die Rhön und die Tüllinger Höhen bis ins obere Rhônetal von der Topographie her so ausgezeichnet zu ihnen, daß eine keltische Deutung schon aus diesem Grunde nicht konkurrieren kann.

Bemerkenswert ist auch, daß die Ubier potentielle Nachbarn der Thulinger in der Rhön waren, während im oberen Rhônetal die Uberi an Stelle der früheren Tylangier saßen. Dort deutet man den Namen als die Oberen, im Gegensatz zu den Daliternen, den Talbewohnern am Genfer See, die wohl ein Teilstamm der Wandalen an den skandinavischen Fjorden waren. Demnach ist auch eine Zeitungsnachricht vom 10. 12. 1977[43] gar nicht so sensationell, wonach eine ubische Distelfibel *(Abb. 83)* in einem Grab bei Weil am Rhein aus dem Jahre 40 vZ. gefunden wurde, denn auf den Tüllinger Höhen (»Tüllinger Hügel«) bei Weil[44] saßen die Tulinger, bevor sie nach Gallien wanderten, und vielleicht sind sie auch wieder dorthin zurückgekehrt. Da die erste Erwähnung der Ubier (nördlich der Mainmündung) in das Jahr 58 vZ. fällt, also in dasselbe Jahr, in welchem die Tulinger aus dem Licht der Geschichte verschwinden[45], könnte sogar an eine Identität beider Stämme, nämlich Namenswechsel nach erfolgter Teilung, gedacht werden. Die Annahme, daß sich die Ubier sehr früh von den Sweben abgesondert haben könn-

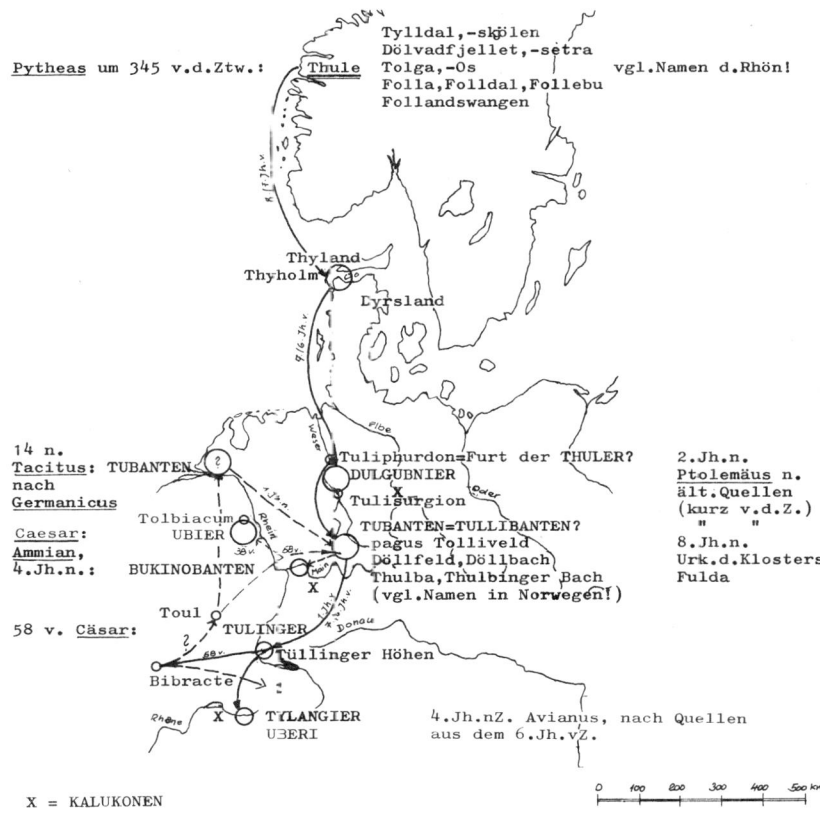

Pytheas um 345 v.d.Ztw.: Thule

Tylldal,-skölen
Dölvadfjellet,-setra
Tolga,-Os
Folla,Folldal,Follebu
Follandswangen

vgl.Namen d.Rhön!

Thyland
Thyholm
Lyrsland

14 n.
Tacitus: TUBANTEN
nach
Germanicus

Caesar:
Ammian,
4.Jh.n.:

Tolbiacum
UBIER

BUKINOBANTEN

Toul
58 v. Cäsar:
TULINGER
Tüllinger Höhen

Bibracte

X TYLANGIER
UBERI

Tuliphurdon=Furt der THULER?
DULGUBNIER
Tulisurgion
TUBANTEN=TULLIBANTEN?
pagus Tolliveld
Döllfeld,Döllbach
Thulba,Thulbinger Bach
(vgl.Namen in Norwegen!)

2.Jh.n.
Ptolemäus n.
ält.Quellen
(kurz v.d.Z.)
"   "
8.Jh.n.
Urk.d.Klosters
Fulda

4.Jh.nZ. Avianus, nach Quellen
aus dem 6.Jh.vZ.

X = KALUKONEN

Abb. 82: Potentielle Abkömmlinge der Thuler und deren Wanderungen, nach historischen Quellen und geographischen Namen.

ten[46], ist eine bloße Vermutung, weil sie wahrscheinlich über die Wetterau an den Rhein gelangten; da liegt es aber zweifellos näher, an eine Absonderung von den Thulingern in der Rhön zu denken. Die Distelfibel könnte dann später mit dem anderen Stammesteil an den Oberrhein gelangt sein. Interessanterweise betrachten die Rhöner heute noch die Silberdistel als das Wahrzeichen ihrer Heimat.

Für damalige Verhältnisse ungewöhnlich, unterhielten die Ubier eine regelrechte Flotte auf dem Rhein, mit der sie bis ins offene Meer fuhren.

125

Sie boten sie auch für CÄSARS ersten Rheinübergang an, der aber einen Brückenschlag vorzog. Es ist kaum anzunehmen, daß sie ihre Seetüchtigkeit auf dem Fluß erwarben, denn von den übrigen Anwohnern wird ähnliches nicht berichtet. Wahrscheinlicher werden sie ihre schiffbautechnischen und nautischen Kenntnisse von Skandinavien mitgebracht haben! Nicht nur dies, sondern auch der Name Tolbiacum für einen ihrer wichtigsten Orte (Zülpich) spricht sehr für eine Identität oder Verwandtschaft mit den T(h)ulingern. Und nicht zuletzt kann man mit ein wenig Phantasie in der Distelfibel die Symbole ihrer skandinavischen Heimat und ihres Zwischensitzes in der Rhön erkennen: Thorshammer und Silberdistel.

Ebenso wie die Ubier sind auch die Kalukonen immer in der Nähe von potentiellen Thulern zu finden: östlich der Dulgubnier an der Elbe, südlich der Thulinger am Main und westlich der Tylangier an der Rhône.

Noch ein weiterer germanischer Stamm verdient Beachtung in diesem Zusammenhang: die Tubanten, die CLAUDIUS PTOLEMÄUS zwischen Chatten und Teuriochämä plaziert (vgl. *Abb. 126*). Auch in ihnen darf man die 58 vZ. verschwundenen Tulinger vermuten. So mysteriös wie ihre Herkunft ist auch ihr Verbleib. Als eine von vielen Möglichkeiten ist unbedingt eine Rückkehr in die Rhön (vielleicht unter anderem Namen) zu erwägen, nachdem ihr Zwischensitz und der Verbleib eines Reststammes dort wahrscheinlich geworden ist. CÄSAR hat den Stamm vor der Schlacht auf 36 000 Köpfe beziffert. Selbst wenn man einen verlustreichen Kampf voraussetzt, kann der Rest nicht einfach verschwunden sein. Ohne Erfolg wurde versucht, ihn in Süddeutschland, in der Schweiz und im Elsaß nachzuweisen[47], wo verblüffende Ähnlichkeiten des dortigen »Dütsch« mit dem in der Rhön für nahe Verwandtschaft sprechen. Da ein schlüssiger Beweis nicht gelang, ist auch folgende Hypothese denkbar: Nachdem CÄSAR die Reste des Stammes in ihre alten Sitze verwiesen hatte, die leider nicht näher lokalisiert sind, dürften sie zunächst versucht haben, sich wieder auf den Tüllinger Höhen bei Weil am Rhein niederzulassen, wo sie kurz zuvor ihre Dörfer auf Geheiß der Helvetier hatten verbrennen müssen. Aber eine Rückkehr dorthin wurde ihnen sicherlich von den über den Rhein zurückflutenden Sweben verwehrt, so daß ihnen kaum eine andere Wahl blieb, als rheinabwärts zu ziehen, wo sie ihre früheren Stammesgenossen wußten. Neben den Ubiern kommen hierfür auch die Tubanten in Frage, die 14 nZ. erstmals am Niederrhein erwähnt werden, immer in Nachbarschaft der Tenkterer und Usipier, die ihnen vielleicht hier erst den neuen Namen gaben, der »die in zwei Gauen Wohnenden« bedeutet und ein Hinweis auf ihre frühere Nach-

Abb. 83: Ubische Distelfibel (von Gondorf an der Mosel): Kombination der ehemaligen Heimatsymbole norwegischer Thorshammer und rhönische Silberdistel?

barschaft mit dem Reststamm in der Rhön sein könnte! Tenkterer und Usipier waren 58 vZ. aus Oberhessen – ebenfalls von den Sweben – vertrieben worden, also Schicksalsgenossen. Es ist kein hinreichender Grund, die Tubanten als Teilstamm der Usipier zu betrachten, nur weil sie vor 14 nicht genannt werden[48]. Auffallenderweise haben die Tubanten offenbar nicht am Aufstand der Bataver teilgenommen, sie werden hier ebensowenig genannt wie in TACITUS' Germania. Das läßt den Schluß zu, daß sie sich (vielleicht nur vorübergehend) den jetzt ostwärts drängenden Chatten angeschlossen hatten, so würde ihre Plazierung zwischen Chatten und Teuriochämä bei PTOLEMÄUS verständlich. Sein Werk entstand um 170 nZ., basiert aber auf älteren Quellen und könnte somit durchaus richtig sein. Nach übereinstimmender Meinung sind die Tubanten später in den Franken aufgegangen, ob nun am Rhein oder hier in der Rhön, das mag dahingestellt bleiben, aber man sollte bei der endgültigen Lokalisierung der Tulinger resp. Thulinger auch das Tullifeld[49] in der Rhön nicht außer acht lassen, denn es liegt nahe, beide Namen miteinander in Verbindung zu bringen. Die mundartliche Entwicklung zu *D*öllfeld kann ein ursprüngliches *Th*uli(nger)feld[50] nicht ausschließen, ebensowenig wie eine Umdeutung (Bedeutungskreuzung) in Tollfeld = Föhrengau[51] durch die nachfolgenden Haruden.

128

Kapitel 7

Volcer und Haruden
(Rhönkelten und Nordgermanen)

Gründung der Waldgaue
Eisenzeit, Latèneperiode
4.–1. Jh. vZ.

D ie Bevölkerung im Raume westlich der Weser und südlich des Thüringer Waldes stand kulturell und sicherlich auch politisch unter dem Einfluß der Kelten, ohne daß sie damit auch ethnisch als »Kelten« zu betrachten wäre ... Diese Bevölkerungsgruppen wurden letztlich ... »Germanen«.

FRIEDRICH SCHLETTE 1974. 20

Die Eisenproduktion, die nördlich der Alpen etwa im 8./7. Jh. vZ. eingesetzt hatte, leitete zugleich den Verfall der alten Gentilordnung ein. Mit Beginn der Serienproduktion entstand ein sogenanntes Mehrprodukt, also Ware über den eigenen Bedarf (der Sippe) hinaus, so daß Schmuck- und Gebrauchsgegenstände aus Metall, Glas, Keramik, Holz usw. zu Tauschobjekten wurden, darüber hinaus auch Rohstoffe wie Bernstein und Erze, vor allem Roheisenbarren (Abb. 84 u. 85), die in der beginnenden Latèneperiode von Geld (Abb. 86) abgelöst wurden[52].

Neben den Bauern und Viehzüchtern gab es nun hauptberufliche Handwerker und Händler, voneinander abhängige berufsständige Gruppen, aus denen allmählich die Klassengesellschaft erwuchs. Bezeichnenderweise hat diese aus dem Mittelmeerraum kommende Entwicklung bei den Germanen zunächst nicht Fuß fassen können: Sie endete dort, wo der keltische Machtbereich seine Grenzen hatte, an den Mittelgebirgen. Selbst die Töpferscheibe fand im keltisch-germanischen Kontaktgebiet nur vorübergehendes Interesse, und auch die Spezialbrennöfen verschwanden dort wieder. »Der wirtschaftliche und auch der gesellschaftliche Status dieser Stämme bedingte keinen echten Bedarf an Serienproduktion dieser Art.« (OTTO 1974. 53) Hier waren die Sippenverbände noch so intakt, daß sie Qualitätsware hervorbringen konnten, die der Serienproduktion südlicher Länder weit überlegen war, insbesondere auf dem Gebiet geschmiedeter Waffen (Abb. 87). Gesellschaftliche Grundlage blieb hier die Gentilordnung, ökonomische die Landwirtschaft, mit Schwerpunkt auf der Viehzucht im Sommer und handwerklicher Tätigkeit im Winter. »Die von alters her bestehende Sippe war die wichtigste Zelle der germanischen Gesellschaft. Durch die Blutsverwandtschaft war der Kreis der Mitglieder bestimmt ..., und das Sippenbewußtsein bildete die Maxime für das Handeln jedes einzelnen.« (SCHLETTE 1974. 30) Völlig falsch ist auch die weitverbreitete Ansicht, die Germanen seien Krieger aus Passion gewesen. »Was sich an

131

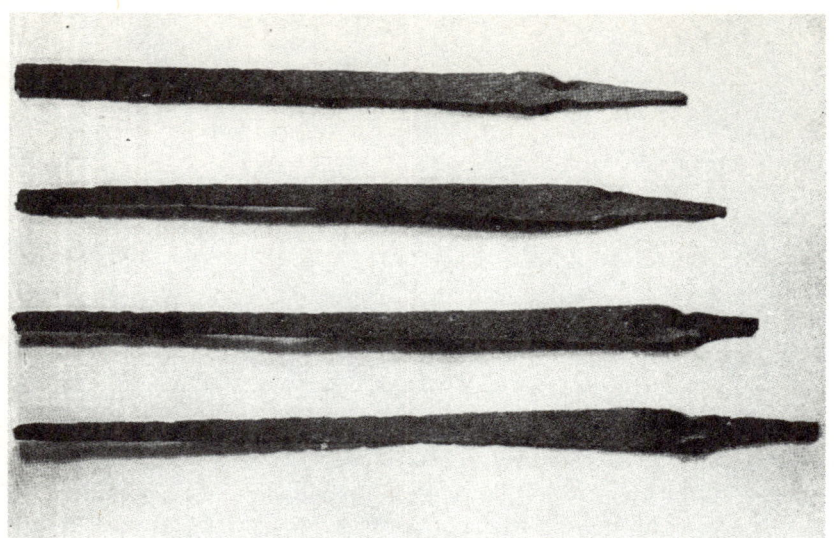

Abb. 84: »Schwurschwerter« (schwertförmige Geldbarren) von der Wartburg, vermutlich aus Südengland stammend.

Abb. 85: Eiserne Spitzbarren von Aubstadt (Rhön-Grabfeld), ca. 40 cm.

Abb. 86: Keltische Münzen aus Unterfranken.

Spruchdichtung, Sprichwörtern oder gar an Rätselpoesie erhalten hat
und aufgezeichnet wurde und dem Inhalt nach bis in die altgermanische
Zeit zurückprojeziert werden kann, das läßt den Germanen als Bauern
und Bauernkrieger und nicht etwa als Helden erscheinen.« (SCHLETTE
1974. 203) Nicht Ruhm- oder Herrschsucht, sondern Übervölkerung
und Landnot waren die Triebfedern für ihren »Drang nach dem Süden«.

Die Kelten bevorzugten in der Landwirtschaft den Feldbau und im
Handwerk die städtisch orientierte Serienproduktion. Dadurch war ge-
rade in der Rhön ein Nebeneinanderleben durchaus möglich. Die keltischen Bauern lebten in der Tälern, Handwerker und Händler in den
stadtähnlichen großen Oppida *(Abb. 88),* wo auch die Oberschicht ein-
schließlich der Druidenkaste saß. Die Germanen hingegen betrieben
Viehzucht und Gewerbe durchweg auf Einzelhöfen, die verstreut in den
Bergen lagen, z.B. in der östlichen Vorrhön auf Dietrich, Diesburg, Alte
Mark, Umpfen, Stallberg, Stellberg, Gangolfs-, Roß- und Heppberg,
Stoffelskuppe, Horn und Gotteskopf *(Abb. 89).* Hier befanden sich mei-
stens kleinere Wälle, die wohl auch als Fluchtburgen dienten, in erster
Linie aber dem Kult (Opferhandlungen) und der Rechtsprechung

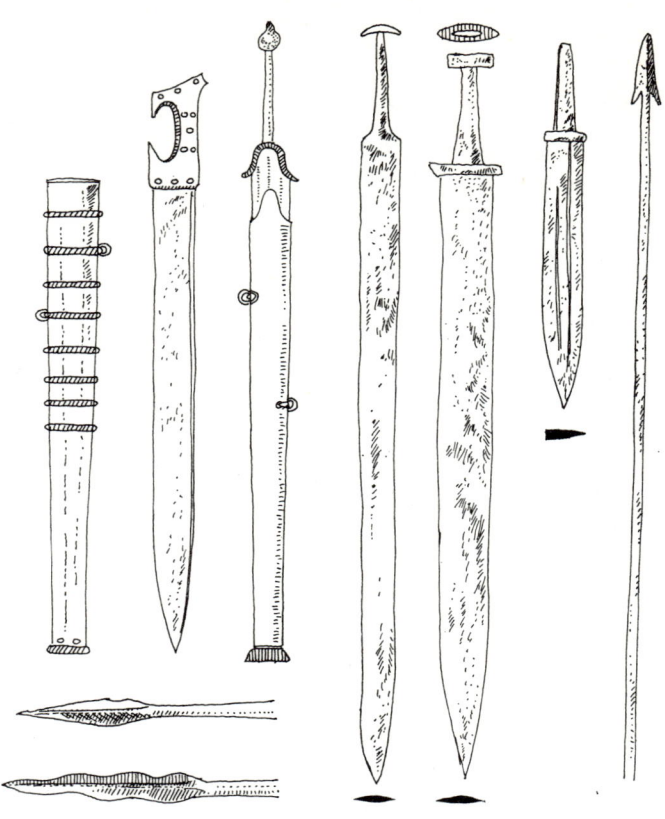

Abb. 87: Germanische Wehr und Waffen (vorrömisch bis fränkisch).

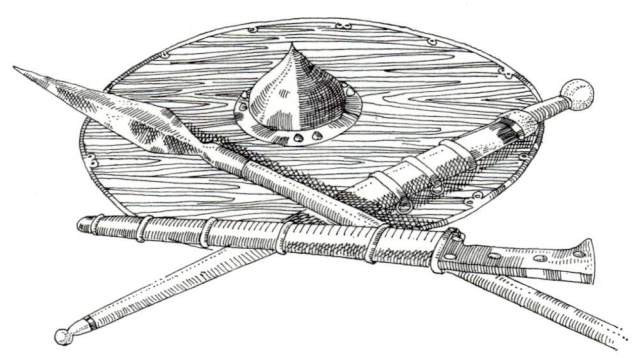

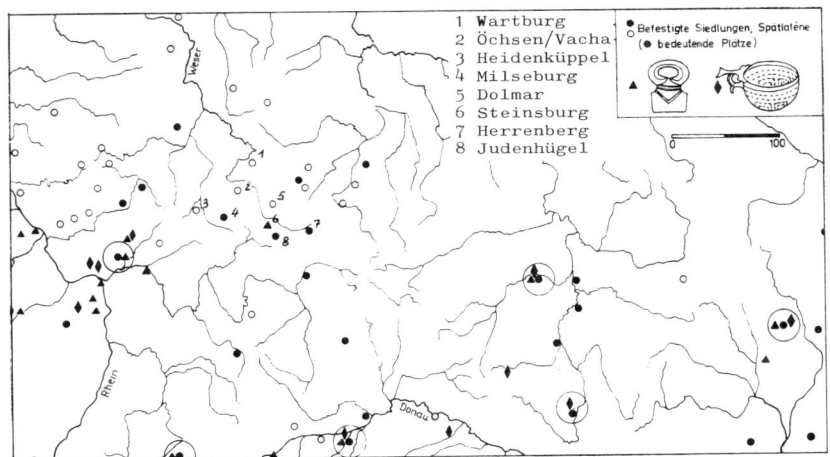

Abb. 88: Oppida und befestigte Höhensiedlungen der Spätlatènezeit im Mittel-gebirgsraum, nach K. Peschel.

(Thingstätten). Die immer dichter werdende Besiedlung zwang auch hier die Bauern zu rationelleren Arbeitsmethoden. Stallhaltung des Viehs im Winter, Mergeldüngung ausgelaugter Böden, Räderpflug mit Eisenschar, Egge und Sense sind Erfindungen dieser Zeit[53].

Im 2. Jh. vZ. entstand in der Rhön und im südlichen Thüringer Wald ein peripheres Machtzentrum der Kelten. Größere Wallanlagen aus der Hallstattzeit wurden erweitert und ausgebaut als Oppida *(Abb. 90 u. 91)*, kleinere als Castella. Auch sie dienten als Kult- und Rechtsstätten, aber doch in erster Linie als Gewerbe- und Marktzentren, selbstver-ständlich auch als Fluchtburgen, strategisch nordwärts gerichtet. Steins-burg, (Segodunum), Milseburg (Andrastabriga), Öchsen, Baier (Arto-dunum), Dolmar (Noviadunum) und Queienburg (Carnodunum)[54] wa-ren die bekanntesten Anlagen dieser Art, die oft auch den keltischen Bauern als Zufluchtstätten dienten, wenn sich die Substratbevölkerung gegen die Wegnahme ihres Landes einmal aufbäumte[55].

Es ist ein Kennzeichen ihrer Strategie, daß die Kelten fast überall nur eine dünne Oberschicht stellten, die einer Vermischung mit der unter-worfenen Bevölkerung zumindest nicht auswich. Anders wäre ihre un-geheure Ausbreitung vom Atlantik bis ins östliche Mittelmeer und nach Kleinasien gar nicht möglich gewesen. Dennoch mangelte es ihnen an

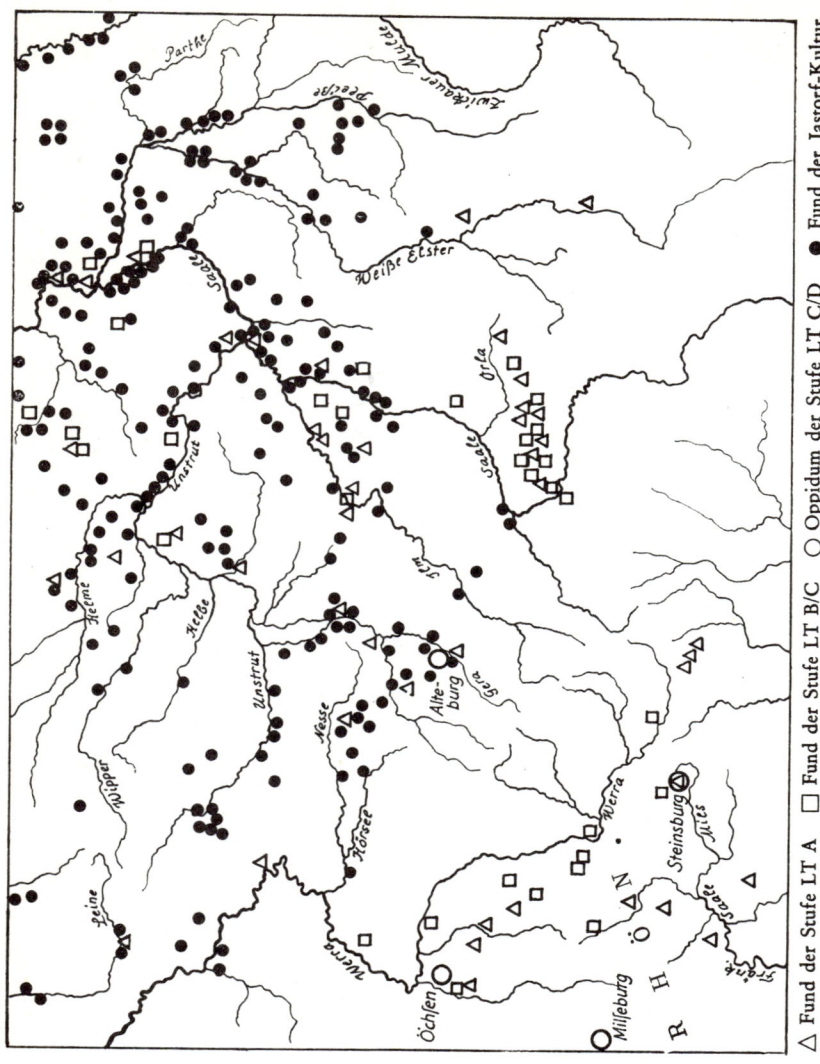

Abb. 89: Funde der Latènezeit (etwa 450–50 v.Z.), nach G. Mildenberger.

△ Fund der Stufe LT A □ Fund der Stufe LT B/C ○ Oppidum der Stufe LT C/D ● Fund der Jastorf-Kultur

einer staatsbildenden Zentralgewalt, so daß der Rückzug in ihr Ursprungsgebiet (Süddeutschland und Gallien) nur eine Frage der Zeit war. Nicht selten wurden sie von keltisierten Stämmen ihres peripheren Machtbereichs auf diesem Rückzug begleitet, vor allem, wenn diese sich ihre Kultur zueigen gemacht hatten. Ein gewisser ethnischer Einfluß blieb trotzdem überall zurück, auch in der Rhön, wo die Kelten als einziges nichtgermanisches Volk überhaupt vorübergehend eine gewisse

136

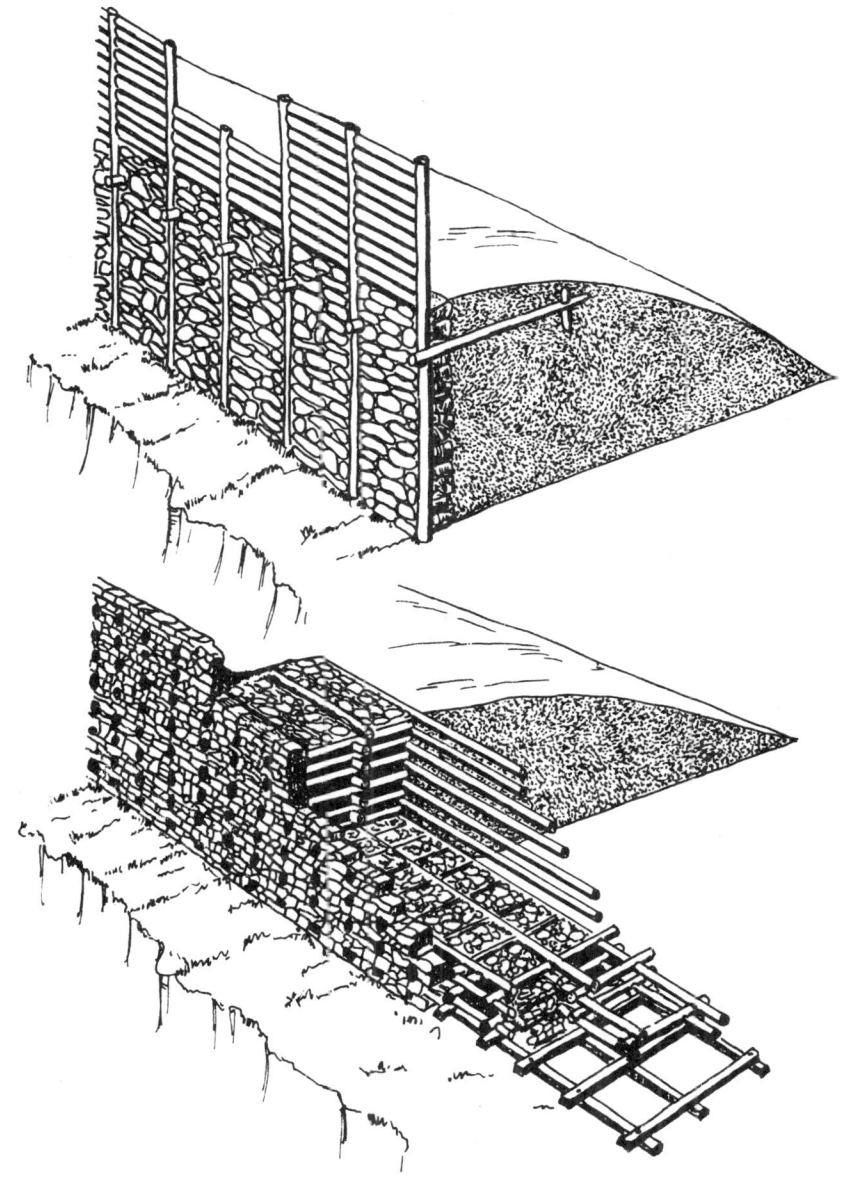

Abb. 90 u. 91: Mittel- und westeuropäische Konstruktion von Oppida-Wällen.

Rolle spielten. Eine ausgesprochene keltische Herrschaft über Germanen wird heute stark bezweifelt.

Als hervorragende Kulturträger der Latèneperiode in Süddeutschland sind die Kelten unbestritten; und zweifellos gaben sie in den Randgebieten ihres vorübergehenden Machtbereichs, also auch in der Rhön, den politischen Ton an *(Abb. 92–98)*. »Aus der langen Nachbarschaft von Kelten und Germanen erklären sich manche Gemeinsamkeiten des Wortschatzes, die anderen idg. Sprachen fehlen . . . Früher, als man sich eine zeitweilige keltische Herrschaft über Germanen vorstellte, neigte man zu der Auffassung, daß es sich hierbei um Entlehnungen aus dem Keltischen handle. Besser ist mit sprachlichen Gemeinsamkeiten zu rechnen, die sich aus der langen Nachbarschaft zur Genüge verstehen lassen. Auch in den Volkssitten und im Auftreten lassen sich Gleichheiten feststellen, aus denen die lange Gleichsetzung beider Völker bei den antiken Schriftstellern begreiflich wird . . . Allerdings treten auch Unterschiede hervor . . . Der Einfluß des Präindogermanischen scheint sich hier geltend zu machen, vielleicht auch in der starken Ausbildung der Druidenkaste . . . Schon ab 500 v. Chr. und früher weichen die Kelten ununterbrochen vor den Germanen zurück.« (SCHWARZ 1956. 28f) In die Rhön kamen sie allerdings erst im 4. Jh. vZ. (vielleicht auch schon auf dem Rückzug, etwa aus Nordwestdeutschland?). Welcher keltische Stamm in der Rhön saß, ist nicht bekannt. Am häufigsten genannt werden die Volcer, die später zwischen Rhône und Pyrenäen eine neue Heimat fanden. In ihrer Nachbarschaft dürften die Helvetier, Teurier, Teurisker, Turonen und Boier gesessen haben. »So hausten zwischen dem herkynischen Walde, dem Rhein und dem Main die Helvetier und weiter ostwärts die Bojer, beides gallische Stämme.« Ob TACITUS (Germania 28) mit dem herkynischen Wald hier den Thüringer Wald, die Rhön oder die Schwäbische Alb meint, ist umstritten. Da zu CÄSARS Zeit im Gefolge der Helvetier bekanntlich die T(h)ulinger auftraten, dürften sie vorher Nachbarn gewesen sein. Wenn letztere in der südlichen Rhön saßen, was auf Grund der Ortsnamenrelikte (vgl. *Kap. 6*) anzunehmen ist, werden die Volcer wohl mehr im Thüringer Wald und südlich des Grabfeldes im »Folcfeld«, die Helvetier aber zum Main hin gewohnt haben.

»Der germanische Name für die Kelten ist Walchen gewesen, das dem keltischen Volksnamen der Volcae entspricht . . . Im südlichen und westlichen Thüringer Wald läßt sich in Bronzehandwerk und Töpferei bis zu Beginn unserer Zeitrechnung keltische Einwirkung aus den Funden erkennen. In dieser Gegend lassen sich die gesuchten Volcaereste

Abb. 92: Darstellung des Gottes mit dem Geweih auf einer der Silberplatten des Kessels von Gundestrup, vgl. Abb. 121.

gut begreifen. Die Germanen haben ihren Namen allmählich auf alle Kelten übertragen, so auch die Angelsachsen auf die Kelten in Cornwallis und Wales, später auf die romanisierten Kelten, die Gallier (man denke an die Wallonen), die Italiener (Walnuß = wälsche Nuß), ja auch auf die romanisierten Daker (Walachen, hier durch slawische Vermittlung, die wieder auf germanischer beruht).« (SCHWARZ 1956. 27f) »Walchen« = Welsche = Fremde hat dieselbe Wurzel wie falsch = unecht und Balg = Unebenbürtiger, vgl. Belgen. ». . . die eigentlichen Kelten dringen erst seit dem 4. Jh. vZ. von Süddeutschland aus nach Thüringen ein. Doch auch die bronzezeitliche Bevölkerung hat durch die verschiedenen Volksgruppen, die hier in der jüngeren Steinzeit saßen, einen nordisch-indogermanischen Kern gehabt . . . Im Westen neigt man dazu, diese Bevölkerung der ›Hunsrück-Eifel-Kultur‹ bereits als Vorfahren der Belger der geschichtlichen Überlieferung anzusehen, die als Halbgermanen bezeichnet werden und sich nach Cäsar damals noch ihrer germanischen Abstammung rühmten. Sollte in Mitteldeutschland nicht etwas Entsprechendes vorliegen? . . .: Germanen im Zusammenleben mit einer stärkeren älteren Bevölkerungsschicht, die die Nachkommen der bronzezeitlichen Bevölkerung Thüringens sind.« (SCHULZ 1939) Das Vordringen der Kelten in die Rhön und nach Thüringen war

Abb. 93: Figürlich verziertes Gefäß der Frühlatènezeit aus einer Siedlungsgrube bei Mellrichstadt (Rhön-Grabfeld).

140

möglicherweise die Folge des Druckes, den die Rhein-Weser-Germanen auf sie ausübten.

Bald nach ihrer Niederlassung in der Rhön gerieten die Kelten zwischen die in entgegengesetzter Richtung expandierenden Germanen und Römer wie zwischen zwei Mühlsteine und wurden allmählich bis zur Unkenntlichkeit zerrieben. Reste sind natürlich überall zurückgeblieben und in ihren Bezwingern aufgegangen. So haben sie indirekt trotzdem nahezu alle abendländischen Kulturen und Nationen mehr oder weniger mitgeprägt. Der bekannte Ausspruch von TACITUS (Germania 28): »Die Treverer und Nervier rühmen sich allzusehr ihres Anspruchs auf germanische Herkunft, als schlösse schon ein solcher Adel des Blutes die Verwechslung mit gallischer Schlaffheit aus«, dürfte eine reine Zweckübertreibung sein, die er an anderer Stelle (Germania 33) offen eingesteht: »Es bleibe, so flehe ich, und bestehe fort bei diesen Völkern, wenn nicht Liebe zu uns, so doch gegenseitiger Haß; denn bei dem lastenden Verhängnis des Reiches kann das Geschick nichts Besseres mehr darbieten als die Zwietracht der Feinde.« So unterschiedlich waren Germanen und Kelten nämlich gar nicht, zumindest nicht hier in den Mittelgebirgen.

»Die antiken Schriftsteller und Historiker hatten also gar nicht so unrecht, wenn sie Gallier und Germanen nur schwer oder nur nach individuellen, willkürlichen Gesichtspunkten unterscheiden konnten. Wir dürfen beide keinesfalls als völlig getrennte, seit alters her gegenseitig abgeschlossen lebende Völkerschaften auffassen.« (SCHLETTE 1974. 20 f) Wer weiß, was aus Europa geworden wäre, wenn die Sweben – und in Sonderheit ihr Heerkönig Ariovist – die Gunst der Stunde erkannt und mehr auf die Kraft einer germanisch-keltischen Allianz vertraut hätten, statt die Macht der Römer zu fürchten, der sie getrennt allerdings erliegen mußten. Eine solche Entwicklung lag durchaus im Bereich des Möglichen, zumal Ariovist geradezu als gemeinsamer Führer prädestiniert war, weil er sowohl mit einer Germanin als auch mit einer Keltin verheiratet war, beide Sprachen beherrschte und auch das Vertrauen beider Völker besaß. Es war eine Sternstunde der Menschheit, die der Römer CÄSAR als lachender Dritter für sich entschied. TACITUS nennt ihn deswegen den »Göttlichen« – der »Glückliche« wäre treffender gewesen!

Ariovists Kurs wurde anscheinend wesentlich von den betont auf Artreinheit bedachten Eudusen mitbestimmt. Diese Eigenheit, der sie wohl auch ihren Namen verdanken, denn er bedeutet »reine Abkömmlinge«, zeigte sich auch dann noch, als sie sich bereits Juthungen (Abkömmlinge der Eudusen, vgl. *Kap 8–10*) nannten; in gewissem Maße ist sie heute

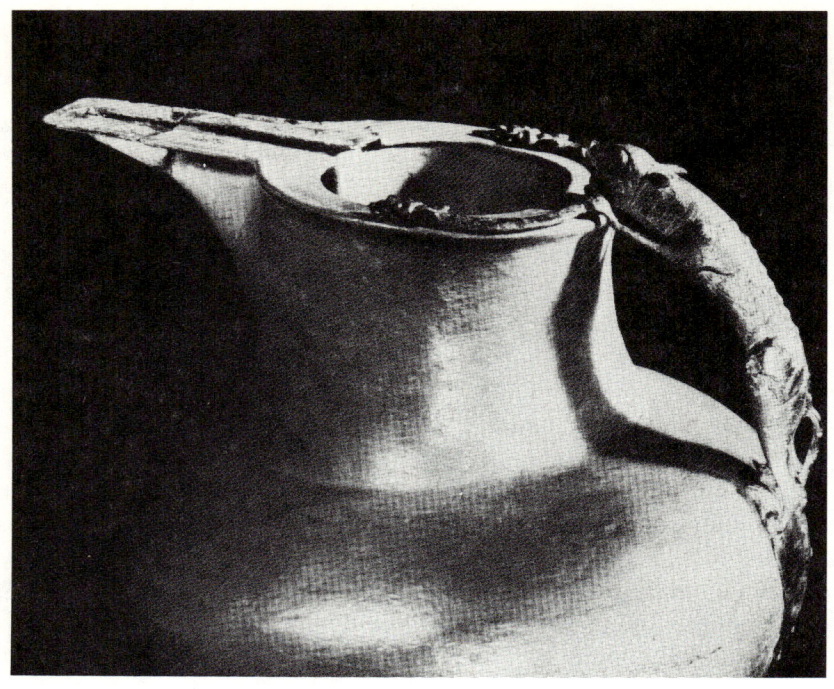

Abb. 94: Oberteil einer Schnabelkanne von Borsch (Kreis Bad Salzungen), aus dem 5. Jh. v.Z.

noch zu spüren bei den Schwaben, also deren unmittelbaren Nachfahren. Andere Stämme, wie Kimbern und Teutonen dagegen, nahmen keltische Stämme in ihren Zug mit auf, die Thulinger begleiteten die Helvetier nach Gallien. Und selbst die Haruden dachten wohl gar nicht daran, die Kelten aus der Rhön zu vertreiben; denn Milseburg und Steinsburg waren bis kurz vor der Zeitenwende in keltischer Hand, obwohl die Haruden zu dieser Zeit schon mindestens 100 Jahre hier gesessen haben werden.

Die Haruden – niemand weiß genau, woher sie kamen und wo sie blieben, diese eigenartigen Nordmänner! Mosaikartig müssen wir versuchen, aus den wenigen Nachrichten über sie ein plastisches Bild von ihnen zu formen, beginnend mit dem Hintergrund ihrer Zeit und ihrer Heimat: Während die rhein-weser- und elbgermanischen Stämme (Istwäonen und Irminonen) Schritt für Schritt bis in die Mittelgebirge vordringen konnten, waren die nord- und seegermanischen Stämme (Ingwäonen und Nerthusvölker) eingezwängt in ihre skandinavische Inselwelt, ohne jegliche nennenswerte Ausdehnungsmöglichkeit *(Abb. 99)*. Übervölkerung und Naturkatastrophen – Erdbeben, Landsenkungen, Klimastürze und schließlich Auslaugung der Lehmböden – waren die Hauptursachen für ihre mehrfachen Auswanderungen. Der sogenannte »Drang nach dem Süden« – den man ihnen gerne andichtet, oder das »Fernweh«, wie selbst KOSSINNA es nannte, war nichts anderes als eine wahrhafte Notwendigkeit. Die Heimatverbundenheit der Nordvölker ist geradezu sprichwörtlich und noch nach jahrhundertelanger Trennung nachweisbar – wie anders sollte man es sonst verstehen, daß sich z. B. die Heruler einen neuen König aus edlem Geschlecht in der alten Heimat holten, wohin ein Teil sogar zurückkehrte, um dem drohenden Volkstod in der Fremde zu entgehen. Das angebliche Fernweh, das oft genug negativ im Sinne von räuberischer Eroberung (in Anlehnung an die viel späteren Wikinger) interpretiert wird, bedarf ganz sicher einer Richtigstellung, denn in Wirklichkeit dehnten sich die Urgermanen von ihrem Ursitz im Kattegatgebiet nach allen Seiten aus wie jedes gesunde Volk. Unbewohnte oder nur dünn besiedelte Gebiete boten sich nur in Skandinavien an, wohin sich aber auch schon Teile der prägermanischen

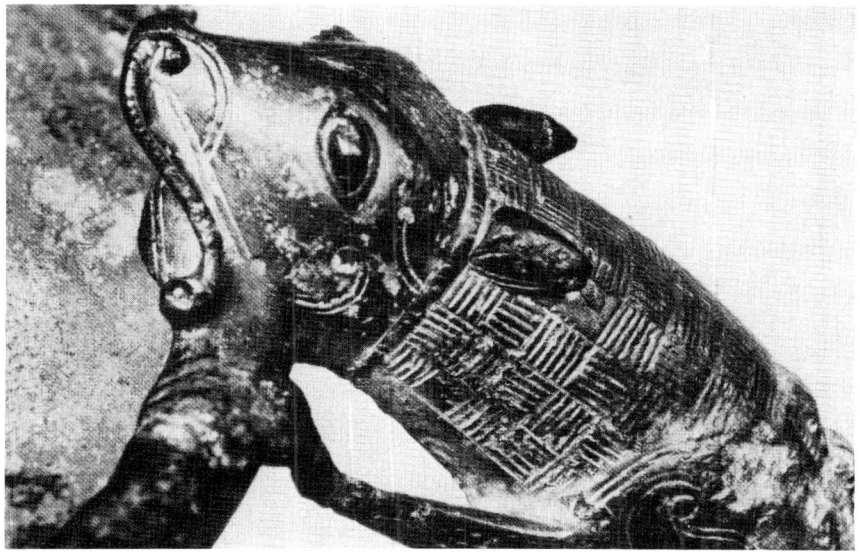

Abb. 95: Detail des löwenförmigen Kannenhenkels der Abb. 94.

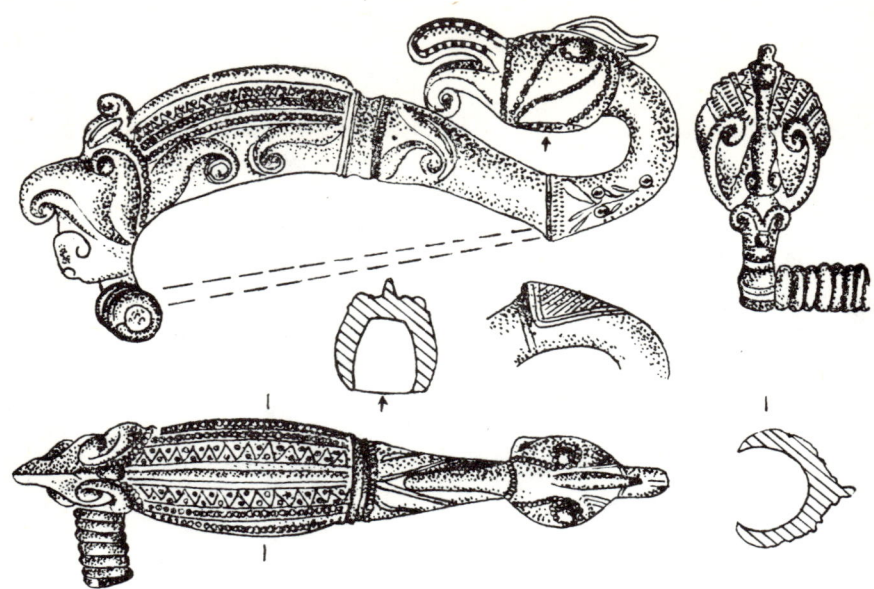

Abb. 96: Bronzene Maskenfibel von Ostheim vor der Rhön, 4. Jh. v.Z.

Vorbevölkerung zurückgezogen hatten. Als dort nach dem damaligen Stand der Technik alle Möglichkeiten erschöpft waren, bewirkte zudem die einsetzende Klimaverschlechterung eine von Nord nach Süd fortschreitende Unbewohnbarkeit weiter Teile Skandinaviens, so daß nur noch ein Ausbruch nach Süden übrigblieb, der sich seit der Bronzezeit permanent wiederholte, wenn die Übervölkerung zu groß wurde und/oder die Naturkatastrophen keine andere Möglichkeit zuließen.

Ende des 2. Jh.s vZ. setzten explosionsartig Auswanderungen ein, über die wir wenigstens am Rande des Geschehens ungefähr unterrichtet sind, natürlich aus der Sicht der griechischen und römischen Geschichtsschreiber, für die bereits das Gebiet des heutigen Mitteldeutschlands »hinter den 7 Bergen« lag. Ihr Gesichtskreis endete damals an der »Bacenis silva« – den deutschen Mittelgebirgen, die nur selten von Händlern oder wagemutigen Männern, wie etwa PYTHEAS VON MASSILIA oder dem sagenhaften Odysseus, meist auf dem Seewege, umgangen wurden.

Ihre Berichte sind dementsprechend fantasievoll gestaltet, teils absichtlich, teils ungewollt entstellt oder übertrieben. Fluß- und Gebirgsnamen werden oft verwechselt, wenn sie überhaupt gleich bezeichnet

144

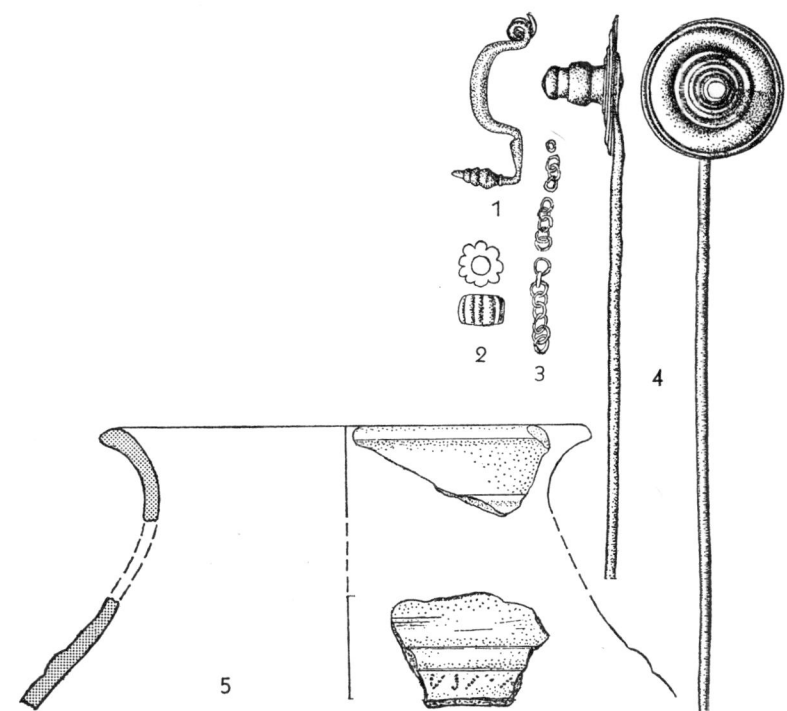

Abb. 97: Frühkeltischer Körpergrabfund von Fladungen vor der Rhön, 4. Jh. v.Z., 2 = Glas, 5 = Ton, sonst Bronze.

werden. Kurzum, ein klares Bild ist für Mitteldeutschland nicht zu gewinnen, noch weniger für die großen Flußmündungen der Weser, Elbe, Oder und Weichsel, die beim Aufbruch der Seegermanen am Ende des 2. Jh.s vZ. wohl alle als Einfallspforten zum Festland benutzt wurden, einmal um möglichst schnell voranzukommen, und zum andern, um die Gebiete der benachbarten, verwandten Stämme zu umgehen oder wenigstens so schnell wie möglich zu passieren, denn man wollte ja fernes, fremdes, freies Land erobern.

»Das große germanische Konzert« – die erste schriftlich bezeugte Völkerwanderung aus dem Norden – begann mit einem Paukenschlag, als im Jahre 113 vZ. ein einziger germanischer Stamm bei Noreja in der Steiermark das sieggewohnte Heer des großen römischen Reiches das Fürchten lehrte: die Kimbern, die man zunächst für ein unbedeutendes

Steinsburg bei Römhild

Blick von der Steinsburg

Mauerstück

Wallstrecke

Abb. 98: Die Steinsburg, eine der letzten keltischen Bastionen am Rande der Rhön, auf dem kleinen Gleichberg bei Römhild.

keltisches Volk gehalten hatte. Sie wagten es, Landforderungen mit Waffengewalt zu wiederholen, nachdem sie vorher abgewiesen und dann in einen Hinterhalt gelockt worden waren. Sie hätten das gesamte dort stationierte römische Heer vernichten können, wenn diesem nicht ein Gewitter zu Hilfe gekommen wäre. Rom, das Weltreich, war für einen Augenblick in seinen Grundfesten erschüttert. Aber während man sich in der Hauptstadt bereits zur Flucht rüstete, versäumten die ahnungslosen Kimbern die Gunst der Stunde und kehrten aus allzu großem Respekt vor dem für unbesiegbar gehaltenen Rom wieder um, wenn auch vielleicht nur in der Absicht, Verstärkung zu holen *(Abb. 100)*.

Am Main trafen sie sich (nach der seit Theodor Mommsen wahrscheinlichsten Version) mit den ebenso landhungrigen Teutonen, mit denen sie nun die Alpen auf der Westseite umgingen[56]. Der gemeinsame Zug dauerte jedoch nicht lange, wohl weil es Versorgungsschwierigkei-

146

ten gab und außerdem noch bei einem Abstecher nach Belgien die Ambronen hinzugekommen waren, von deren größtenteils untergegangener
Heimat noch der Name der nordfriesischen Insel Amrum zeugt[57].

Nach einem nochmaliger Sieg über die Römer bei Arausio (105 vZ.)
entschloß man sich tragischerweise zu getrennten Operationen, wodurch
der gewitzte römische Feldherr Marius – dem zwischenzeitlich ein
schlagkräftiges Heer zur Verfügung stand – in die Lage versetzt wurde,

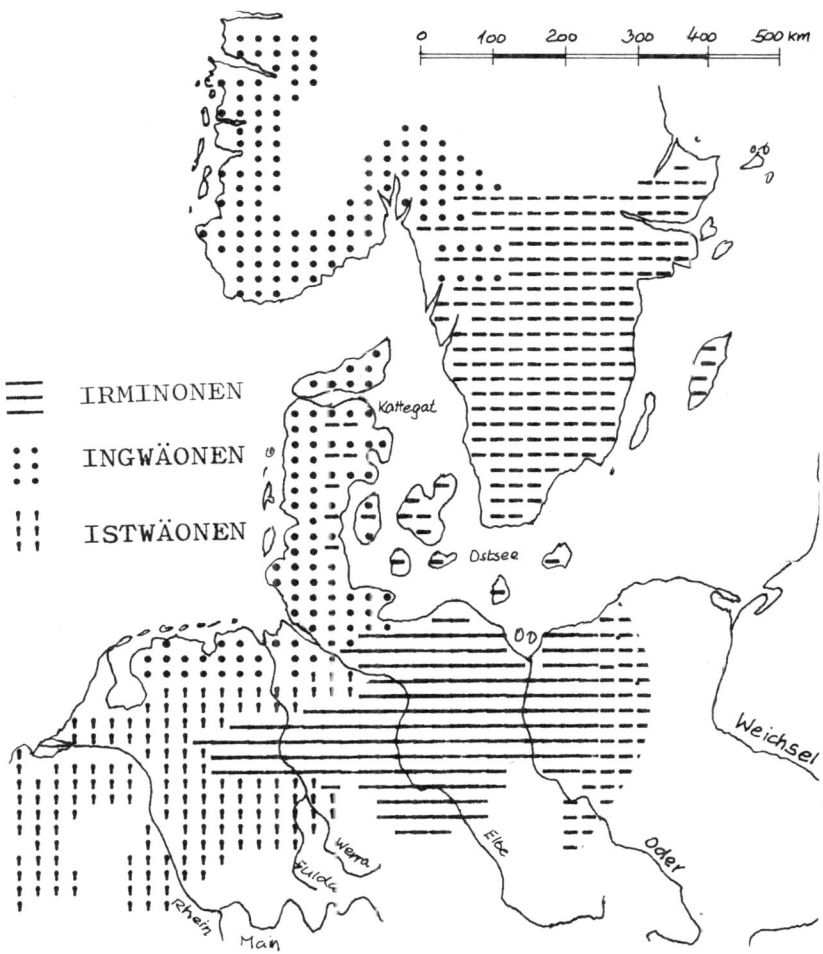

≡ IRMINONEN

∴ INGWÄONEN

⋮ ISTWÄONEN

Abb. 99: Die germanischen Kultbünde vor den großen Wanderungen.

147

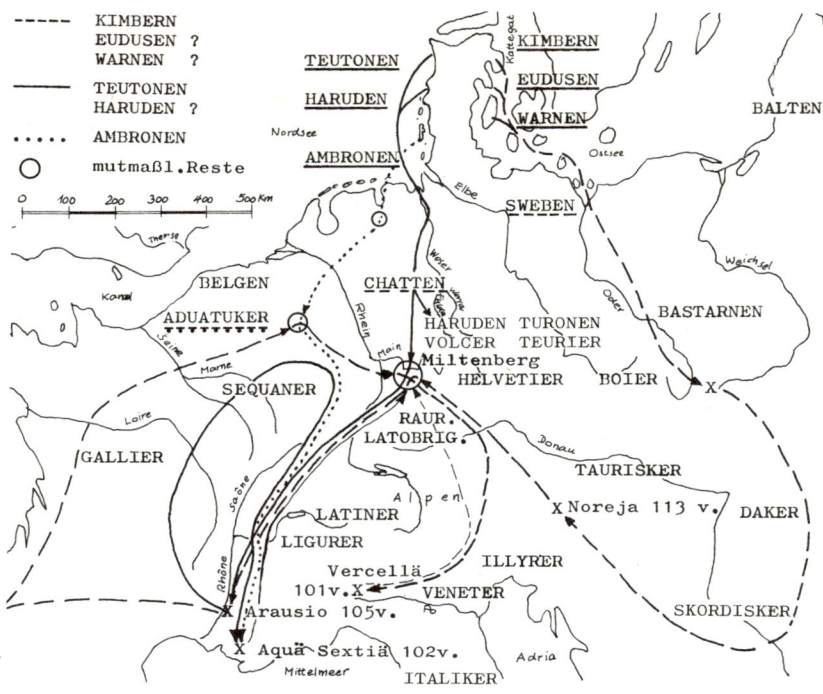

Abb. 100: Der Zug der Kimbern und Teutonen, etwa 120–100 v.Z.

die drei Stämme einzeln in die Falle zu locken und nacheinander vernichtend zu schlagen: 102 vZ. bei Aquae Sextiae erst die Ambronen, dann am gleichen Ort die Teutonen und 1 Jahr darauf die über den Brenner vorgestoßenen von dem Unglück der anderen ahnungslosen Kimbern bei Vercellae.

Unterdessen waren die Wandalen in der Oder- und wohl auch Weichselmündung gelandet, gefolgt von Burgunden, Goten und anderen Stämmen, die den mitteldeutschen Raum zunächst nur indirekt beeinflußten, indem sie zur Bildung des »Swebenbundes« beitrugen (vgl. *Kap. 8*), im Gegensatz zu den Haruden, für die man Zwischensitze in Hessen und Thüringen annehmen muß[58], bevor ein Teil von ihnen 58 vZ. mit den Eudusen und Sweben nach Gallien zog: eine Jungmannschaft mit Frauen und Kindern von 24 000 Köpfen! Aller Wahrscheinlichkeit nach waren die Haruden mit den Teutonen nach Mitteldeutschland gekommen und hier verblieben, während der Hauptstamm mit den Kimbern ins

Verderben zog[59]. Aber nun wurden die neuen Wohngebiete bereits wieder zu eng. Außerdem lockten die sonnigen Gefilde Galliens nach den anfänglichen Erfolgen des swebischen Heerkönigs Ariovist, der am linken Rheinufer Fuß gefaßt hatte.

Für die Annahme, daß die Haruden ein Teilstamm der Teutonen waren[60], zumindest aber deren Wandergenossen, spricht vor allem ihre Teilnahme an der Sühnegesandtschaft zu Kaiser Augustus im Jahre 5 nZ. zusammen mit den Resten der Hauptstämme, ebenso ihr mutmaßlicher Name auf dem Teutonenstein von Miltenberg am Main. Dort wurde ein etwa 5 m hoher Grenzstein gefunden, der auf etwa 100 nZ. datiert wird. Wenn EDUARD NORDEN (1934) die Inschrift »INTER TOUTONOS C.A.H.I.« richtig deutet, lautet sie vollständig: »AUF BEFEHL DES . . . ZWISCHEN DEN TEUTONEN, CIMBERN, AMBRONEN (und) HARUDEN.« Damit würde die Teilnahme der Haruden an den Schlachten mit den Römern wahrscheinlich. Aber auch ein nur vorübergehender Aufenthalt des Ariovistschen Kontingents der Haruden bei den Resten der alten Nachbarn Kimbern und Teutonen ist zu erwägen. In der Veroneser Völkertafel, die Anfang des 4. Jh.s nach älteren Vorlagen gefertigt wurde, sind Kimbern und Teutonen Nachbarn der Chatten und Cherusker, wobei die ersteren vielleicht nur irrtümlich dort angesetzt wurden nach der bekannten Formel »Cimbri Teutonique«. (Bei ihrem ersten gemeinsamen Auftritt erlitt die antike Welt einen solchen Schrecken, daß beide Stämme in der nachfolgenden Literatur immer in einem Atemzug genannt wurden.) Da die Kimbern mit größter Wahrscheinlichkeit die Oder und die Teutonen die Weser aufwärts zogen, sind in der Völkertafel unter den Teutonen wohl die abgetrennten Fulda-Werra-Haruden zu verstehen.

In den Schlachtberichten werden nur Kimbern, Teutonen und Ambronen, die Haruden also nicht gesondert erwähnt. Zu Augustus mögen sie zur Abwendung möglicher Racheakte gepilgert sein, weil sie für die Römer immer noch ein Teil der Teutonen waren.

Vielleicht geht die häufig anzutreffende Schreibweise Charuden auf einen Gewohnheitsfehler zurück, hervorgerufen durch die bekannte Eigenart, daß die Namen benachbarter Stämme oftmals staben, was natürlich nur für autochthone Nachbarschaft gelten kann, die allerdings für Chatten, Cherusker, »Charuden« und »Chimbern« nicht auszuschließen ist: Die Herkunft der Kimbern aus Nordjütland (Himberland) steht nahezu außer Zweifel, das Hardland südlich davon ist als Ursitz der Haruden möglich, als Zwischensitz sicher, Chatten und Kattegat gleichen sich wie ein Ei dem anderen, und für die Cherusker in dieser Nachbarschaft spricht schon ihr Stammesname, der auf alten skandinavischen Hirsch-kult deutet. Nach der Häufigkeit der Landschaftsnamen wären die Ur-sitze der Haruden eher in Norwegen zu suchen: Hardangerfjord, -fjell, -vidda, -jökulen, Horunger und Hordaland sprechen dort ebenso dafür wie die herkömmliche Ableitung ihres Namens von germ. *hard* = Berg-wald. Seit der Stammesname aber überzeugend zu idg. *karuts* = Held ge-stellt wird (nach MUCH, zit. bei SCHWARZ 1956. 114), kann aber auch Jüt-land nicht mehr ausgeschlossen werden, weil dieser Namenstyp dort ebenso wie in Schweden heimisch ist, während in Norwegen landschafts-bezogene Stammesnamen vorherrschen. Die im 6. Jh. von JORDANES (»Geschichte der Goten«) in Norwegen bezeugten Arochi = Harothi und die mitteldeutschen Haruden sind in jedem Falle Vettern vom sel-ben Stamm.

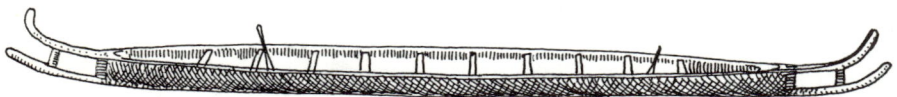

Abb. 101: Harudisches oder eudusisches (?) Boot von Hjottspring in Jütland aus vorrömischer Zeit, 13,3 m lang.

Den Wanderweg der Haruden nach Mitteldeutschland wird man sich über die Nordsee, dann auf, später an der Weser entlang vorzustellen haben *(Abb. 101–104)*. Zunächst werden sie bis an untere Fulda und Werra gezogen sein, dann über das Eichsfeld hinweg bis zur Goldenen Aue und vor allem in die Rhönberge, die für ihre ausgeprägte Viehzucht besonders geeignet waren. Später, nach dem Abzug der Thulinger, wer-den sie bis zur fränkischen Saale vorgedrungen sein; denn den Sweben, welche die Thulinger mitsamt den Kelten von dort verdrängten, war an der Rhön nur wenig gelegen. Sie interessierten sich allenfalls für die Ho-hen Straßen (Heerstraßen), die vom Thüringer Wald über die Rhön an den Rhein führten.

Die genaue Verbreitung läßt sich möglicherweise aus den Gaunamen erschließen, denn es scheint so, als hätten sie diese von den jeweils für ei-nen Gau typischen Waldbäume abgeleitet: *Buchonia,* das Buchenland an der Fulda entlang, ist heute noch ohne weiteres verständlich; trotzdem sei darauf hingewiesen, daß die mundartliche Aussprache für die Buche (böche) identisch ist mit der norwegischen. Analog dazu wird *Baringau* Eiben- oder Tannengau bedeuten (vgl. norw. *barlind* = Eibe und *barnål* = Tannennadel); eine Übereinstimmung mit der damaligen Flora längs der fränkischen Saale ist durch weitere Ortsnamen zu belegen, z. B. Bahra = Eibenbach, Bardorf, Behrungen, Eibstadt. Danach kann *Tullifeld* nur als Föhrengau oder Kieferngau übersetzt werden (vgl. norw. *toll* = Föhre, älteste Schreibweise: Tolliveldum). Doch nicht genug damit, denn südlich vom Kreuzberg, der früher Aschenberg hieß, gab es auch noch ein *Ascfeld* (Ascfeldougau, vgl. norw. *ask* = Esche). Für die Rhön dürfte angesichts dieser Übereinstimmungen kaum ein Zweifel aufkommen, zumal die natürliche Flora heute noch vorzüglich mit den alten Namen einhergeht. In Thüringen setzt sich die Serie wahrscheinlich fort: *Eichsfeld* (auch norw. *eik*, gesprochen: eich = Eiche), *Altgau* (vgl. norw. *older* = Erle) und *Ostgau* (in Anlehnung an den Westergau vielleicht verballhornt aus norw. *osp* = Espe). Der Name *Grabfeld* ist auch noch nicht befriedigend erklärt worden. Die Bedeutung Krähenfeld könnte von den Eudusen herrühren (vgl. schwäbisch-alamannisch *grapp* = Krähe); aber Fichtengau wäre auch nicht auszuschließen (vgl. norw. *gran* = Fichte) und würde sich gut in die Serie der Waldgaue einreihen. Die Übereinstimmung all dieser Gaunamen mit dem Norwegischen, die mutmaßliche Herkunft der Haruden aus Norwegen und ihre bisherige, immer noch nicht widerlegte Namenserklärung »Bergwaldbewohner« sind starke Indizien dafür, die mitteldeutschen Wohnsitze der Haruden hauptsächlich in diesen Gebieten zu suchen *(Abb. 105)*[61]. Nur wenig später dürften die Eudusen nach Mitteldeutschland gekommen sein (vgl. *Kap. 8*). Waren diese in Jütland Gastgeber von jenen, so dürfte es hier umgekehrt gewesen sein. Auf alle Fälle lebten sie hier wie dort in beengten Verhältnissen. Zudem hatte die klimatische Verschlechterung die Bewohnbarkeit der mitteldeutschen Berge stark gemindert, und gleichzeitig wurden auch die Täler infolge zunehmender Bewaldung und Versumpfung immer enger.

Als dann die Sweben vorstießen und Hoffnung auf günstigere Wohngebiete in Gallien erweckten, dürften sich eudusische und harudische Jungmannschaften entschlossen haben, diesem Unternehmen beizutreten, denn Ariovist forderte für sie von den Sequanern, die ihm verpflichtet waren, ein zweites Drittel von deren Land, woraufhin diese CÄSAR zu Hilfe riefen, der den groß angelegten Versuch, Gallien zu germanisieren, zunichte machte. Die swebischen Stämme der Triboker, Nemeter und

Wangionen durften im Elsaß und in der Rheinpfalz sitzenbleiben. Haruden und Eudusen waren offenbar nicht bereit, Roms Bedingungen für einen Verbleib in linksrheinischem Gebiet zu akzeptieren. Sie zogen sich wieder über den Strom zurück. Nach jahrzehntelangem Umherirren in Süddeutschland haben sie höchstwahrscheinlich während der großen Umsiedlungsaktion um die Zeitenwende zwischen Main und Donau eine neue Heimat gefunden[62].

Nur die Rhön-Haruden behielten offenbar ihre Sitze bei, denn nördlich von ihnen setzten sich die Chatten fest an Stelle der unteren Fulda-Werra-Haruden, die anscheinend ins Thüringer Becken verpflanzt wurden (vgl. *Kap. 8 u. 9*). Diesen Eindruck gewinnt man jedenfalls angesichts der archäologischen Hinterlassenschaften, der Fortsetzung der Waldgaunamen und der Kette von Ortsnamen, die den Stammesnamen der Haruden als potentielles Bestimmungswort enthalten (vgl. *Anhang II*). Solche Namen zeigen gewöhnlich die Begrenzung von Stammesbezirken an, weil dort die Benennung meistens von den Nachbarn ausgegangen ist, im Gegensatz zu den Bergnamen aus der nordischen Mythologie, die weiter innen liegen. Mehr als vage Hypothesen sind freilich vorerst davon nicht abzuleiten, zumal hier auch das gemeingermanische Wort *hard(t)* = Bergwald zugrunde liegen kann. Wenn aber darüber

Abb. 102: Harudischer (?) Prunkwagen aus dem 1. Jh. v.Z. von Deibjerg bei Ringköbing in Westjütland.

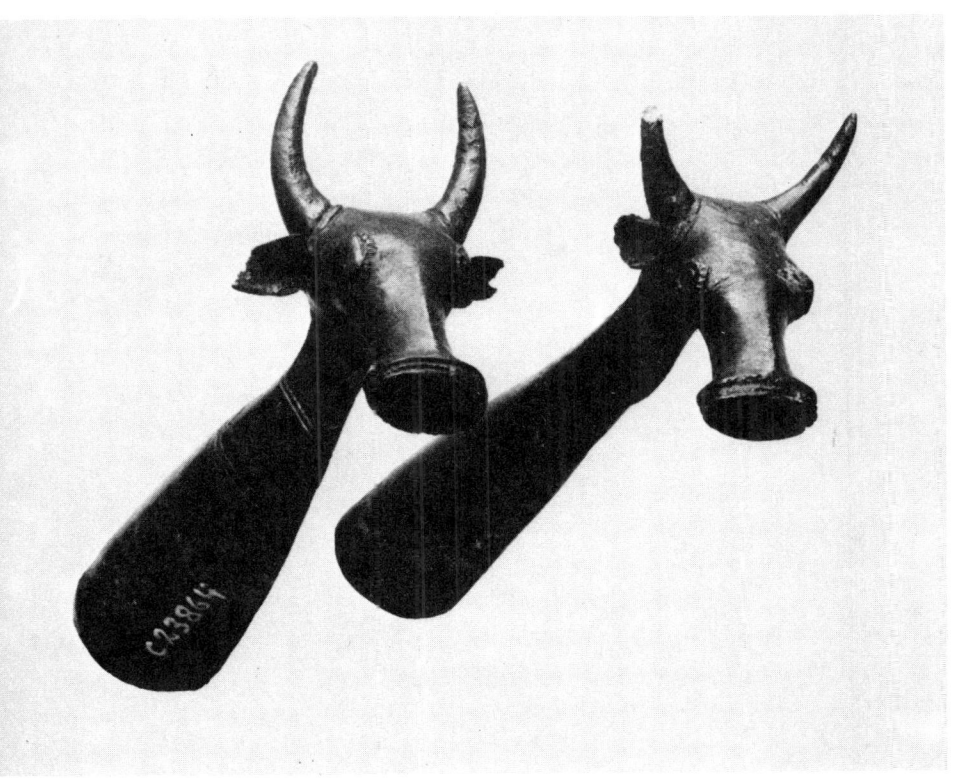

Abb. 103: Endbeschläge von Trinkhörnern aus Dollerup in Jütland, 1.–2. Jh. v.Z.

hinaus typisch nordgermanische Brauchtumsrelikte[63] lebendig geblieben sind wie in der südlichen Vorrhön, kann man mit an Sicherheit grenzender Wahrscheinlichkeit folgern, daß hier später kein nennenswerter Bevölkerungswechsel mehr stattgefunden hat *(Abb. 106)*.

In Weisbach vor der Rhön ziehen alljährlich zum Faschingsausklang (früher am ersten Frühlingstag) sogenannte »Jüde« durch alle Gassen und Winkel des Dorfes *(Farbfoto 1 u. 2)*. Damit sind beileibe keine Juden gemeint, an die auch niemand im Dorfe denkt, allerdings auch nicht mehr an das, was sie offenbar darstellen sollen, nämlich Jöten. Jöten sind Bergriesen, Zauberer, wörtlich Fresser, dämonische Wesen von großer Kraft, die man im Bereich der nordgermanischen Mythologie nachahmte, um die Wintergeister zu vertreiben; man glaubte nämlich, daß diese aus Furcht vor den Bergriesen in die Täler geflüchtet waren und wollte

153

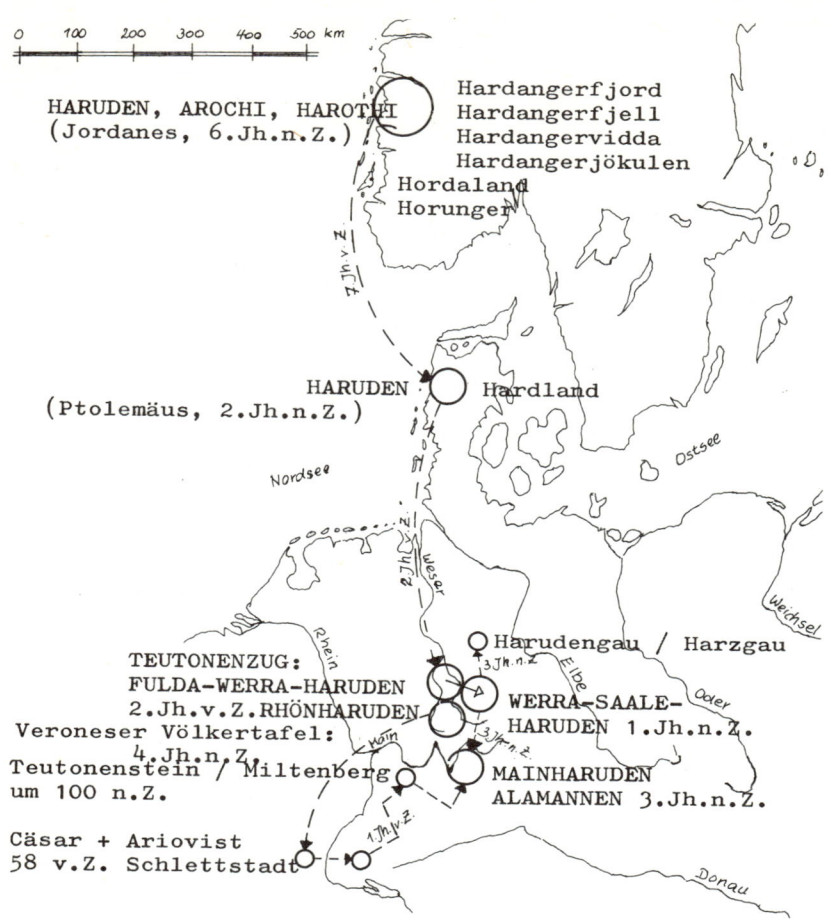

Abb. 104: Ursprung und Wanderungen der Haruden, nach historischen Quellen und geographischen Namen.

ihnen weismachen, diese seien ihnen gefolgt, um sie zu vernichten. Das hohe Alter dieses Brauches geht aus der Schlichtheit der Masken *(Farbfoto 3)* hervor. Über den Ursprung sagt »Meyers Lexikon« 1876: »*Jöten* (Jötun), in der nord. Mythologie ungeheure Riesen und Zauberer, die, über die Kräfte der Natur gebietend, in ihrem Reich *Jötunheim* in finsteren Höhlen und Felsenschluchten wohnten und in ewiger Feindschaft mit den Asen lebten. Reißende Bergströme galten für ihre Söhne, sanft

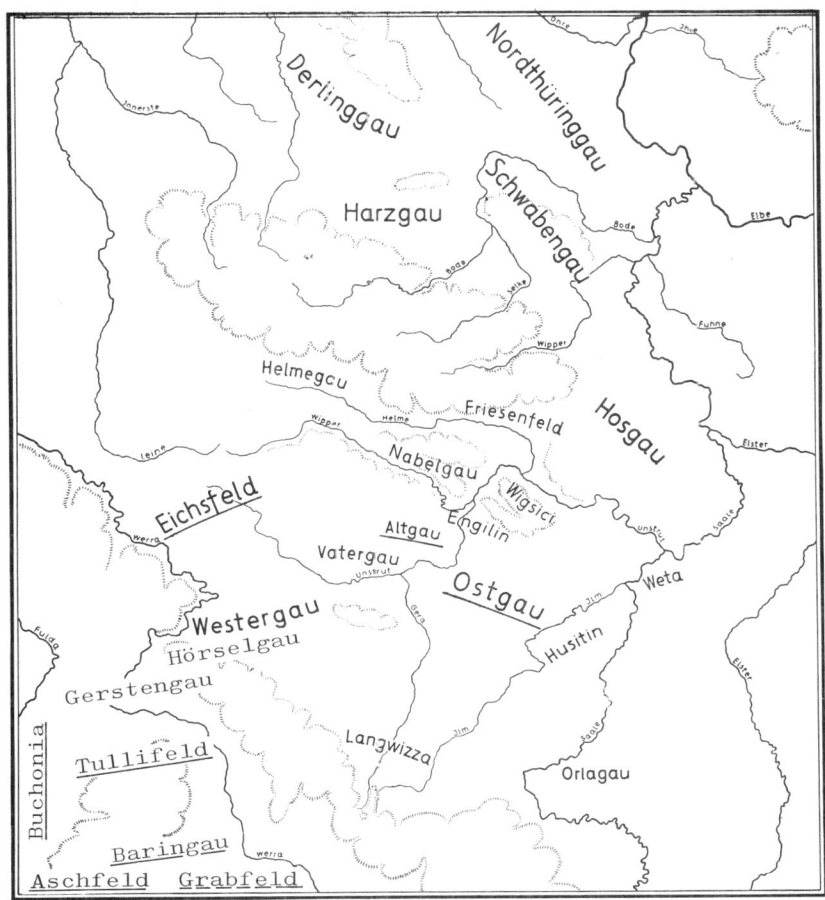

Abb. 105: Die mitteldeutschen Gaue der Karolingerzeit. Mutmaßliche »Wald-gaue« sind ergänzt und unterstrichen.

rieselnde Bäche für ihre Töchter, deren wunderbare Schönheit nicht sel-ten die Asen bewog, sich mit ihnen zu vermählen, wodurch indessen die angestammte Feindschaft zwischen beiden nicht getilgt wurde.« Unter dem Stichwort *Deutsche Mythologie* heißt es ebendort: »Riesen, auch Heunen oder Hünen und Thursen genannt, ein treuherziges, plumpes, rohes, der Menschengestalt sich näherndes Geschlecht. Sie hausten auf Bergen und Felsen, kämpften mit Steinen und Felsen gegen ihre Feinde,

155

Abb. 106: Thor- oder Donarbock und Jötenmasken im Rhönmuseum Fladungen.

versetzten Berge und errichteten ungeheure Bauten; ihr Andenken ist in den Gedichten des Mittelalters wie in der Sage noch lebendig, das Christentum schuf sie zu Teufeln um.«

Und aus den Jötenheimen machte es *Juden*friedhöfe, -büsche, -hügel, -köpfe, -küppel, -steine, -täler usw., wie sie uns in der Rhön auf Schritt und Tritt begegnen (vgl. *Abb. 155*). Die Nordgermanen stellten sich die Wohnungen der Götter und Riesen gewöhnlich auf zwei benachbarten Bergen vor, wie hier bei Weisbach auf Gangolfs- und Bauersberg oder bei Roßdorf auf Gotteskopf und Roßberg. Während die Sitze der Asen immer auf sonnigen Kuppen mit freien Flächen für die Thingstätten gedacht wurden, wählte man für die Jöten meistens alte verfallene Wallanlagen der Kelten oder Vorkelten, die auf die Nordmänner fremd und unheimlich wirkten, denn in ihrer Heimat gab es nur Holz-, keine Steinbauten, und schon gar keine befestigten. Es überrascht deshalb keineswegs, daß sich die meisten Flurnamen, die mit Juden – (= Jöten –) beginnen, in der Regel als vor- und frühgeschichtliche Fundstätten erweisen[64]. Der mittelalterlichen Kirche kam es dann entgegen, daß diese Plätze jahrhundertelang von den Menschen gemieden worden waren und einen entsprechend furchterregenden Eindruck machten, um so eher konnte man sie mit den Juden in Verbindung bringen, von denen nach ihrer Lehre alles Unheil kam.

In Oberelsbach, das dicht bei Weisbach liegt, nennt man die winteraustreibenden Riesengestalten *(Farbfoto 6 u. 7)* einfach Span- oder Strohmänner, ein paar Dörfer weiter Erbsenbären, wie im schwäbischen Raum. Deutlich ist daraus ein altes Grenzgebiet zu erkennen: hier nordgermanisch-ingwäonische Jöten, die ebenso wie die fast vergessenen Trolldenger (vgl. norw. *troll* = Berggeist und denge = hauen) nur aus Norwegen stammen können (weil es in Jütland keine vergleichbaren Berge gibt) und dort seegermanisch-irminonische Strohmänner und Erbsenbären, die auf die Sweben zurückgehen, d.h. Eudusen (Jüten) und/oder Hermunduren, die Jöten dagegen auf die Thulinger und/oder Haruden.

Auf den Jötenmasken trägt man einen von Buchsbaumzweigen und bunten Bändern fast völlig verdeckten Hut *(Farbfoto 4)*, dazu blaue Kittel, weiße Hosen und schwarze Gamaschen oder Stiefel. Das ist eine ganz andere Aufmachung als in Oberelsbach, wo man alte Kittel mit Stroh ausstopft und auf die Larve einen leeren Sack stülpt *(Farbfoto 6)*. Früher wurde das Erbsenstroh außen auf die sackleinenen Gewänder aufgesteckt, so daß die Gestalten noch wilder und größer wirkten.

Mit Ratschen und Klatschen und undefinierbaren Grunzlauten macht

Abb. 107: Steinernes Hochkreuz (Irenkreuz) an der Straße Bischofs-
heim—Sandberg vor der Rhön.

man hier wie da den für eine Geistervertreibung unvermeidlichen Lärm;
im übrigen verhalten sich die Gruppen mehr ernst und drohend als när-
risch-ausgelassen. Zu einer recht einheitlich grell-weißgesichtigen, rot-
bäckigen und schwarzbehaarten Jötengruppe gehört in der Regel noch
ein Hanswurst mit dunkelrotem Gesicht und schneckenartig gedrehtem
Schnurrbart *(Farbfoto 5),* der aber eine mittelalterliche Zugabe oder
Entstellung sein wird.

Viel wichtiger und urtümlicher ist die zu jeder Gruppe gehörende
»Goaß«, eine steckenpferdähnliche schwarze Ziege, die mit einem wei-

Abb. 108: Oberteil des Hochkreuzes (vgl. Abb. 107).

ten dunklen Rock des »Reiters« bis auf den Kopf verdeckt ist. Wenn
diese am letzten Faschingstag in einem Wirtshaussaal symbolisch (aber
recht naturalistisch, mit rotem Saft als Blutersatz) von den Burschen geschlachtet wird, schimmert klar das einstige Opferritual hindurch, daß
nur zu Ehren des norwegischen Bauerngottes Thor oder Donar stattgefunden haben kann, dessen Wagen nach der nordgermanischen Mythologie von Ziegenböcken über das Himmelsgewölbe gezogen wurde.
Thor ist der ursprünglich wohl einzige Gott der Nordgermanen, der un-
ermüdliche Kämpfer gegen die Winterriesen und Freund der Bauern,
viel älter als Wodan, der als Widersacher Thors und Urbild des Bösen
aus dem Süden kam und erst wesentlich später zum allgemeinen
Schlachtenlenker avancierte[65]. Als Helfer im täglichen Leben und Len-
ker des Jahreslaufes blieb Thor auch dann noch der Gott der Bauern, als

mit Wodan die Sitte des Opferns aufkam; da durfte der Bauerngott natürlich nicht zu kurz kommen, weil seine Wohlgesonnenheit im Frieden wie im Kriege wichtig war, also opferte man ihm ausgesuchte Exemplare von den Tieren, die ihm heilig waren. An die Opferstätten erinnern mindestens 6 Ortsnamen (Geismar) und zahlreiche Flur-, hauptsächlich Bergnamen, die mit Geis(s)-, Ziegen-, Zick-, Bocks-, Box- usw. beginnen (vgl. *Anhang II u. III*). Man muß hierbei bedenken, daß die Nordgermanen solche Opferhandlungen ursprünglich nicht kannten, jedenfalls später übernahmen als Rhein-Weser- und Elbgermanen, die in unmittelbarer Nachbarschaft lebten mit Kelten, Illyriern und Venetern, Völkern also, bei denen selbst Menschen aus den eigenen Reihen den Opfertod sterben mußten. Nach ihrer Auswanderung aus Norwegen übernahmen Thulinger und Haruden wahrscheinlich gewisse Sitten ihrer neuen Nachbarn, wenn auch in abgeschwächter Form. Bei ihnen wurden die als Opfer ausgesuchten besonders prächtigen Tiere festlich geschmückt und bei den Umzügen, Prozessionen und Geistervertreibungen mitgeführt, anschließend nach immer gleichem Zeremoniell öffentlich geschlachtet, gebraten und gemeinsam verspeist. Der Gott wurde zum Mahle eingeladen und nahm nach ihrem Glauben unsichtbar daran teil. Er bedankte sich später, je nachdem, wie er mit dem Opfer zufrieden war, mit mehr oder weniger gutem Wetter und entsprechendem Erntesegen. Es ist durchaus verständlich, daß die aus christlicher Sicht grausame Opferszene im Mittelalter auch als Protesthandlung gegen gewisse jüdische Zeitgenossen, die hier zahlreich vertreten waren, umgedeutet und in abgeschwächter symbolischer Form geduldet wurde. Nicht nur die mundartlich fast gleichlautenden Namen Jöten und Juden boten willkommenen Anlaß dazu, sondern vor allem auch die Opfertiere, denn die Juden wurden früher allgemein als Ziegen karikiert – oder sollte diese Gepflogenheit erst eine Folge dieses Brauches sein? So ist wohl auch die Sitte aufgekommen, die Ziegen (wiederum symbolisch) nach Judenart feilschend zu verkaufen. Burschen und Schüler bessern sich damit heute ihr Taschengeld auf. Christliches und modernes Machwerk sind auch die sonstigen Masken (Unholde, Hexen, Indianer, Cowboys usw.), die aber niemals mit den Jöten gemeinsam auftreten, sondern nur am Rande bei der Straßenfastnacht und hauptsächlich bei den Maskenbällen und Tanzveranstaltungen, wo andererseits die Jöten nicht mitwirken.

Der nordgermanische Einfluß zeigt sich auch noch in der Volkskunst, besonders augenfällig in dem sagenumwobenen Bischofsheimer Hochkreuz aus dem Jahre 1667 – »mit seinem Sonnenrad unter den Hunder-

160

ten von heimischen Flurkreuzen wie ein nordischer Fremdling wirkend und doch gerade in diese Rhön passend« (HEINRICH MEHL 1976. 144) – fremd wirkt es eigentlich nur unter den Kreuzen; in der basaltenen Landschaft steht es indes wie gewachsen *(Abb. 107 u. 108),* denn »eine fast nordländisch anmutende Einsamkeit liegt über den sich scheinbar endlos dehnenden Hochflächen der Zentralrhön mit ihren Hochmooren. Wer sie einmal erlebt hat, den läßt ihr Zauber nicht mehr los«. (HANNES RIEDER 1974. 14)

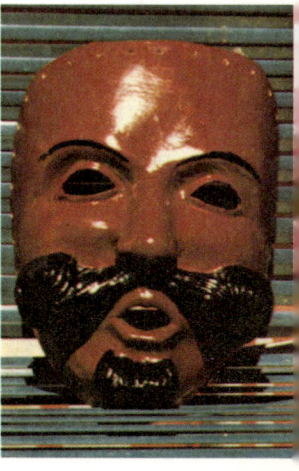

1 u. 2: Jötengruppen von Weisbach. 3: Jötenmaske aus dem Rhönmuseum Fladungen. 4: Moderne Jötenmaske mit Kopfputz. 5: »Hanswurst«-Maske von Weisbach. 6 u. 7: Stroh- oder Spanmänner von Oberelsbach vor der Rhön.

Kapitel 8

Sweben, Eudusen und Chatten

(Elb-, See- und Rhein-Weser-Germanen)

Vertreibung der Kelten und keltisierten Rhöngermanen
Spätlatène und frühe Kaiserzeit
1. Jh. vZ.

Die Sweben erscheinen in historischer Zeit als eine durch gemeinsamen Kultus eines von Tacitus regnator omnium deus genannten Gottes . . . verbundene Gruppe verschiedener Völker, haben aber einst eine politische Einheit, einen Stamm gebildet . . .

LUDWIG SCHMIDT 1970. 128

Als »eigentliche swebische Landnahme« bezeichnete SCHWANTES (1958. 381 ff) die spätestens im 7. Jh. vZ. durch Klimaverschlechterung und Übervölkerung ausgelöste teilweise Rückkehr skandinavischer Germanen auf das Festland (*Abb. 109*). Aus Südschweden kommende »Ursweben« mögen so zur Bildung der Jastorfkultur und der nachmaligen Elbgermanen beigetragen haben, obwohl andererseits gerade dort eine ungebrochene archäologische Tradition von der Bronzezeit bis in die vorrömische Eisenzeit festzustellen ist. PESCHEL (1978) kommt auf Grund seiner minuziösen Studien zu dem Schluß, daß unter den Suebi[66], die als erste mit den Römern zusammentrafen, zunächst militärische Gruppierungen aus verschiedenen Siedlungsgebieten zu verstehen sind, die sich im Vorland der mitteldeutschen Waldgebiete formierten. Dabei glaubt er einen Traditionskern zu erkennen, in welchem »zufrühest Linien aus dem Gebiet zwischen Oder und Weichsel mit solchen im Bereich der nachmaligen Elbgermanen zusammenlaufen«. Zweifellos wird man auch diese Linien weiter nach Skandinavien ziehen dürfen, von wo im 2. Jh. vZ. bekanntlich zahlreiche Stämme in das Oder-Weichsel-Gebiet einströmten: Kimbern, Eudusen (?), Wandalen, Hasdingen, Burgunden, Goten u. a. m. Sie alle haben möglicherweise zur Bildung der Sweben beigetragen, indem sie landsuchende Jungmannschaften in das germanisch-keltische Grenzgebiet entsandten, wo diese zunächst lockeren Kampfgemeinschaften relativ schnell zu neuen Stämmen verschmolzen, etwa den Tribokern, Nemetern, Wangionen, Quaden, Markomannen, Hermunduren und vermutlich zunächst auch den Sweben, welcher Name dann später als übergeordneter Begriff auf alle vorgenannten Teilstämme (und nicht nur diese) angewandt wurde, sei es von außen, d. h. vor allem von den Römern oder auch Kelten, oder auch von den Germanen selbst, bei denen das Bedürfnis nach einem machtvolleren überregionalen Zusammenschluß in dieser Zeit immer stärker wurde, ohne indes auch gleich verwirklicht zu werden. »Noch über Jahrhunderte bestimmte vielmehr die gentile Struktur voll und ganz die Gliede-

167

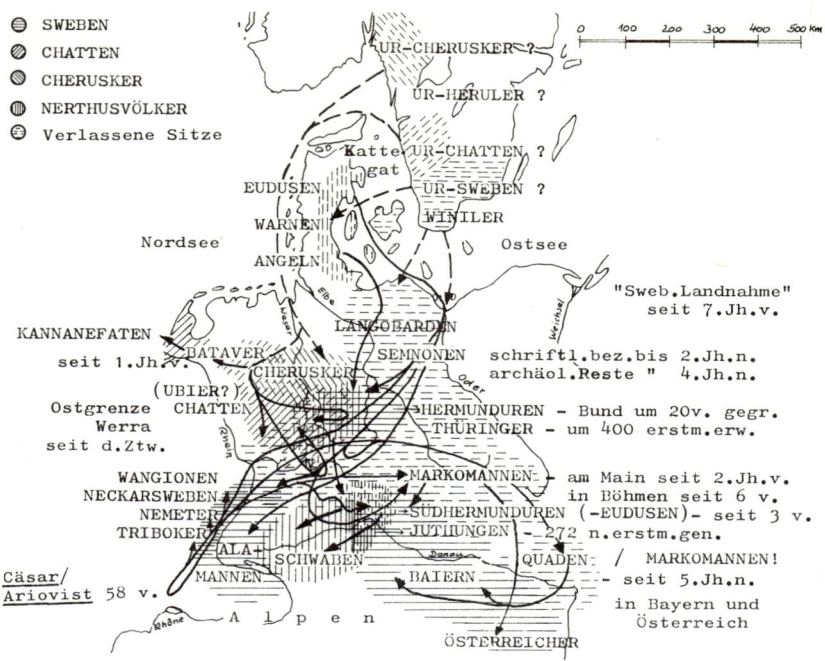

Abb. 109: Mutmaßliche Ursitze und Verbreitung der irminonischen Stämme bis zum 5. Jh. n.Z. (ohne Berücksichtigung der Langobarden-Wanderungen).

rung und das Handeln der Gemeinschaften. Sie gründete auf der Herrschaft einer aristokratischen Spitze mit ihrem wehrhaften Gefolge, die politisch über stammliche Bindung hinauszugreifen suchte, dabei die äußere ethnische Zuordnung bestimmend und verändernd.« (PESCHEL 1978. 122) Hierbei wurden nicht nur die Schranken der alten Kultgemeinschaften durchbrochen, sondern gelegentlich sogar Bündnisse mit nichtgermanischen Volksteilen, etwa der Kelten, Illyrer oder Veneter eingegangen.

Es war der gleiche Vorgang, der vorher wohl schon zur Bildung der Lugier (d.h. der Verbündeten) im Odergebiet geführt hatte. Und er wiederholte sich später bei der Bildung der Hermunduren und der Alamannen, deren Namen ähnliche Grundbedeutung haben.

Der Kultbund der Irminonen, dem die ursprünglichen Sweben zugehörten, ist gekennzeichnet durch eine ausgeprägte Verehrung eines Götterpaares, dessen Namen stammweise verschieden überliefert sind als

168

Freyr, Ziu, Tyr, Irmin und Freyja, Fulda, Hulda, Holle, Nerthus. Dabei steht anscheinend die weibliche Gestalt im Vordergrund. Infolge der unterschiedlichen Benennung konnte der Eindruck einer Vielgötterei (von vornherein) entstehen, der aber von Fachleuten bestritten wird[67]. Fast alle größeren germanischen Stämme oder Stammesgruppen verehrten zunächst einen bestimmten Gott oder ein Götterpaar, von dem sie in der Regel ihre Abstammung herleiteten. Man kannte und achtete selbstverständlich auch die Götter (oder Stammeltern) der Nachbarstämme. Die Neubildung von Stämmen aus unterschiedlichen Jungmannschaften führte dann allerdings allmählich zur polytheistischen Religion, die nichts anderes ist als das genealogische Spiegelbild der ursprünglichen Stammesgötter. Wo also mehrere Götter verehrt wurden, haben wir es mit großer Wahrscheinlichkeit nicht mehr mit ursprünglichen Stämmen, sondern mit Neubildungen aus späterer Zeit zu tun.

In heiligen Hainen, die bei den Irminonen meist auf Inseln (Seeland, Fünen, Rügen) oder an Quellen und Seen (Fesselhain in der Mark Brandenburg) lagen, sollen auch Menschenopfer dargebracht worden sein[68]. Hier wird vielleicht ein präindogermanischer Einfluß aus dem Oder-Weichsel-Raum sichtbar, denn die Nordgermanen (Ingwäonen) kannten solche Menschenopfer mit Sicherheit nicht[69]. In den Hainen saßen die Seherinnen, deren Weissagungen bei Freund und Feind Bewunderung und Beachtung fanden.

Mit den alten Liedern, die TACITUS (Germania 2) anspricht, sind vor allem die Weistümer, ist das gesammelte Wissen der germanischen Seherinnen gemeint, das von Generation zu Generation mündlich und wortgetreu in gehobener Sprache weitergegeben wurde. Mit Recht sagte man diesen weisen Frauen nach, daß sie in die Zukunft schauen könnten, denn auf Grund ihrer umfassenden Geschichtskenntnisse waren sie in der Lage, durch Analogieschlüsse den Ausgang wichtiger Unternehmungen richtig abzuschätzen (Abb. 111). Frauen wurden wohl deshalb für dieses Amt gewählt, weil sie größere Aussicht für ein hohes Alter hatten und von klein auf besser und ausschließlicher in dieser Kunst geübt werden konnten als die Knaben, welche naturgemäß für andere Aufgaben benötigt wurden (Abb. 110).

Aber auch die alte matriarchalische Sippenordnung – vor allem der Megalithiker – scheint hier noch hindurchzuschimmern; sie spiegelt sich ebenso in den Flurprozessionen wider, die später sogar von der Kirche übernommen werden mußten, nicht zuletzt natürlich in der Verehrung weiblicher Gottheiten (Nerthus, Tanfana, Freyja, Hulda = Holle), die ihre Fortsetzung in dem Marienkult fand.

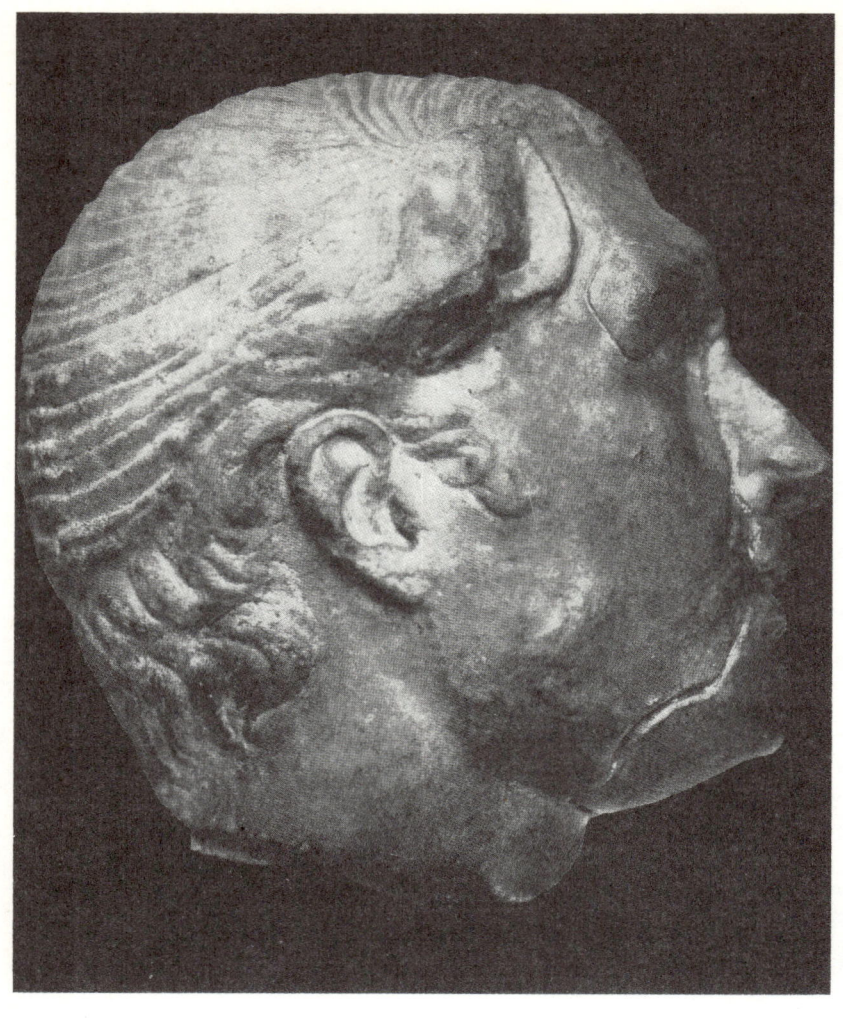

Abb. 110: Kopf eines Germanen mit Swebenknoten, aus Ariovists Zeit.

Abb. 111: Kopf einer Germanin, der sogenannten »Thusnelda«, vgl. Kapitel-Vignette 9.

Die stetige südwärts gerichtete Ausbreitung der Elbgermanen läßt sich archäologisch genau verfolgen. Bereits im 5. Jh. vZ. sind sie an der Saale nachzuweisen[70], Ende des 2. Jh.s vZ. überschritten sie den Thüringer Wald *(Abb. 112)*. Die Rhön wurde zu ihrem bevorzugten Durchzugsgebiet, wohl wegen ihrer langen, unbewaldeten Bergrücken, vielleicht aber auch wegen des Widerstandes der Kelten nördlich des Mains. Jedenfalls entwickelte sich ihre Hauptstoßrichtung von Nordost nach Südwest, erst jenseits des Rheins knickte sie nach Süden ab. Ihre Stöße zielten zunächst auf den Übergang über den Thüringer Wald bei Schmalkalden, weshalb sich dort wohl auch alte Ortsnamen besonders häufen[71]: Trusen, Aldaha, Floh, Asbach, Struth usw. und natürlich Schmal-Kalden selbst. Die Vormarschstraßen sollen dann nahe an der damals noch keltischen Milseburg vorbeigeführt haben.

Mitte des 1. Jh.s vZ. erreichte der Bund der Sweben seine größte Machtentfaltung. In Hessen saßen die Quaden. Als Mittelpunkt ihres Gebietes wird der Anfang des Waldes Bacenis silva genannt, womit wohl der Vogelsberg gemeint ist. Dorthin zogen sie sich bei Gefahr zurück[72]. Selbst die Chatten, einen so starken Stamm (aus dem eigenen irminonischen Lager?), hatten sie sich tributpflichtig gemacht[73], ebenso die Ubier, einen sehr früh nach Westen vorgestoßenen Zweig der Thulinger (oder gar der Sweben selbst, vgl. *Kap. 6*). Etwa von Thüringen bis zum Böhmerwald herrschten die Markomannen (Grenzbewohner), in der Wetterau die Wangionen, in Württemberg die Triboker und Nemeter, wohl durchweg Jungmannschaften, die zu verschiedenen Zeiten immer wieder in den nächsten Grenzgebieten angesiedelt wurden, welche den Kelten oder keltisierten Germanen entrissen worden waren. Oft ging die Benennung mit neuen Namen sogar von den Kelten aus[74].

Gemeinsam abgezogen sind wohl die Helvetier und die Thulinger aus Rhön und Grabfeld in Richtung Oberrhein, nachdem ihre Sitze von Eudusen beansprucht wurden. Tenkterer, Usipier und Tubanten(?) hingegen, autochthone Rhöngermanen, die zum Kultbund der Istwäonen gehörten, zogen von Oberhessen zum Niederrhein. So wurde auf breiter Front, etwa vom Hohen Meißner über die Wetterau bis zum Neckar, alles abgedrängt, was sich nicht unterordnen wollte.

Durch solche Erfolge ermutigt, wagte es der zum swebischen Heerkönig gewählte ehemals wohl tribokische Herzog Ariovist, im Jahre 72 vZ. erstmals den Rhein zu überschreiten. Mit diplomatischem Geschick erhielt er zunächst auf dem Verhandlungswege Land von den keltischen Sequanern, die ihn wegen innergallischer Streitigkeiten zu Hilfe gerufen hatten. In einem Drittel der sequanischen Mark siedelte er Germanen

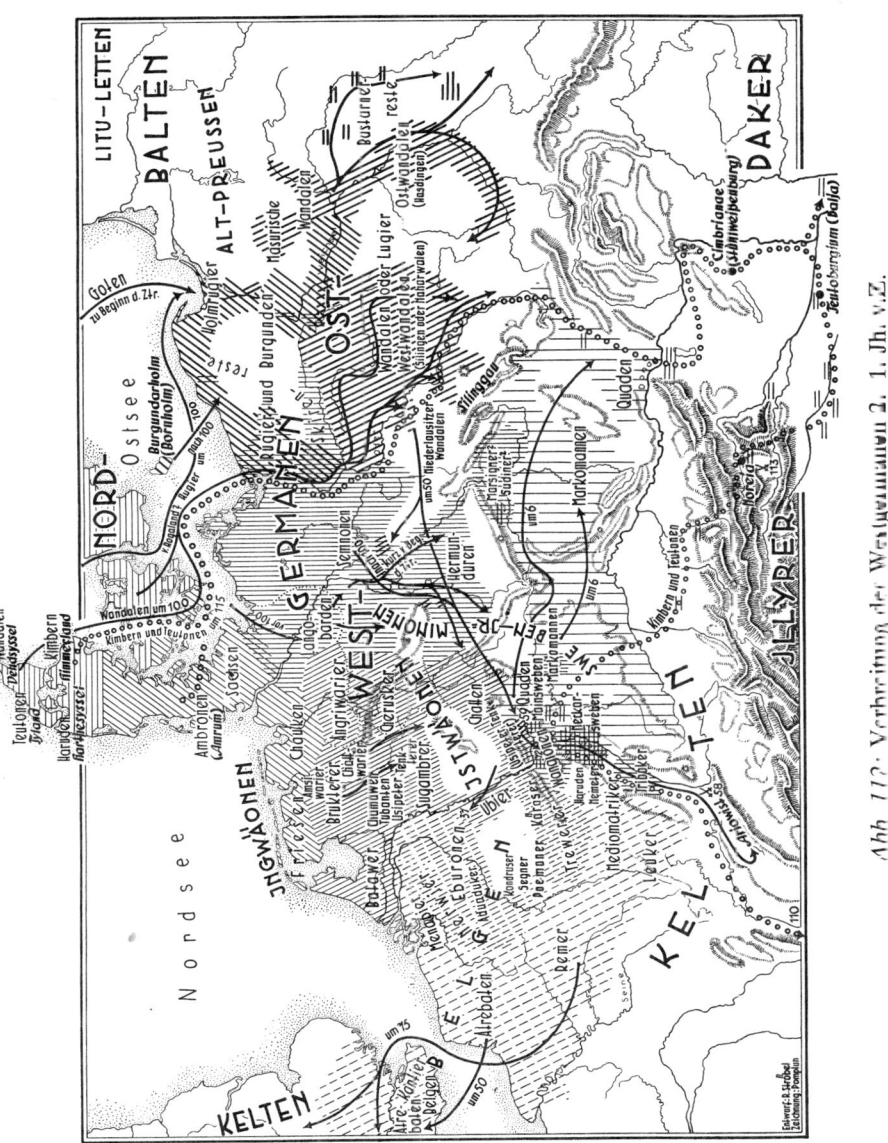

an. Durch seine germanisch-keltische Doppelehe, die vollständige Beherrschung beider Sprachen und den Respekt, den er auf beiden Seiten genoß, war er prädestiniert, beide Völker zu einen und die römische Expansion aufzuhalten (vgl. *Kap. 6*). Aber er hoffte, bei gleichzeitiger Freundschaft mit Rom, das Land beiderseits des Rheins zu germanisie-

173

Abb. 113: Gaius Julius Cäsar.

ren und forderte, als 24 000 Haruden zu ihm stießen, ein zweites Drittel vom Land der Sequaner, woraufhin diese den römischen Statthalter von Gallia cisalpina, den ehrgeizigen JULIUS CÄSAR *(Abb. 113)*, zu Hilfe riefen.

Dieser nutzte die Gunst der Stunde, getreu dem alten römischen Grundsatz: divide et impera! (teile und herrsche!) Ariovist verhandelte zu vertrauensselig mit ihm, unterschätzte dessen Machthunger und wohl auch seine militärische Stärke. Er ließ sich überlisten und wurde schließlich 58 vZ. irgendwo zwischen Besançon und Straßburg (vielleicht bei Schlettstadt)[75] entscheidend geschlagen. Kurz zuvor hatte CÄSAR bereits die Helvetier bei Bibracte besiegt und samt ihren Verbündeten des Landes verwiesen. Ariovist hatte tatenlos zugesehen, wohl um die Römer freundlich zu stimmen für seinen Plan, zunächst die Schweiz zu besetzen. Obwohl er den Fehler der Kimbern und Teutonen nicht wiederholte, die rückwärtige Verbindung mit dem Mutterland also nicht abreißen, sondern pausenlos Nachschub von dort kommen ließ, blieb ihm der Erfolg

Abb. 114: Gallien und Südwestdeutschland zur Zeit Cäsars.

174

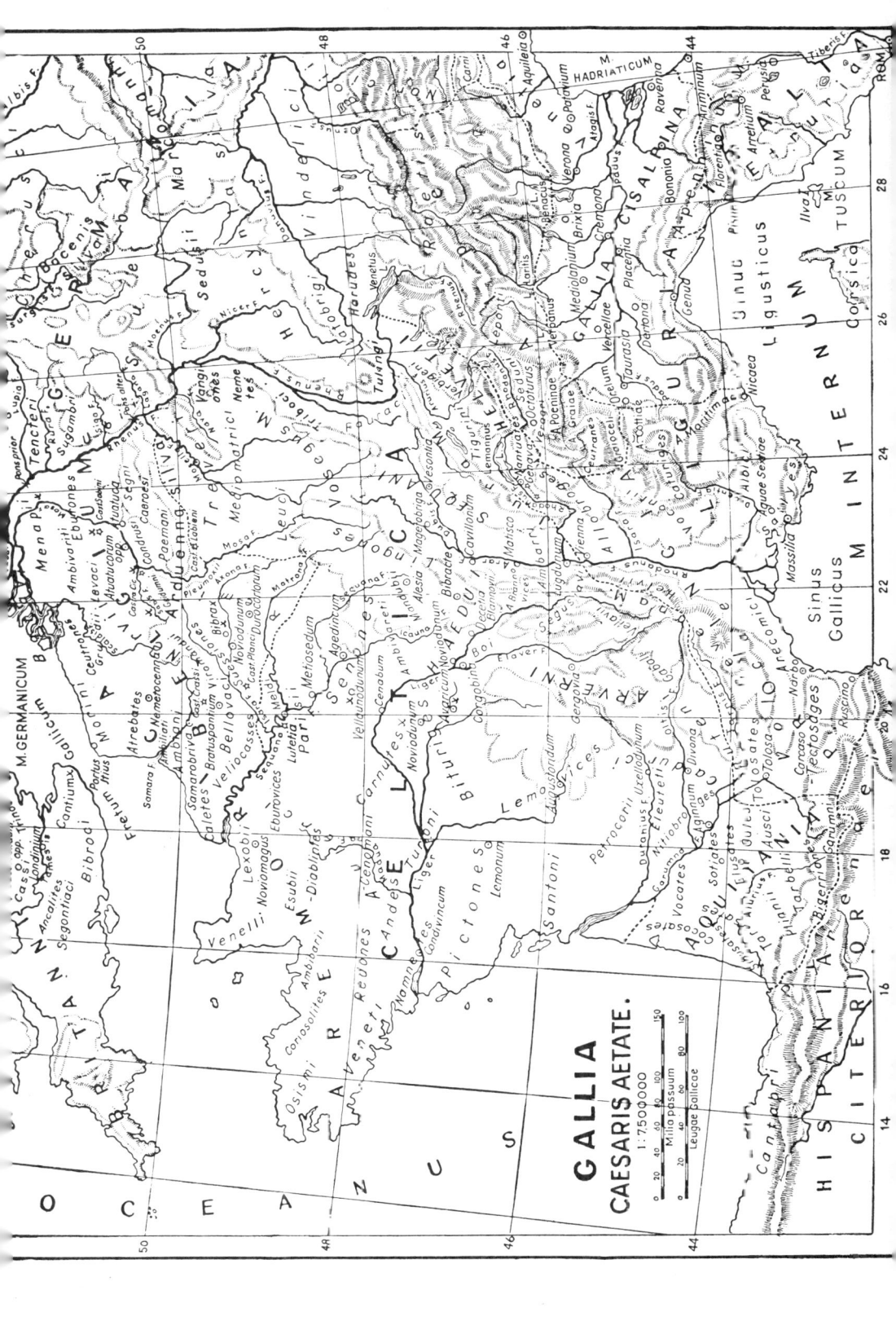

GALLIA
CAESARIS AETATE.

1 : 7.500.000

Milia passuum
0 20 40 60 100   150

Leugae Gallicae
0   20   40   60   80   100

versag, weil er in CÄSAR einen militärisch überlegenen Gegner hatte. Dieser war ein Neffe des Feldherrn Marius, welcher die Kimbern und Teutonen bezwungen hatte, und strebte nach der alleinigen Macht über das römische Reich, die er schließlich auch erhielt. Immerhin verwies dieser nicht alle swebischen Stämme über den Rhein zurück, sondern ließ Triboker, Nemeter und Wangionen im Elsaß siedeln *(Abb. 114),* ganz gegen seine sonstige Gewohnheit. Doch der Schock bei den Sweben über die unerwartete Niederlage war so groß, daß der vielversprechende swebische Bund auseinanderbröckelte. Noch vor der Zeitenwende räumten Markomannen und Quaden ihre mittel- und süddeutschen Gebiete und zogen sich nach Böhmen und Mähren zurück, wo sie unter König Marbod eine kurze Nachblüte erlebten, aber keinen Ruhm ernteten. Infolge undurchsichtiger Politik und eifersüchtiger Haltung gegenüber dem Cheruskerfürsten Armin geriet Marbod in Abhängigkeit von Rom, wodurch eine damals durchaus mögliche großgermanische Einigung vereitelt wurde.

In Mitteldeutschland trat der hermundurische Bund das Erbe des swebischen an, allerdings auf ganz anderer Grundlage (vgl. *Kap. 9).* Wenn als »wirkliche Sweben« die Semnonen, Hermunduren, Markomannen, Quaden, Naristen, Marsingen, Wangionen, Triboker, Nemeter und Juthungen genannt werden, so kann das nur im politischen Sinne gemeint sein: Mitglieder des swebischen Bundes, ohne Rücksicht auf ihre ethnische Herkunft[76]. TACITUS zählte noch eine Reihe weiterer Stämme dazu, vor allem die Langobarden und die Nerthusvölker: Reudinger, Avionen, Angler, Variner, Eudosen, Guardonen, Nuitonen und einige weitere, die jedoch umstritten sind. Wichtig sind von diesen jütischen Stämmen die Eudosen (Eudusen), deren Abkömmlinge die Juthungen waren, welche sich später selbst Schwaben nannten, sie wird man also unter allen Umständen dazurechnen müssen.

Die ethnogenetischen Zusammenhänge zwischen den einzelnen jütischen Stämmen sind nur schwer zu durchschauen. Eudusen, Teutonen, Euten, Jüten und Juthungen werden letztlich wohl zusammengehören, wenn auch nicht ganz so, wie es ZEUSS formulierte. Er nannte die Juthungen Söhne der Teutonen (richtiger: der Eudusen) – Brüder der Jü-

Abb. 115: Phallusidol (links) mit gesichtslosem Kopf von Oberdorla (Kreis Mühlhausen) 79 cm, und Rekonstruktion des hermenähnlichen Pfahlidols (rechts) von Possendorf (Kreis Weimar), 90 cm, Spätlatène- bis römische Kaiserzeit.

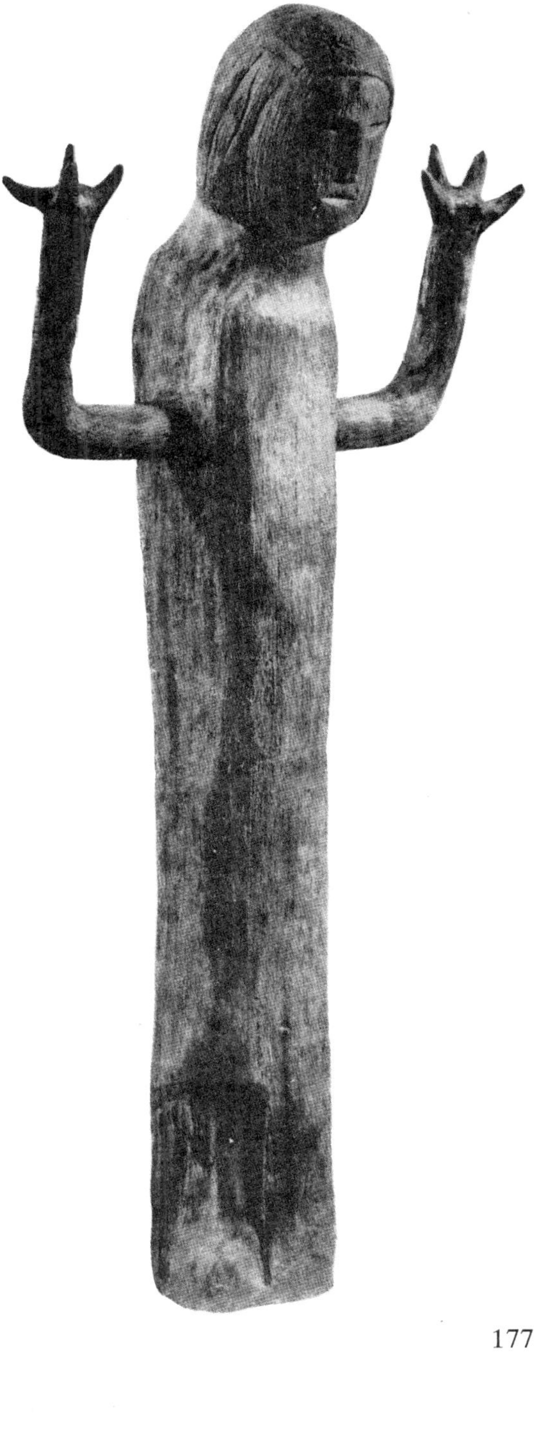

177

Abb. 116: Kultgeräte des Opferplatzes von Oberdorla: a = Hammer, b–d = Keulen, 37–64 cm.

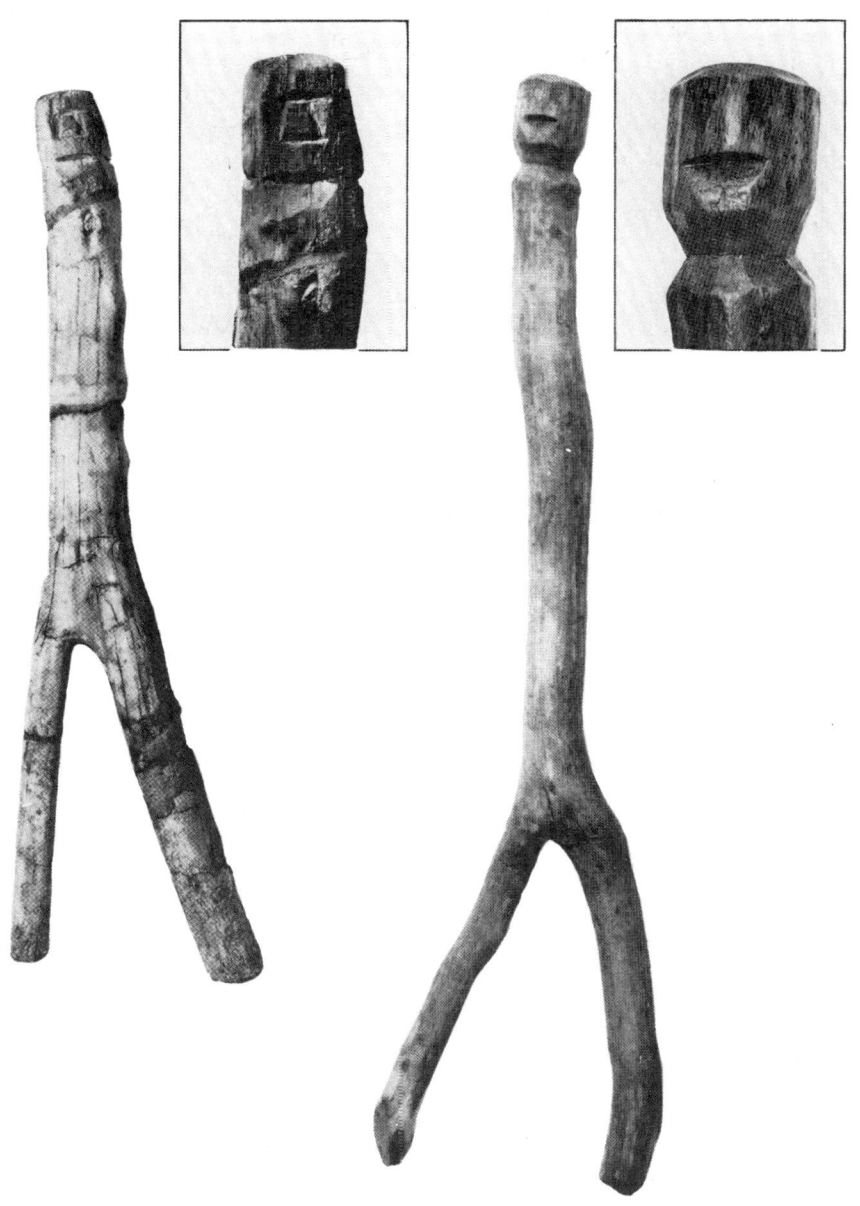

Abb. 117: Astgabelidole mit Gesichtsdarstellungen von Oberdorla, 2.–3. Jh., 112 cm und 138 cm.

ten und Väter der Schwaben. Während die Bindung der west- und nord-jütischen Stämme anscheinend mehr nach Norwegen gerichtet war, also ingwäonisch bestimmt, neigten die von der Ostküste eindeutig zum swebisch-irminonischen Kreis rings um das Kattegat. PYTHEAS berichtete nur von Teutonen, die er um 345 vZ. in Westholstein traf. Vielleicht bewohnten sie damals noch als einheitlicher Stamm die Westküste Jütlands, bevor sich die Teilstämme der Haruden und Ambronen, vielleicht auch der Eudusen und anderer bildeten.

Eudusen bedeutet reine, unvermischte Abkömmlinge[77]. Diesem Namen machten sie alle Ehre, ethnisch sowohl als auch kultisch, letzteres im Sinne von »Bewahrer des alten Glaubens«. Sie hatten zwar auch eine Asenreligion, die aber im Kern doch noch stark von dem Wanenkult der Megalithkultur geprägt war, welcher sich hier bei diesen Fischern und Bauern am Kattegat länger halten konnte als bei den seefahrenden und handeltreibenden Teutonen der Westküste Jütlands. Der Schlachtenlenker Wodan, welcher fälschlicherweise oft als *der* germanische Gott angesehen wird, ist aber hier wie da erst viel später, nämlich auf den Wanderungen nach dem Süden, hinzugekommen, als das Kriegsglück im Vordergrund stand. So brachten Kimbern und Teutonen erstmals nach der siegreichen Schlacht bei Arausio 105 vZ. sogenannte Wodansopfer dar, indem sie Gefangene an die Bäume hängten oder in die Flüsse warfen, anderen wurden über Weihekesseln die Kehlen durchgeschnitten. Mögen auch die letztgenannten rituellen Handlungen von keltischen Priesterinnen vorgenommen worden sein[78], so zeigt sich doch bereits eine klare Hinwendung zum betont kriegerischen Wodanskult, der hier offenbar notwendig war. In Thüringen dagegen weisen Bodenfunde aus der gleichen Zeit noch eindeutig auf betont weiblichen Fruchtbarkeitskult, z.B. im Possendorfer Moor bei Weimar, bei Oberdorla und Greußen *(Abb. 115–118)*. Für Jütland bezeugt TACITUS noch 200 Jahre später ganz ähnliches *(Abb. 119–121)*. Die Lage der Fundplätze, hermenähnliche Holzfiguren und absichtlich zerstörte bronzene Kessel keltischen Ursprungs deuten in Thüringen wie in Jütland auf typisch irminonische Opferhandlungen, die mit den ganz anders gearteten Wodansopfern nicht zu vergleichen sind[79].

Die Figuren von Braak, Kreis Eutin, *(Abb. 122 u. 123)* werden von JOACHIM HERRMANN (1976. 210,248) den Slawen zugeschrieben. Er räumt jedoch ein, daß es solche Holzfiguren »auch« in Skandinavien gab. SCHLETTE (1974. 187ff) vertritt überzeugend die Meinung, daß auch diese germanisch sind (vgl. nachfolgenden Textauszug): »Auch der Germane wird sich seine Götter in menschlicher Gestalt vorgestellt ha-

Abb. 118: Heiliges Ebergefäß von Greußen (Kreis Sondershausen), um 200 n.Z., 19 cm hoch.

ben. Aber sie porträthaft darzustellen, wagte er nicht. So hat es tatsächlich keine Götterbilder mit einem ausgeprägten und nur dieser Gottheit eigenem Gesicht gegeben. Dagegen muß man mit rohen, abstraktsymbolischen Statuen rechnen, bei denen nur durch ein paar wenige Zurichtungen das Charakteristische der Gottheit, vor allem ihr Geschlecht, gezeigt wurde. So sind uns aus verschiedenen Moorfunden schmale, aus ei-

Abb. 119: Astgabelidol mit Phallus von Broddenbjerg bei Viborg in Mitteljüt-
land, 90 cm, römische Kaiserzeit.

nem Holzstamm roh zugeschnitzte Figuren bekannt. Schon vor einem
Jahrhundert wurde in einem Torf bei Possendorf, Kr. Weimar, eine leider heute nicht mehr erhaltene 90 cm hohe menschliche Figur aus
Eichenholz geborgen. Kopf und Hals hatte man klar vom sonst unprofi-
lierten Körper herausgeschnitzt, auch Augen, Mund und Haare waren
angedeutet. In zwei seitlichen Löchern der Schulter sollen nach der alten
Fundbeschreibung ›zwei aufwärtsgebogene junge Espen‹ gesteckt haben, die als emporgewandte Hände gedeutet wurden. Die Beifunde da-
tierten die Figur in das 1. Jh. v. u. Z. – Die Vermutung, daß dort in Pos-

sendorf ein germanischer Opferplatz gewesen sei, wird durch weitere jüngere Moorfunde in Dänemark, Schleswig-Holstein und Thüringen bestätigt. Nicht weit von Viborg/Dänemark wurde in unmittelbarer Nähe eines zu kultischen Zwecken aufgeschichteten Steinhaufens im Moor eine 88 cm hohe armlose Holzfigur mit sorgfältig geschnitztem Kopf und betontem Geschlechtsteil geborgen. Die Beine waren durch zwei Stöcke angedeutet. – Im Moor von Oberdorla, Kr. Mühlhausen/Thür., haben umfangreiche Untersuchungen der letzten Jahre einen über mehrere Jahrhunderte genutzten germanischen Opferplatz freigelegt. Die Holzidole standen z. T. innerhalb von Umzäunungen, und in ihrer Nähe lagen die Reste geopferter Tiere. Da man hier planmäßig graben konnte, wurde alles nur irgendwie Verdächtige geborgen. So hat es neben geschnitzten Holzidolen, an denen das Gesicht, die Geschlechtsmerkmale usw. erkenntlich waren, auch einfache, wenig bearbeitete Hölzer gegeben, die kaum von bedeutungslosen Pfählen zu unterscheiden waren. – Überlebensgröße besitzen zwei Holzfiguren – eine männliche und eine weibliche – aus dem Moor bei Braak, Kr. Eutin/BRD. Kopf und Gesicht sind gut herausgeschnitzt, in zwei seitlichen Löchern saßen einst die Arme. Die Beine werden durch die Astgabel dargestellt. Mann und Frau erkennt man nicht nur an den Geschlechtsmerkmalen, sondern auch an der unterschiedlichen Größe (er 275, sie 227 cm), die Frau ferner an dem ›Dutt‹ als Haartracht und dem kleinen schmalen Gesicht. Alle diese Figuren hatten im Kult der Germanen ihren Platz. Sie waren an geweihter Stelle aufgerichtet und mahnten die Menschen zum Opfer. Die beiden Braaker Figuren könnten sehr wohl solche Fruchtbarkeitsgötter gewesen sein; vielleicht verkörperten sie Freyr und Freya oder auch Ask und Embla, das nach der germanischen Mythologie erste Menschenpaar. Die Namen dieser beiden Ahnengestalten deuten interessanterweise auf ›Baumklötze‹ hin. Dasselbe trifft für ein göttliches Brüderpaar ›Raos‹ und ›Raptos‹ zu, deren Namen möglicherweise mit ›raus‹ (= Rohr) und ›rafts‹ (= Balken) verwandt sind und auf derartige Holzfiguren hinweisen könnten. – Auch in der Edda (Hávamál, Vers 49) heißt es: ›Zwei Holzmännern auf der Heide draußen gab ich mein Gewand, lebend schienen sie, als sie Lumpen hatten; der Nackte gilt nichts.«

Im Gegensatz zu den Haruden, die wahrscheinlich einige Jahrzehnte vorher den Weserweg benutzten, werden die Eudusen zunächst über die Ostsee, vermutlich oderaufwärts, dann auf dem Landwege bis zur Elbe oder Saale gewandert sein, von dort in die Goldene Aue, wo sie wohl bei Heringen–Herreden–Harzungen auf ihre früheren Nachbarn, die Haruden, gestoßen sein werden. Da das Thüringer Becken von (anderen)

Abb. 120: Eudusisches (?) Kettenhemd aus 20000 Ringen von Vimose auf Fünen, 2.-3. Jh. n. Z.

Sweben bewohnt war, mußten sich die Neuankömmlinge wahrscheinlich mit den öden (unbebauten und unbewohnten) Grenzzonen zwischen den beiden Völkern, meist sumpfigen Flußtälern, begnügen, für die sie als wasserkundige Küstenbewohner am Kattegat sicherlich prädestiniert waren. Erst im oberen Werratal werden sie etwas bessere Verhältnisse vorgefunden haben. Allerdings mußten hier erst die Kelten und die keltisierten Thulinger vertrieben werden (vgl. *Kap. 6*). Während letztere von den Haruden sicher noch toleriert wurden, wohl weil sie einst Nachbarn in Norwegen waren, kannten die betont auf Artreinheit bedachten Eudusen diesbezüglich keine Gnade.

Die Eudusen waren in Jütland wohl die Gastgeber der Haruden gewesen, so daß diese sich hier nun zur Gegenleistung verpflichtet fühlten. Wir werden allerdings die eudusischen Wohnsitze in Mitteldeutschland inmitten der harudischen und swebischen zu suchen haben, wohl mehr in den Niederungen der Flüsse, während die Haruden seit eh und je Bergbewohner waren, auch in der Zeit der Kelten. Diese Gebietsaufteilung trug natürlich von vornherein den Charakter eines Provisoriums. Daß sie die Absicht hatten, weiterzuziehen nach Gallien, zeigt ihre Teilnahme an Ariovists dortigem Landnahmeversuch, nach dessen Scheitern die eudusische Abordnung den römischen Machtbereich ebenso wieder verließ wie die der Haruden, Markomannen und Quaden, wohl weil sie CÄSARS Bedingungen für einen Verbleib dort nicht akzeptieren wollten wie etwa die Triboker, Nemeter und Wangionen. Wenn diese Eudusen gehofft hatten, zu ihrem Mutterstamm nach Thüringen zurückkehren zu können, so wurde ihre Hoffnung von den jetzt plötzlich aktiv werdenden Chatten jäh zerstört. Diese nutzten offenbar die Verwirrung der Sweben, drängten stark ost- und südwärts und verwehrten den Heimkehrern aus Gallien eine Niederlassung nördlich des Mains.

Die Hermunduren, die der römische Legat des Illyricums, Ahenobarbus, im Jahre 3 vZ. zwischen Main und Donau ansiedelte, sind offensichtlich gleichzusetzen mit diesen geschlagenen Stammesteilen der Eudusen (und Haruden?)[80]. Die Römer nahmen sie nicht nur in ihren Schutz, nachdem sie jahrzehntelang in Süddeutschland umhergeirrt waren, sie gewährten ihnen auch beachtliche Sonderrechte, wie das Tragen von Waffen auf den Augsburger Märkten, was TACITUS hervorhebt.

Das selbstbewußte Auftreten dieses relativ kleinen Stammesteiles war bestimmt nur möglich durch den politischen Rückhalt, den ihm der in Thüringen verbliebene Stammesteil gewährte, der dort sicherlich ein gewichtiges Wort mitzureden hatte bei dem schnell erstarkten Bund der Hermunduren. Diesen Rückhalt konnte ihnen niemals der Mutterstamm von Jütland aus geben. Allein schon aus diesem Grunde ist die »Willkürlichkeit«, die man PTOLEMÄUS unterstellen möchte, als nicht minder willkürlich abzulehnen, auch wenn kein Geringerer als SCHMIDT (1970. 23) diese Meinung vertritt: »Wenn Eudusen bei Ptolemäus als Bewohner Mitteldeutschlands erscheinen, so liegt offenbar eine der zahlreichen nachweisbaren Willkürlichkeiten des griechischen Geographen vor, der das Volk, dessen Platz in der kimbrischen Halbinsel durch andere Namen besetzt war, an eine beliebige freie Stelle seiner Karte geschoben hat; er entnahm den Namen wohl der Germania des Tacitus.« Anderer Meinung ist SCHWARZ (1956), 162 u. 178.: »Die Forschung ist sich klar darüber, daß die Eudusen und Haruden, die zum Heere des Ariovist gestoßen sind, letztlich aus Jütland stammen . . . Aber die Entfernung von Nordjütland bis zu Ariovist ist zu groß, als daß nicht ein Zwischenaufenthalt erwogen werden könnte.« – »Die swebischen Scharen, die das Hauptkontingent des Heeres Ariovists gestellt haben, dürften zum Großteil seit 100 v. Chr. aus Thüringen und dem Saalegebiet gekommen und andauernd durch Zuzug aus nördlichen Landschaften aufgefüllt worden sein. Dann wäre damit zu rechnen, daß die in Thüringen und an der Saale entstandenen Lücken ihrerseits durch Zuzug aus dem Norden geschlossen worden wären.«

Die Donau- oder Südhermunduren werden 172 nZ. letztmals erwähnt. 100 Jahre später aber erscheint an gleicher Stelle der »volkreiche und kriegerische Stamm« der Juthungen (Nachkommen der Eudusen). Daß es sich bei diesen nur um die wiedervereinigten Nachkommen beider Stammesteile aus dem Werra-Saale- und dem Donau-Main-Gebiet handeln kann, wird weiter unten dargelegt (vgl. *Kap. 10*) werden.

PLINIUS zählte auch die Chatten zu den Irminonen. Zusammen mit den Cheruskern stehen sie damit im Gegensatz zu den übrigen Rhein-Weser-Germanen, die Istwäonen waren. Man wird also an eine frühe Zuwanderung aus dem ostelbischen Raum, besser noch aus dem Kattegatgebiet, denken müssen. Das vielfach als chattischer Ursitz bezeichnete Gebiet um Münster in Westfalen dürfte richtiger ein Zwischensitz gewesen sein, von dem aus das heutige Hessen allmählich erobert wurde, mit zeitweiligen Vorstößen bis an thüringische und fränkische Saale. Das Münsterland wurde dann wohl von den nachdrängenden Sugambrern und Marsen eingenommen, die sich als ihre Nachfolger (nicht Nachkommen) Chattuarier nannten[81]. Als Urheimat der Chatten wird eher das Kattegat in Frage kommen, das besser als Seestraße der Chatten erklärbar ist denn umgekehrt der Stammesname als Anwohner des Kattegats (wörtlich: Katzenstraße, was für eine Seestraße keinen Sinn ergibt).

186

Abb. 121: Silberkessel von Gundestrup in Nordjütland; wahrscheinlich Beutestück keltischer Herkunft aus dem 1. Jh. v.Z., das später absichtlich zerstört und dem Moor geopfert wurde, 42 cm hoch, 70 cm Durchmesser, vgl. Abb. 92.

An der schwedischen Westküste, zwischen den potentiellen Ursweben im Süden und den Herulern und/oder Cheruskern(?) im Norden, würden sie eine verdächtige Lücke überzeugend ausfüllen. Die Abwanderung von dort, spätestens im Zuge der seit dem 8. oder 7.Jh. vZ. andauernden »swebischen Landnahme«, wäre sowohl über Ostsee–Holstein–Niedersachsen als auch über Nordsee–Weser–Westfalen[82] denkbar, wobei der zweitgenannte Weg der wahrscheinlichere ist, weil Stämme aus diesem Gebiet immer weitestmöglich auf dem Wasser »wanderten«, um schneller voranzukommen und die unmittelbaren

Abb. 122: Holzfiguren von Braak (Kreis Eutin), um die Ztw. 275 und 227 cm.

Nachbarn nicht mehr als unbedingt notwendig zu belästigen. In diesem Falle wird die Ostseeküste ohnehin von den nachmaligen Sweben blockiert gewesen sein. Ein Wanderweg über Thüringen, der auch erwogen wird, ist unwahrscheinlich[83].

Ein gewisser Zweifel an der Zugehörigkeit zu den Irminonen bleibt zunächst angesichts der archäologischen Hinterlassenschaften: »So kann man die Keramik der elbgermanischen Langobarden bis auf einzelne Besonderheiten nicht von jener der ebenfalls elbgermanischen Hermunduren an der Saale und der Markomannen in Böhmen unterscheiden – dagegen ist die Keramik der Hermunduren von der der ihnen

188

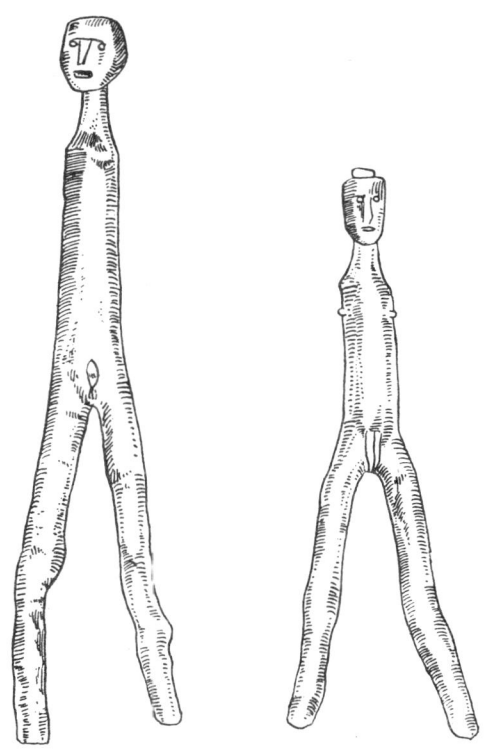

Abb. 123: Nachzeichnung der Braaker Holzfiguren (vgl. Abb. 122).

unmittelbar benachbarten Chatten abzugrenzen *(Abb. 124 u. 125)*. Das ist um so erstaunlicher, weil der Zeitstil sonst alle ethnischen Grenzen durchbrach.« (Schlette 1974. 77) Während die einen die Saale als Ostgrenze des chattisch geprägten Fundgutes[84] aus dem 1. und 2. Jh. betrachten, stellen andere eine Übereinstimmung der historischen hessisch-thüringischen Grenzen mit den sich aus dem Fundgut ergebenden chattisch-hermundurischen fest[85]. Die »chattische Prägung« des Fundgutes im Thüringer Becken kann aber auch von den ehemaligen unteren Fulda-Werra-Haruden herrühren, die um die Zeitenwende herum dorthin verpflanzt wurden, nachdem sie zuvor vielleicht 100 Jahre Nachbarn der Chatten gewesen waren und wohl auch unter deren Herrschaft ge-

Abb. 124: Eudusisch-hermundurische (?) Tonware aus Eßleben (Kreis Schweinfurt) und Baldersheim (Kreis Ochsenfurt), 2.–4. Jh., Flasche 28 cm hoch.

Abb. 125: Westgermanisch-chattische (?) Keramik um die Ztw.

standen hatten. Dem hermundurischen Bund werden sie, wenn überhaupt, erst nach der Salzschlacht (58 nZ.) beigetreten sein, ohne natürlich von heute auf morgen eine völlige Anpassung an die swebisch-hermundurische Kultur zu vollziehen. MILDENBERGER (1968. 195) kommt den Tatsachen wohl am nächsten: »Es ist nicht anzunehmen, daß die elbgermanischen und die rhein-weser-germanischen Funde (in Thüringen) Angehörigen des gleichen Stammes zuzuweisen sind. Da die ersten als hermundurisch angesehen werden, muß man in denen des westlichen und mittleren Thüringens den Nachlaß eines anderen Stammes sehen, dessen Namen wir nicht kennen, der aber den Chatten verwandt oder gar angegliedert war. Zugleich zeigt die stellenweise erkennbare Kontinuität, wie labil die Stammes- und Kultzugehörigkeit germanischer Gaue gewesen ist.«

Sowohl die Unterschiede als auch die Übereinstimmungen sind sofort verständlich, wenn man die Haruden und Eudusen als die Urheber voraussetzt, die zwar aus verschiedenen Ländern – Norwegen und Jütland – kamen und verschiedenen Kultgemeinschaften – Ingwäonen und Irminonen – angehörten, aber in Jütland längere Zeit nebeneinander gelebt hatten wie später auch hier in Thüringen, vielfach sogar im gleichen Gebiet, »mehr über- als nebeneinander«, d. h. die einen auf den Höhen, die anderen in den Niederungen.

Der generelle Unterschied zwischen chattischer und hermundurischer Keramik wäre damit hinreichend erklärt, aber ein Gegenbeweis zur Zuordnung der Chatten zu den Irminonen ist auch vom archäologischen Befund nicht abzuleiten. Selbst die Tatsache, daß die Chatten vorübergehend von den swebischen Quaden tributpflichtig gemacht wurden, spricht nicht unbedingt gegen eine nahe Verwandtschaft zwischen beiden Stämmen, denn so etwas kommt in den besten Familien vor, und Völkerfamilien machen da keine Ausnahme!

Daß die Chatten vielleicht ein bißchen streitsüchtig waren, scheint auch die Absonderung der Bataver und Kannanefaten[86] zu zeigen, welche sich schon vor CÄSARS Zeiten wegen innerer Zwistigkeiten nach den Niederlanden abgesetzt hatten. Der Hauptstamm muß sich wenig später in entgegengesetzter Richtung bewegt haben, vielleicht, um sich für die schmachvollen Tributzahlungen zu rächen. Möglicherweise lagen hierin die Meinungsverschiedenheiten. Die Gelegenheit zur Rache war nach Ariovists Niederlage im Elsaß (58 vZ.) natürlich besonders günstig, weil der swebische Bund schwer erschüttert war und schließlich auch zerfiel Nur in dieser Zeit können die Chatten bis an Saale und Main vorgedrungen sein und die Ortsnamen auf -*lar* und -*mar* (die aber auch von den Haruden herrühren können) sowie solche mit *Cat-* und *Kat(z)-* hinterlassen haben, nachdem Markomannen und Quaden kurz vor der Zeitenwende nach Böhmen und Mähren abgezogen waren und die Hermunduren sich bis hinter die Saale oder gar Elbe zurückgezogen hatten. Letztere haben den Vorstoß offenbar rasch abgebremst, denn obwohl die chattischen Ortsnamen in Thüringen *(vgl. Abb. 153)* mehrere Ketten von Gauwarten erkennen lassen, die auf planmäßig betriebene ostwärts gerichtete Eroberungspolitik deuten, standen die Hermunduren wahrscheinlich nach der sogenannten Salzschlacht im Jahre 58 nZ. (wieder) an der Werra. Die Ostpolitik der Chatten ist verständlich – die Schlacht im Teutoburger Wald stand ja noch bevor – und im Westen gaben sich die Römer siegesbewußter denn je und träumten noch von der Elbe als der Grenze ihres Reiches. Doch auf die Dauer war der elbgermanische Druck von Thüringen her nicht aufzuhalten. Nach der Befreiungsschlacht im Jahre 9 nZ. werden die Chatten denn auch mit der Neuaufteilung des mitteldeutschen Raumes einverstanden gewesen sein und einer friedlichen Lösung zugestimmt haben. Allerdings wurde dieser verheißungsvolle Auftakt bald zunichte gemacht durch einen unwürdigen Machtkampf unter den führenden Geschlechtern, dem zunächst Arminius, der Held der Schlacht, 21 nZ. zum Opfer fiel. An dem Mord sollen neben Armins Schwiegervater (wider Willen) Segestes auch der Markomannenkönig Marbod und ihr chattischer »Kollege« Gaufürst Adgandestrius, ein Verwandter des Cheruskerfürsten, beteiligt gewesen sein.

Die vorübergehende Führungsrolle im freien Germanien, die sich die Chatten auf diese Weise eingehandelt hatten[87], war nicht von langer Dauer; das zeigt schon der Ausgang der Salzschlacht, auch wenn es hier nur um den Besitz einer heiligen Quelle ging. Die Taciteische Aussage[88] über den kultisch-religiösen Charakter der Begegnung darf getrost wörtlich genommen werden, denn es ist hinlänglich bekannt, daß sich die Germanen an heiligen Quellen ihren Göttern besonders nahe fühlten. Eine solche Quelle inmitten eines Grenzflusses (am wahrscheinlichsten bei Bad Salzungen an der Werra)[89] war dann schon ein Gottesurteil wert, weshalb beide Seiten den Göttern Merkur (Wodan) und Mars (Ziu) schworen, ihnen im Falle des Sieges die Gefangenen zu opfern. Vielleicht ist nur für die Chatten an ersteren zu denken und an den anderen für die Hermunduren[90], die zu dieser Zeit wohl noch keine Wodansverehrer waren, im Gegensatz zu den Chatten, die durch ihre lange Nachbarschaft mit den Kelten und den istwäonischen Germanen früher zu einer polytheistischen Religion mit Wodan an der Spitze gekommen sein werden. Nach dieser Schlacht konzentrierten sich die Chatten offensichtlich auf die Kolonisierung des ihnen verbliebenen Gebietes. Das Land der ehemaligen unteren Fulda-Werra-Haruden, der spätere Hessengau, mit dem vormals keltischen Oppidum Mattium (Altenburg bei Niedenstein?) als Mittelpunkt, wurde zum Kerngebiet ihres Staates. In der Folgezeit waren sie zwar immer wieder in Kämpfe mit den Römern verwickelt, die jedoch keine großen territorialen Veränderungen verursachten, zumindest nicht in der Rhön, die sie bis auf einen schmalen Streifen an der mittleren Werra entlang beherrschten. Einige Berge zwischen Bad Salzungen und Mellrichstadt mögen den Hermunduren noch als Gauwarten zum Schutz des Werratals und seiner begehrten Solquellen gedient haben, denn dort ist noch ein gewisser Unterschied in Sprache und Brauchtum, ja selbst im Habitus der Bevölkerung zu erkennen. Die Abtrennung eines Teiles der Rhöner von der Mehrzahl wird etwa bis zum Abzug der Eudusen aus dem Werratal (2./3. Jh.) gedauert haben, allenfalls bis zum Einzug der Franken, welche eine größere Freizügigkeit auf Kosten der Selbständigkeit beider Völker brachten: die Chatten verloren sie – wohl ohne Krieg – bereits kurz nach 500 und die Thüringer (als Nachkommen der Hermunduren) 531 nach einer Schlacht bei Burgscheidungen(?).

Der Name »Chatten« wird letztmals im 4. Jh. erwähnt[91]; dann galten sie vielleicht schon als Franken. Erst im 8. Jh. ist zum erstenmal von Hessen die Rede. Die Sprachforscher stehen vor einem Rätsel, weil sich die Wandlung nicht mit den Lautgesetzen in Einklang bringen läßt. Und die Historiker verfügen weder über eine Nachricht, daß Chatten abgezogen, noch daß Hessen zugezogen wären. Also wird es wohl so sein, daß – aus welchen Gründen auch immer – zunächst ein Untergau, wahrscheinlich der alte Harudengau an der Fulda, der nachmalige Hessengau, den Namen angenommen hat, der nachher auf alle Chatten übertragen wurde, vielleicht weil die wirkliche Bedeutung längst vergessen war und die völlig aus der Luft gegriffene Übersetzung »Hutleute«[92] nicht gefiel. Trotz der relativen Seßhaftigkeit der Chatten geben sie nicht weniger Rätsel auf als andere Stämme, von ihrer Herkunft bis zu ihrem Verbleib.

Doch hier steht das Bild des Menschen, des Rhöners, im Vordergrund, den sie zweifellos entscheidend geprägt haben, abgesehen von den Haruden wohl mehr als jeder andere Stamm. Ihr Wesen wird, im Gegensatz zu ihrer Geschichte, recht einheitlich beurteilt, und zwar ausschließlich positiv, wie z.B. von TACITUS (Germania, 30): »Weiter nördlich beginnt mit dem herkynischen Walde das Land der Chatten; sie wohnen nicht in so flachen und sumpfigen Gebieten wie die übrigen Stämme, die das weite Germanien aufnimmt. Denn die Hügel dauern an und werden erst allmählich seltener, und so begleitet der herkynische Wald seine Chatten und endet mit ihnen. Bei diesem Volk sind kräftiger die Gestalten, sehnig die Glieder, durchdringend der Blick und größer die geistige Regsamkeit . . ., das Glück halten sie für unbeständig und nur die eigene Tapferkeit für beständig. Und was überaus selten und sonst allein römischer Kriegszucht möglich ist: sie geben mehr auf die Führung als auf das Heer.«

TACITUS stellt sie vielleicht deshalb so auffallend heraus, weil sie die nächsten und gefährlichsten Nachbarn waren; einige seiner Bemerkungen mögen sich auch nur auf die Krieger beziehen, denn im Grunde waren sie ein ausgesprochenes Bauernvolk, wohl das bodenständigste in Deutschland überhaupt: »In ihrer Zähigkeit, die hessische Landschaft zu verteidigen und in ihr zu bleiben – ganz anders als andere Germanen, die leichten Herzens bereit waren, ihre Heimat aufzugeben –, gibt sich die Eigenart eines Bauernvolkes kund, das seinen Boden liebt. Sie haben die Gauverfassung lange beibehalten, es hat sich keine Königsgewalt entwickelt; hierin waren sie beharrlicher als andere Germanen. Lange haben sie am Heidentum festgehalten, und es ist kein Zufall, daß sich gerade aus Hessen die Nachrichten darüber häufen. Die Verehrung Wodans, die bereits bei ihrem Kampfe mit den Hermunduren i. J. 58 auftritt, hat sich in den ›Wodansbergen‹ niedergeschlagen, so in zwei *Gudensbergen* (alt *Wuodanesberg*). Bei Geismar fällte Bonifatius 723 die Donareiche. Heute noch ist in Hessen altes Bauerntum in Hausbau und Tracht zusammen mit beharrsamer Mundart bewahrt.« (SCHWARZ 1956. 146)

Dritter Teil

Von den germanischen Stammesbünden bis zur Reichsgründung

(Kaiserzeit)

In alten Liedern, der einzigen Art ihrer geschichtlichen Überlieferung, feiern die Germanen Tuisto, einen erdentsprossenen Gott. Ihm schreiben sie einen Sohn Mannus als Urvater und Gründer ihres Volkes zu, dem Mannus wiederum drei Söhne; nach deren Namen, heißt es, nennen sich die Stämme an der Meeresküste Ingävonen, die in der Mitte Herminonen und die übrigen Istävonen. Einige versichern – die Urzeit gibt ja für Vermutungen weiten Spielraum –, jener Gott habe mehr Söhne gehabt und es gebe demnach mehr Volksnamen: Marser, Gambrivier, Sueben, Vandilier, und das seien die echten, alten Namen. Die Bezeichnung Germanien sei übrigens neu und erst vor einiger Zeit aufgekommen.

Ich selbst schließe mich der Ansicht an, daß sich die Bevölkerung Germaniens niemals durch Heiraten mit Fremdstämmen vermischt hat und so ein reiner, nur sich selbst gleicher Menschenschlag von eigener Art geblieben ist. Daher ist auch die äußere Erscheinung trotz der großen Zahl von Menschen bei allen dieselbe: wild blickende blaue Augen, rötliches Haar und große Gestalten, die allerdings nur zum Angriff taugen. Für Strapazen und Mühen bringen sie nicht dieselbe Ausdauer auf, und am wenigsten ertragen sie Durst und Hitze; wohl aber sind sie durch Klima oder Bodenbeschaffenheit gegen Kälte und Hunger abgehärtet.

Im übrigen glauben die Germanen, daß es der Hoheit der Himmlischen nicht gemäß sei, Götter in Wände einzuschließen oder irgendwie der menschlichen Gestalt nachzubilden. Sie weihen ihnen Lichtungen und Haine, und mit göttlichen Namen benennen sie jenes geheimnisvolle Wesen, das sie nur in frommer Verehrung erblicken.

CORNELIUS TACITUS (Germania 2, 4, 9)

Kapitel 9

Hermunduren
(Germanen und Reste von Kelten und Illyrern)

Erster Stammesbund in Mitteldeutschland
Mittlere Kaiserzeit
1.–2. Jh. nZ.

Näher (als die übrigen Sweben) wohnt der Stamm der Hermunduren, den Römern treu ergeben. Daher sind sie die einzigen Germanen, die nicht nur am Donauufer, sondern auch im Innern des Landes und in der prächtigen Kolonie der Provinz Rätien Handel treiben dürfen. Sie kommen allerorten und ohne Beaufsichtigung über die Grenze. Und während wir den übrigen Stämmen nur unsere Waffen und Feldlager zeigen, haben wir den Hermunduren unsere Häuser und Gutshöfe geöffnet; sie sind ja frei von Begehrlichkeit.

CORNELIUS TACITUS (Germania 41)

Die germanischen Stämme hatten seit Ariovists Niederlage und Armins Sieg begriffen, daß Einzelaktionen nichts einbrachten und dauerhafte Erfolge nur auf der Basis des Zusammenschlusses mehrerer Stämme zu erreichen waren. Bündnisse auf Zeit hatte es, besonders in Kriegszeiten, schon immer gegeben[93]. Die ersten Versuche, diese auch in Friedenszeiten beizubehalten, kann man schon bei Ariovist erkennen, deutlicher bereits bei Armin und dessen neidvollem Gegenspieler Marbod. Eigenartigerweise ist uns von den Hermunduren, bei denen ein solcher Versuch erstmals in die Tat umgesetzt wurde, kein Name eines Fürsten überliefert, offenbar weil der Zusammenschluß abseits des römischen Blickwinkels geschah, sicher einige Jahrzehnte vor ihrer ersten Erwähnung im Jahre 3 vZ.: »Bei der Landzuweisung an flüchtige ›Hermunduren‹ durch Ahenobarbus an der Donau nördlich Augsburg hören wir von Hermunduren in Süddeutschland. Wir müssen uns erinnern, daß vorher die Markomannen und Sweben, aus Süddeutschland abgezogen waren. Sie werden die Träger des ›Swebenbundes‹ gewesen sein. An dessen Stelle rückt offenbar jetzt der Hermundurenbund. Dieser war näher und deshalb geeignet, den kleinen, Schutz suchenden Völkerschaften Aufnahme zu gewähren. Wir haben in diesen Hermunduren des Ahenobarbus die heimatlosen Eudusen gesucht, die dann im 3. Jh. n. Chr. in den Juthungen wieder aufleben.« (SCHWARZ 1954. 179). Der Bund der Hermunduren, gemeinhin einfach den Sweben als Stamm zugerechnet, umfaßte aber beileibe nicht nur Sweben oder Elbgermanen, sondern wahrscheinlich auch See-, Nord-, Rhein-Weser- und sogar Nichtgermanen: Altangeln[94] und Eudusen, Haruden, Marsingen, Naristen oder Varisten und Teurier(?)[95] – also einen geradezu internationalen »Völkerbund«. An dem Namen, der kaum seinesgleichen hat, ist viel herumgerätselt worden. Er könnte sicherlich von einem semnonischen oder jüti-

201

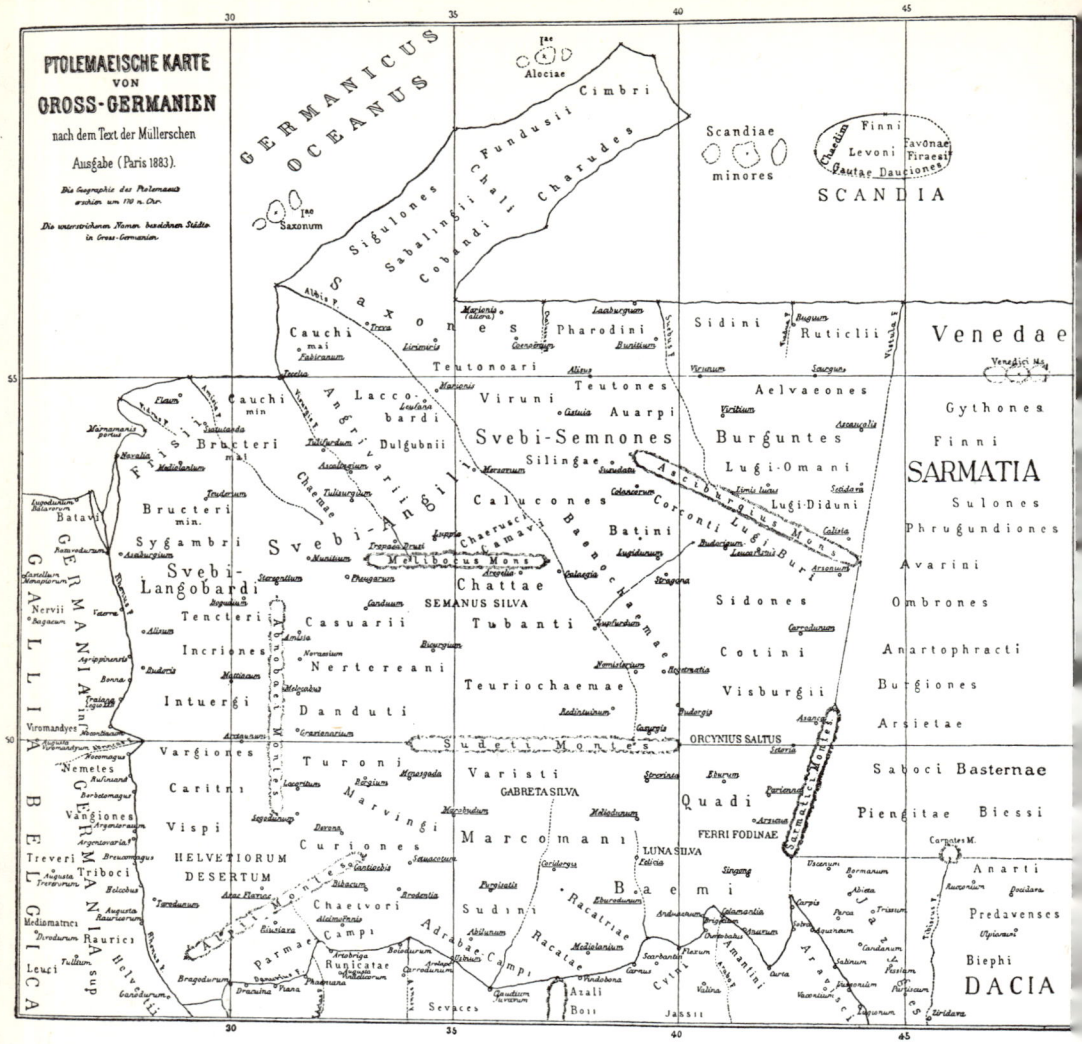

Abb. 126: Ausschnitt aus der ptolemäischen Weltkarte.

schen Einzelstamm herrühren, wo ähnliche Namen am ehesten zu finden sind. Er würde dann als »hehre, herrschende Menschen« aufzufassen sein. Er läßt sich aber auch als Verstärkung von Euduren begreifen, zumal wenn man diese Schreibweise (für Eudusen, Eudosen, Sedusi usw.) des Paulus Orosius[96] für die richtige ansieht. Auch die Haruden erscheinen gelegentlich als Ha-Duren. Das germanische Wort *hermun* (i. a. mit groß, erhaben, göttlich übersetzt) kann auch »vereinigt« bedeu-

202

ten. »Vereinigte Duren« wären also möglicherweise alle erfaßten Nachkommen eines indo- oder urgermanischen Urvolkes Durōz oder Thu-
rōz[97], also z.B. Euduren und Haduren sowie Reste von Dorern, Teuri-
ern, Teuriskern, Turonen, Häduern und anderen, die nicht unbedingt
ähnlich lautende Namen tragen müßten! Daneben wäre auch an eine
gemeinsame Abstammung(sgeschichte), z.B. von einem Gott Hermun
(Irmin) zu denken.

Seltsamerweise fehlt der Name der Hermunduren, die sonst bis ins 3.
oder 4. Jh. bezeugt sind, in dem um 170 entstandenen Erdkundebuch des
PTOLEMÄUS *(Abb. 126)*, zu einer Zeit also, in welcher die Hermunduren
noch auf dem Höhepunkt ihrer Macht gestanden haben müssen. Obwohl
seine Quellen fast durchweg aus der Zeit des ausgehenden letzten vorchristlichen Jahrhunderts stammen, hätte ihm dieser Name geläufig sein
und wichtig genug erscheinen müssen, ihn in sein Werk aufzunehmen,
wie er es in ähnlichen Fällen offenbar getan hat. Warum setzt er aber
dort, wo der Name der Hermunduren zu erwarten wäre, den sonst unge-
bräuchlichen Namen Teuriochaemae = Teurierheimer = Bewohner des
Landes der Teurier an? Nun, ebensogut könnte man fragen: Warum
nennen uns unsere Nachbarn nicht alle Deutsche, sondern Germans, Al-
lemands, Tedeschi usw? Gerade weil seine Quellen aus der Zeit stammen, in der sich der hermundurische Bund konstituierte, wird PTOLE-
MÄUS die Vielzahl von Einzelstämmen, die sich im ehemaligen Land der
Teurier niedergelassen hatten, einfach als Bewohner des Landes der
Teurier bezeichnet haben[98]. Sicher wußte er von deren Zusammenschl-
luß, aber aus irgendeinem Grunde erschien ihm die gewählte Bezeichnung richtiger und wichtiger als ihr Eigenname! »Über die Entstehung
der Hermunduren versagen die schriftlichen Quellen. PLINIUS zählt sie
zur Gruppe der Erminonen und stellt sie neben die Suebi, die Semnonen,
von denen sie ohne Zweifel sich abgezweigt haben. Nach Ansicht von W.
Schulz ist in einer in der zweiten Hälfte des letzten vorchristlichen Jahrhunderts aus der Altmark und dem Harzvorland nach Süden vorstoßen-
den Gruppe der Kern der Hermunduren zu erkennen. Reste germanischer wie keltischer Vorbewohner Mitteldeutschlands dürften mit den
Einwanderern verschmolzen sein.« (SCHMIDT 1970. 314) Wenn man die
Nachrichten der drei Gewährsleute STRABO, PLINIUS und TACITUS[99] genau unter die Lupe nimmt, vermögen sie vielleicht doch etwas mehr aus-
zusagen, als das vorstehende Zitat zugeben möchte, insbesondere wenn
man die stammes-, sprach- und ortsnamenkundlichen Erkenntnisse mit
heranzieht. Unter dem Kernvolk aus der Altmark *und* dem Harzvorland
können z.B. schon zwei Stämme, nämlich Semnonen *und* Eudusen ver-

standen werden, als Reste der Vorbewohner neben namentlich unbekannten Stammesresten vor allem Altangeln, Sweben, Teurier, Naristen; später hinzugekommen sind wahrscheinlich Marsingen, die sich vom Hauptstamm der Marsen am Niederrhein abgespalten hatten[100], und Haruden, die aus dem Raum zwischen Fulda und Werra nach Thüringen verpflanzt wurden, sowie Reste von Chatten, die vorübergehend bis an die Saale vorgedrungen waren (vgl. *Kap. 7 u. 8*).

Da ein namengebender Urstamm nirgends gesondert erwähnt wird, wäre auch noch an eine Jungmannschaft (vielleicht sogar mehrerer Stämme) der nachariovistischen Generation zu denken, die sich selbst so nannte oder so benannt wurde, wie vor ihnen die Markomannen u. a. Sie wollte möglicherweise die Politik des alten Swebenbundes *(Abb. 127)* fortsetzen, im Gegensatz zu den Quaden und Markomannen, und verbündete sich deshalb mit den übrigen genannten Stämmen, weil sie sich dazu allein außerstande sahen. Es spricht durchaus für diese These, daß sie sich in der Auseinandersetzung zwischen Armin und Marbod zunächst auf die Seite des letzteren stellten, denn immerhin waren sie ja Sweben; später trennten sie sich jedoch von ihm, wie auch die Semnonen und Langobarden[101]. Die mutmaßliche Umsiedlung der unteren Fulda-Werra-Haruden in das Thüringer Becken – gleichviel ob durch friedliche Vereinbarung oder auf Druck der Chatten – bietet endlich auch eine plausible Lösung des bekannten Problems, wem die in diesem Gebiet gehäuft auftretenden und nur hier (!) als alt erwiesenen Ortsnamen auf -*leben*[102] zuzuschreiben sind: nämlich diesen Haruden. Sie allein sind der »namentlich unbekannte Stamm aus dem Norden« (SCHMIDT 1970. 29 u. 322)[103], den man als Ersatz für die immer wieder herangezogenen Angeln und Warnen einführte, denn diese beiden Stämme sind aus vielerlei Gründen abzulehnen, welche jedoch hier nicht zu erörtern sind[104].

Der hermundurische Bund war sicher auch eine Art Notgemeinschaft gegen die chattische Expansion, die gleich nach der swebischen Niederlage in Gallien einsetzte *(Abb. 128)*. Nach STRABO wohnten die Hermunduren (zunächst) zu beiden Seiten der Elbe (richtiger wohl: der Saale, die öfter mit dem Oberlauf der Elbe verwechselt wurde). Die von späterer Hand hinzugefügte Randbemerkung, daß sie sich nun ganz hinter den Fluß zurückgezogen hätten, stimmt nur äußerlich überein mit dem Bericht vom Feldzug des Tiberius 5 nZ. Er war von Norddeutschland aus bis an die Elbe bei Magdeburg vorgedrungen und erfuhr dort, daß Semnonen und Hermunduren östlich der Elbe zur Abwehr bereit aufgestellt seien, also kein Wort davon, daß sich alle Hermunduren, d. h. alle Mitglieder des Bundes, vollständig dorthin zurückgezogen hätten; wahr-

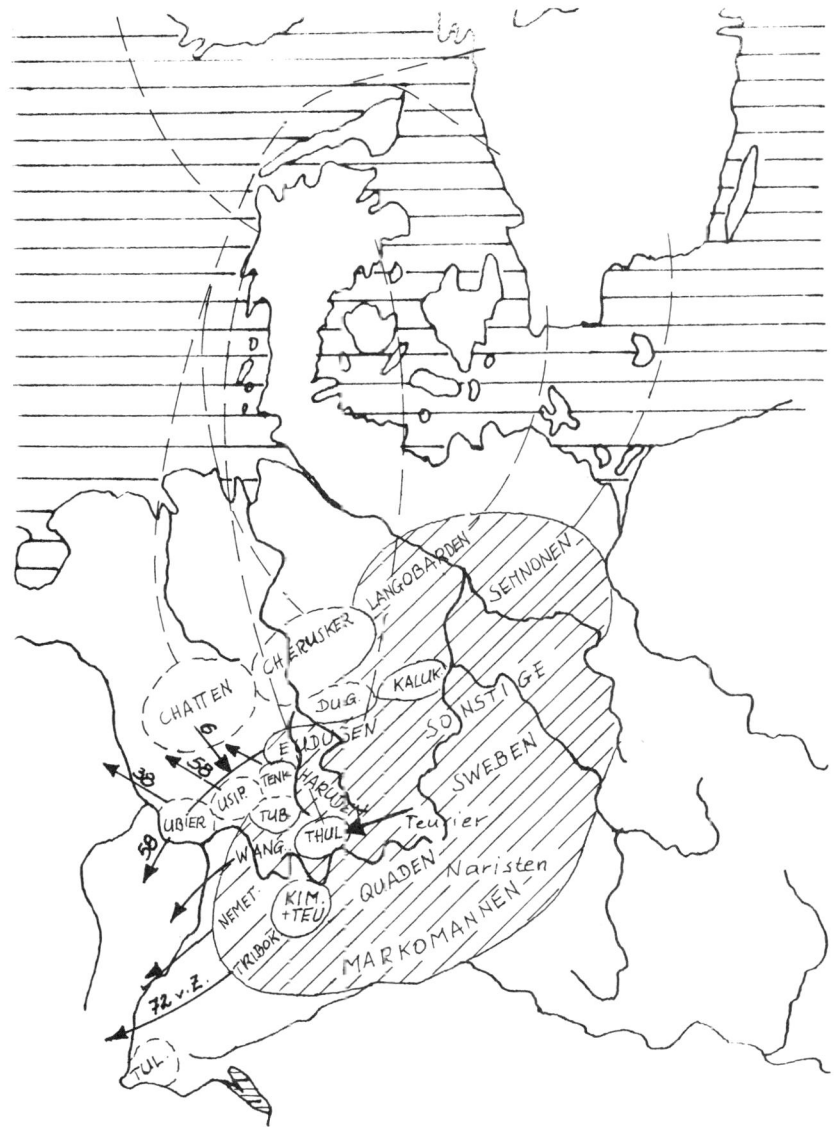

Abb. 127: Der swebische Bund im 1. Jh. v.Z.

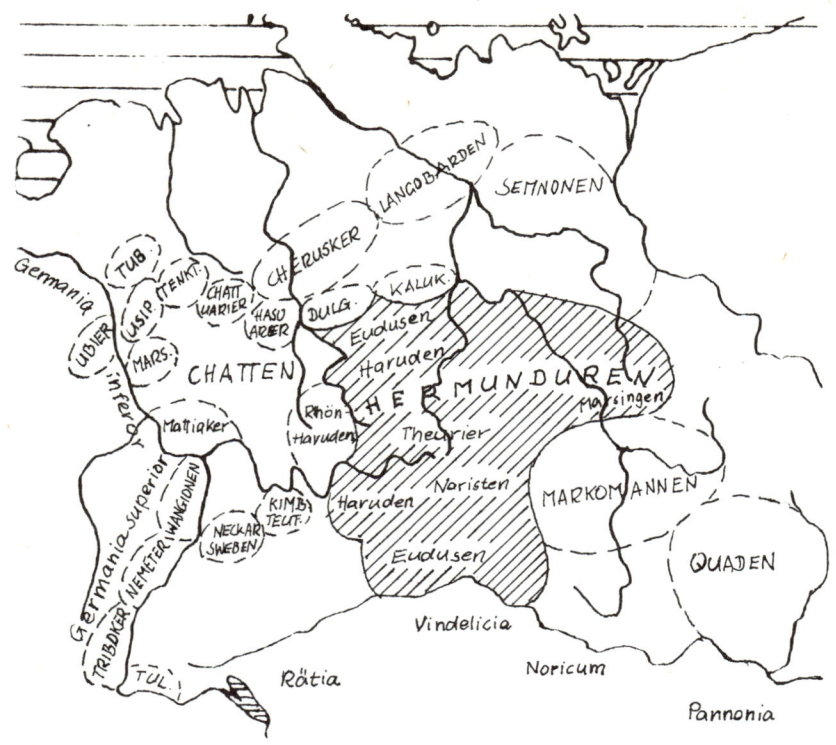

Abb. 128: Der hermundurische Bund im 1. Jh. n.Z.

scheinlich hatte er nur die militärischen Aufgebote im Auge, oder es waren ihm bewußt Falschmeldungen zugespielt worden, um ihn in eine ähnliche Falle zu locken wie später seinen Nachfolger Varus. Daß die Römer an einen totalen Abzug der Hermunduren geglaubt haben könnten, ist schon deshalb unwahrscheinlich, weil sie ja mit den Südhermunduren zwischen Donau und Main rege Handelsbeziehungen unterhielten, seit ihnen Ahenobarbus, ihr Legat in Illyricum, dort erst acht Jahre zuvor Land angewiesen hatte im ehemaligen Gebiet der Markomannen (dem heutigen Franken). Vielleicht handelt es sich auch um *die* Hermunduren, die den unteren Fulda-Werra-Haruden das Thüringer Bekken freimachen mußten. Doch offensichtlich war das keine Schwächung, sondern ganz im Gegenteil eine Stärkung ihres Bündnisses, denn spätestens nach der Salzschlacht 58 nZ. sind die umgesiedelten Haruden

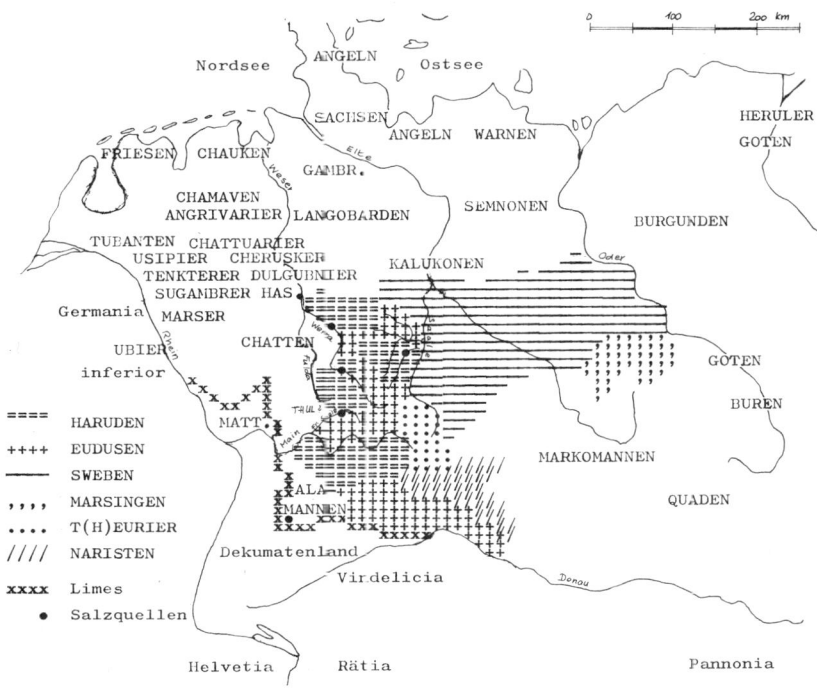

Abb. 129: Der hermundurische Bund auf dem Höhepunkt seiner Macht im 2. Jh. n.Z.

wahrscheinlich zu Hermunduren geworden. Als Ort der Schlacht kommt neben Bad Salzungen an der mittleren auch Bad Sooden-Allendorf an der unteren Werra in Frage, ebenso Bad Kissingen oder Salz an der fränkischen und Bad Sulza oder Bad Kösen an der thüringischen Saale. Fand der Kampf an der thüringischen Saale statt, wären die Haruden bis dahin wahrscheinlich Verbündete der Chatten gewesen; fand er an der fränkischen Saale statt, kann es sich nur um eine örtliche Streitigkeit mit den Südhermunduren gehandelt haben. Nur wenn an der Werra gekämpft wurde (und das ist am wahrscheinlichsten), darf man an eine vorausgegangene friedliche Umsiedlung und Angliederung der Haruden an den hermundurischen Bund denken und an eine sich anschließende unterschiedliche Auslegung der Grenzvereinbarungen[105]. Hier wiederum hat Bad Salzungen deshalb die Priorität, weil die Grenze von dort aus nicht

207

Abb. 130: Germanenfamilie des 1. Jh. n.Z.

mehr im Fluß verlief, sondern über die Vorberge der Rhön bis hinunter an die fränkische Saale bzw. sogar den Main. Also lag hier wohl der neuralgische Punkt.

Obwohl nach TACITUS auf eine Wodansverehrung auf beiden Seiten geschlossen werden kann (nicht muß!), heißt das noch lange nicht, daß Chatten und Hermunduren (noch) eine einheitliche Religion gehabt hätten; das ist nicht einmal für den hermundurischen Bund selbst anzunehmen, dem ja Stämme aus allen drei Kultbünden der Germanen und auch Nichtgermanen angehörten. Zumindest die swebisch-irminonischen Teile hielten sicher noch an ihren alten Göttern (Freyr, Tyr, Freyja, Nerthus) fest und die Haruden an ihrem Thor, sonst gäbe es in Thüringen und Sachsen nicht so viele Freiberge und -burgen sowie Donnershauke und ähnliche Namen. Doch wahrscheinlich waren sie durch das Zusammenleben mit den anderen Stämmen nun auch bereit, den Schlachtengott Wodan oder Odin als obersten Schalter und Walter anzuerkennen, wenn er ihnen zum Erfolg verhalf. Die Südhermunduren hatten ihn sicherlich schon auf ihrem Zug nach Gallien kennengelernt und hielten möglicherweise seitdem an ihm fest, vielleicht sogar um den Preis, jahrelang heimatlos umherirren zu müssen, denn es ist nicht ausgeschlossen, daß ihnen der Mutterstamm selbst aus diesem Grund die Heimkehr verwehrt hatte[106]! Es wäre einleuchtend, wenn die Aufnahme des neuen Gottes unmittelbar nach der siegreichen Schlacht erfolgt wäre, also nach Offenbarung seiner Wohlgesonnenheit.

»Das Landfremde Odins im Norden ist heute nicht mehr zu bestreiten. Und die Möglichkeit ist von vornherein gegeben, daß auch der Mercurius-Wodan des Tacitus, verehrt durch einen Angstkult von Stämmen, die schon frühzeitig dem Verfall und der Bekehrung zum Opfer fielen, bereits blind waltende Schicksalsmacht, lebenhemmende Heerfessel, also Verfallsgott gewesen ist, daß auch Wodan von jeher Dämon war, Widerpart des alten Ziu oder Donar, der dann mit seiner wilden Jagd, dem ›exercitus feralis‹, noch lange als ein leibhaftiger Satan durch christliche Zeiten sein Wesen treibt; denn daß die Kirche einen verehrten Heidengott zum Teufel stempelte, ist erklärlich, aber daß das Volk in seinen Tiefen selbständig einen Heidengott als Teufel beibehielt, kann eigentlich nur damit erklärt werden, daß dieser Gott bereits vor der Bekehrung ein Teufel war.« (BERNHARD KUMMER 1972. 200)

Die unterschiedlichen archäologischen Hinterlassenschaften im westsaalischen Thüringen haben zu widersprüchlichen Deutungen Anlaß gegeben, weil sowohl Übereinstimmungen als auch Unterschiede mit den Gebieten westlich der Werra *und* östlich der Saale bestehen (vgl. *Kap. 8*). Man kann daraus folgern, daß der hermundurische Machtbereich von Osten her schon an der Saale endete, man kann aber auch der Tatsache Rechnung tragen, daß sich der Bund aus recht unterschiedlichen Stämmen zusammensetzte, vor allem den mehr chattisch, also rhein-weser-germanisch geprägten Haruden und den swebischen (oder swebisierten) Eudusen. Nur so lassen sich die Widersprüche erklären, die dann nämlich im Grunde gar keine sind. Und nur so braucht man an den historischen Nachrichten nicht zu zweifeln, daß die Nord- und Westgrenze des hermundurischen Gebietes von Bacenis silva (hier = Rhön) und Werra gebildet wurden[107]. So erklären sich schließlich auch die nordgermani-

Abb. 131: Germanen vor dem römischen Kaiser auf der Trajansäule in Rom, um 100 nZ., vgl. Kapitel-Vignette 10.

schen »Einflüsse« der Moorfunde um Weimar[108] und vor allem die Ortsnamen auf *-leben* im Thüringer Becken, wo im 3. Jh. der »chatti-sche« Charakter verschwindet und neue Ortsnamen auf *-stedt* erschei-nen[109], und diese erst kann man den Angeln und Warnen mit Berechti-gung zuschreiben. Die Haruden aber waren zwischenzeitlich voll inte-griert, wenn sie nicht erneut abgedrängt wurden.

Es besteht kaum ein Zweifel, daß (später) auch die Reste der Ariovistschen Haruden – also nicht nur der Eudusen – südlich Würzburg dem Bund der Hermunduren angehörten. Damit hätte dieser doch über ein geschlossenes Gebiet von der Elbe (vielleicht sogar der Oder) bis zur Donau verfügt *(Abb. 129)*, was bei seiner Vormachtstellung in diesem Raum auch gar nicht anders denkbar ist. Einen »oberpfälzischen Urwald« (den die Verfechter der Saale als nordhermundurischer Westgrenze als »Eselsbrücke« benötigen)[110] hat es sicher nicht gegeben, denn selbst dort saßen Bundesgenossen, wenn auch wohl keine germanischen: Teurier- und Naristen-Reste.

Ethnischen Einfluß haben die Hermunduren wohl nur auf die östlichen Rhöner genommen, denn im westlichen Teil des Gebirges saßen neben den Rhön-Haruden als politisch tonangebender Stamm die Chatten. Im östlichen Teil, wo die (nach wie vor auf ethnische Reinheit bedachten) Eudusen herrschten, ist deren Einfluß allerdings bis heute erkennbar.

Politische und kulturelle Stammesunterschiede gab es natürlich genug zwischen Chatten und Hermunduren, sie waren jedoch von untergeordneter Bedeutung im Vergleich zu der Rhein-Limes-Donau-Linie, welche zwei grundverschiedene Gesellschaftsordnungen und Produktionsweisen voneinander trennte[111]: dort der Sklavenhalterstaat mit all seinen Schattenseiten, und hier die immer noch intakte Sippenordnung des freien Germaniens *(Abb. 130 u. 131)*.

»Das oberste Organ der germanischen Stämme in diesem Entwicklungsstadium war die Volksversammlung auf Stammesbasis, das Thing, die Versammlung der freien und waffentragenden Männer des Stammes. Zur Zeit des Tacitus wurden allerdings Angelegenheiten, über welche die Gemeinschaft zu entscheiden hatte, bereits von Fürsten vorberaten. Das Thing fungierte zugleich als Heeres- und Gerichtsversammlung. Es entschied unter Leitung der Sippen- und Stammesältesten über Krieg und Frieden und vollzog die Aufnahme der Jünglinge in den Kreis der Wehrhaften. In der Gerichtsverhandlung war für die Urteilsfindung das Gewohnheitsrecht maßgebend, schriftlich festgelegte Rechtsgrundsätze waren noch unbekannt. Auf Verrat, Feigheit, Ehebruch und Unzucht stand die Todesstrafe; solche Verbrecher wurden gehängt oder gefesselt ins Moor gesenkt. Andere Verbrechen und Vergehen konnten durch eine Buße, beispielsweise durch Übergabe von Vieh an den Geschädigten gesühnt werden. Vermochte man des Verbrechers nicht habhaft zu werden, wurde er für friedlos erklärt. Das verpflichtete jedes Stammesmitglied, ihn zu töten, wo immer er ihn auch antraf. Im übrigen gewährte die Sippe ihren Mitgliedern entsprechend dem Gewohnheitsrecht Schutz; Totschlag und schwere Verletzungen wurden durch Blutrache oder auch durch Zahlung eines Wergeldes gesühnt.« (OTTO 1974. 80)

Kapitel 10

Alamannen und Juthungen, Burgunden und Wandalen
(Elb- und Ostgermanen)

Zu- und Abwanderungen, Erstürmung des Limes
Späte Kaiserzeit
3.–4. Jh. nZ.

Der Franke verheerte die Provinzen Germania prima und Belgica secunda; du wilder Alamanne trankest aus dem Rhein auf dem römischen Ufer, und im Gebiet zu beiden Seiten des Stromes warst du Übermütiger entweder Bürger oder Sieger.

SIDONIUS APOLLINARIS 456 (Carm. VII. 372 ff)

Zu der namenlosen vorkeltischen Grundbevölkerung der Rhön (in *Kap. 6* als Rhöngermanen erkannt), waren in den beiden Jahrhunderten vor und nach der Zeitenwende in rascher Folge geschichtlich mehr oder weniger bekannte (bezeugte) Stämme aus dem Norden hinzugekommen, die das Wesen der Rhöner allmählich formten und prägten. Selbst bei nur kurzfristigem Aufenthalt ließen sie Einflüsse zurück. Die Namen wurden vergessen (wie die der Frauen in unseren patronymisch bestimmten Familien). Auch die Namen der Thulinger und Haruden verschwanden; geblieben sind aber die von ihnen herrührenden nordgermanischen Gaunamen, z.B. Buchonia, Tullifeld und Baringau, und der Volksmund nennt ihre Bewohner heute noch Buchener, Döllfelder und Baringauer, so daß man davon ausgehen kann, daß sie einmal offiziell Bukinobanten, Tullibanten und Barinobanten hießen, auch wenn nur der erstgenannte Name schriftlich bezeugt ist: Bukinobanten wohnten in der 2. Hälfte des 4. Jh.s im unteren Maingebiet (samt Rheingau) als Oberschicht über Mattiaker, Breisgauer, Linzgauer und Rätowarier. Ihre Herrscher hießen Makrian und Hariobaudus, in dem zweiten Namen könnte noch eine Erinnerung an die Haruden stecken[112].

Seit der Salzschlacht des Jahres 58 nZ. hatte die Rhön eine relativ ruhige Periode ohne größere ethnische Veränderungen erlebt. Im 2. Jh. stand sie dagegen wieder im Brennpunkt des Geschehens, als sich am Main immer mehr kleine Stämme oder Jungmannschaften aus dem Osten niederließen, in erster Linie wohl Teile der Semnonen[113], die sich hier mit anderen zum Bund der Alamannen formierten. Dieser Vorgang ist durchaus vergleichbar mit der Bildung des Swebenbundes in Thüringen drei Jahrhunderte zuvor. Die Römer hatten noch im 1. Jh. damit begonnen, den *Limes* zu bauen, ein riesiges Abwehrbauwerk von Regensburg an der Donau bis nach Bonn am Rhein *(Abb. 132)*. Nach der Niederlage im Teutoburger Wald fanden sie nicht mehr die Kraft, ihr Reich auf Kosten der Germanen weiter auszudehnen. Der Bau des Grenzwalles war praktisch der Beginn der Kapitulation. Er verzögerte zwar noch

215

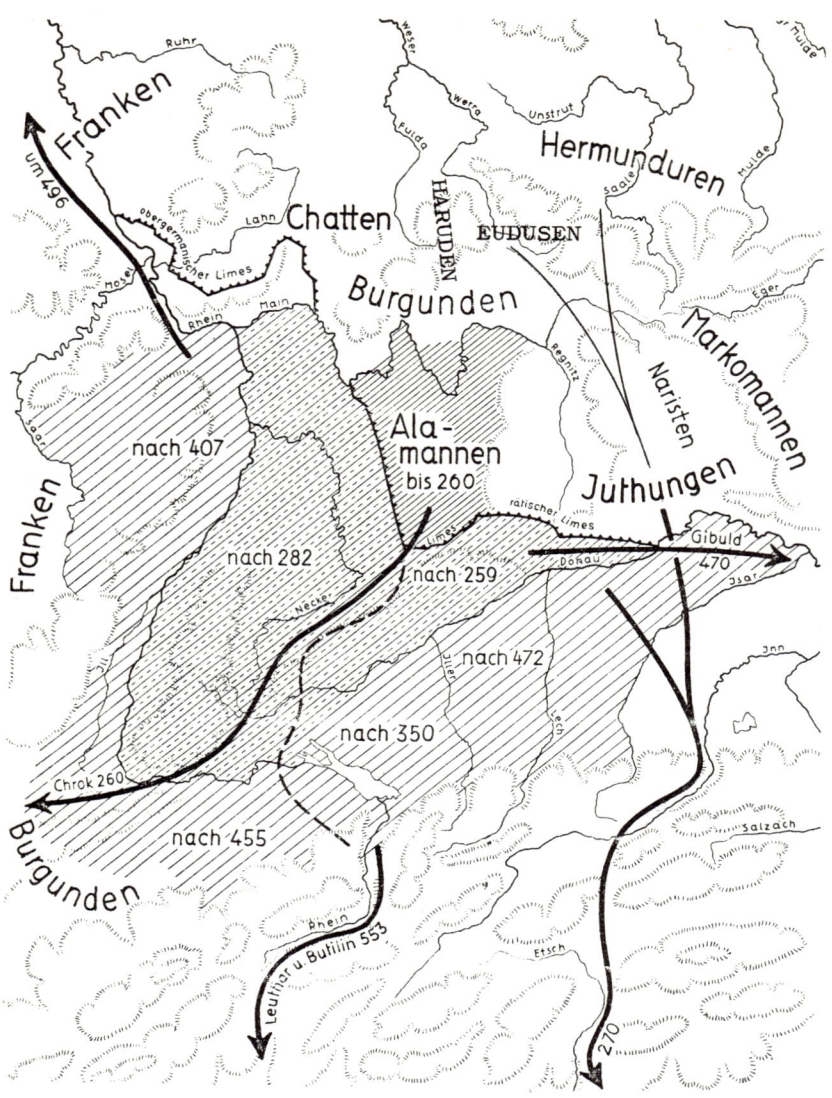

Abb. 132: Die Landnahme der Alamannen in Südwestdeutschland.

einmal die germanische Expansion, bewirkte aber andererseits ihre Einigung und Sammlung in größeren Stammesverbänden. Als die Bevölkerung in dem Stauraum am Limes entlang immer dichter wurde, begann sie sich auf Raubzügen zu versorgen, die weit in römisch besetztes Gebiet hineinreichten. Unaufhaltsam wurde das Imperium auf breiter Front angegriffen. Es war schließlich nur noch eine Frage der Zeit, bis der Dammbruch erfolgte. Im Jahre 213 wurde der Limes erstmals nachhaltig bezwungen, 50 Jahre später standen die Alamannen am Rhein *(Abb. 133 u. 134)*.

»An die Stelle der früheren, mehr oder weniger lockeren Kriegsbündnisse, die nach den Unternehmungen oder auch schon während eines Kriegszuges wieder zerfielen, traten feste Zusammenschlüsse. Dieser Vorgang, der sich im Bereich verschiedener Stammesgruppierungen vollzog, hatte den Charakter einer Integration. Außer militärischen Notwendigkeiten, allerdings eng damit verknüpft, ließen offenbar auch ökonomische Erfordernisse die Vereinigung von Stämmen und den Fortbestand dieser Zusammenschlüsse zweckmäßig erscheinen . . . Durch den Integrationsprozeß verschwanden zu Beginn des 3. Jh. viele Namen alter Stämme, die zur Zeit des Tacitus bekannt waren. Die politisch fester gefügten, allerdings wirtschaftlich, kulturell und ethnisch noch keineswegs stabilen Verbände traten im freien Germanien nunmehr unter neuen Namen auf.« (OTTO 1974. 82)

Aus dem Osten drängten ehemals nordgermanische Stämme nach. Zwischen Main und Rhön machten die Burgunden Mitte des 3. Jh.s Station[114], bevor sie an Rhein und Rhône ihre Reiche gründeten. Bald nach ihnen passierten die Wandalen den mitteldeutschen Raum auf ihrem Weg von Schlesien nach Nordafrika, der Jahrzehnte dauerte. Allerdings hausten sie nicht so »wandalistisch«, wie es das böse Wort glauben machen möchte. Der Begriff »Vandalismus« = Zerstörungswut wurde nämlich erst von dem französischen Bischof GRÉGOIRE um 1794 in bewußt verleumderischer Absicht erfunden, aber von seinem Landsmann GAUTIER mutig widerlegt[115], desgleichen von F. DAHN und KOSSINNA. Ein anderer Bischof, SALVANIUS, der als Zeitgenosse der Wandalen um 450 in Marseille lebte, war entschieden ehrlicher. Von ihm stammt der berühmte, kennzeichnende Satz: »Wo Goten herrschen, ist niemand unzüchtig außer den Römern. Wo aber Wandalen herrschen, sind selbst die Römer keusch geworden!« Die deutschen Wörterbuch-Verlage sollten endlich diesen Unsinn ausräumen[116]!

Der wichtigste Bundesgenosse der Alamannen (seit 357 als Teilstamm von diesen bezeichnet) waren die Juthungen, die im Jahre 272,

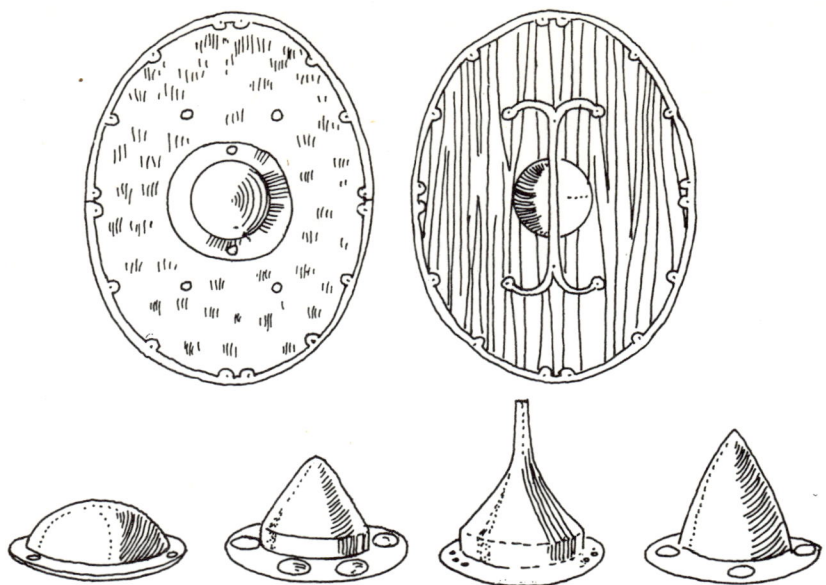

Abb. 133: Schild und Schildbuckel von Mannheim-Feudenheim.

fast genau 100 Jahre nach der letzten Erwähnung der Donauhermunduren, an gleicher Stelle wie diese als volkreicher und kriegerischer Stamm von sich reden machten. Ihr Name bedeutet »Abkömmlinge der Eudusen«[117]. Aber der Namenswechsel nach hundertjähriger Vergessenheit und der nicht zu übersehende Machtzuwachs können nicht von ungefähr kommen.

»Das Ereignis, das sich folgenschwer auf das Stammesgebilde der Hermunduren auswirken mußte, war die Stammesbildung der Alamannen um 200 n. Chr. nördlich des Limes. Ein Hauptteil des neuen Stammesbundes wird aus dem Gebiet der Hermunduren gekommen sein. Dadurch werden diese so geschwächt worden sein, daß sie sich erst durch Zuzug aus dem Norden neu konstituieren konnten. Dafür spricht, daß die Donauhermunduren ihre Selbständigkeit zurückerlangen, sich als Juthungen neu formieren und bald an die Alamannen anschließen.« (SCHWARZ 1956. 179) Wir dürfen also von einer Wiedervereinigung der beiden eudusischen Teilstämme an Werra-Saale und oberer Donau ausgehen: ein beachtliches Ereignis nach fast 300jähriger Trennung! Der

218

neue Name Juthungen (= Abkömmlinge der Eudusen) ist der beste Beweis für den Zuzug der Werra-Saale-Eudusen an die Donau[118], denn für die Südeudusen allein gab es keinen Grund, ihren Namen zu ändern, auch hätten sie kein Heer von 40 000 Reitern und doppelt so vielen Fußkämpfern[119] aufbieten können, selbst wenn diese überlieferten Zahlen um 100 % übertrieben wären. Unmittelbarer Zuzug aus Jütland gilt heute als unwahrscheinlich, ebenso von den Semnonen, denn die geradezu fanatische Ablehnung der Juthungen jeglicher Vermischung ist mehrfach belegt. Vor dem römischen Kaiser Aurelian betonten sie eindeutig, daß sie sich als unvermischtes kräftiges Volk fühlten[120] – im Gegensatz zu den Alamannen, die sich hauptsächlich aus den ostelbischen Semnonen rekrutierten, sich aber mit allen möglichen Völkerschaften vermischten, auch mit Kelten und römischen Hilfsvölkern. Die Juthungen wollten um keinen Preis mit diesen gleichgesetzt werden, so wenig wie heute noch die Württemberger (Schwaben) mit den Badenern (Alamannen). Es ist ein unverzeihlicher Irrtum, wenn immer wieder behauptet wird, es gäbe keinen Unterschied zwischen Schwaben (Nachkommen der Juthungen) und Alamannen (Nachkommen der Semnonen)[121]!

Abb. 134: Alamannische Goldfibel aus dem Gräberfeld von Kirchheim.

219

Ganz offensichtlich waren die Eudusen das Zünglein an der Waage, sowohl beim Zerfall des hermundurischen Bundes als auch bei der Erstarkung der Alamannen, wobei aber nicht an eine Vermischung mit diesen gedacht zu werden braucht, sondern nur an ein Zweckbündnis mit dem erklärten Ziel, den Limes zu brechen. Der archäologische Befund bestätigt dies eindeutig: Verwandt sind thüringische und schwäbische Keramik[122] einerseits und semnonische und alamannische andererseits, das wäre bei erfolgter Vermischung ausgeschlossen. Wenn man sich die beengten Wohnverhältnisse der Eudusen in Thüringen und im Grabfeld vergegenwärtigt, sie hatten ja bekanntlich mit den wüsten Grenzstreifen vorlieb nehmen müssen (vgl. *Kap. 8*), kann man ihren Entschluß, erneut auf Wanderschaft zu gehen, gut verstehen. Außerdem wird auch der Druck weiterer Völker (Angeln und Warnen) eine Rolle mitgespielt haben. Nicht zuletzt war es der Limes und die Herrschaft der Römer am Rhein seit Ariovists Niederlage, der dort zu erwartende Kampf und endliche Sieg, der diese tatenlustigen Jüten reizte. Das zeigen später ihre laufenden Einfälle in Rätien, das sie mehr als 200 Jahre lang beunruhigten, bevor sie sich endgültig dort niederließen, etwa ab Mitte des 5. Jh.s das Land wie auch sich selbst fortan Schwaben nennend[123]! Mit diesem neuerlichen Namenswechsel wollten sie ihre traditionsbewußten Ziele betonen, ihre Führungsrolle und ihre Selbständigkeit, nicht zuletzt auch ihre ethnische Reinheit im Vergleich mit den Alamannen, die in ihren Augen die alten swebischen Ziele verraten hatten *(Abb. 135)*. Der Namenswechsel wird sicherlich nicht nur eine politische Entscheidung gewesen sein, etwa weil sie im 3. Jh. die hermundurische Politik (welche auf der Freundschaft mit den Römern beruhte) aufgaben und stattdessen den alten swebischen Westkurs fortsetzten. Dies war allerdings ein so epochaler Schritt, daß man ihnen die Berechtigung dazu nicht absprechen könnte, zumal der Name Sweben zu verschiedenen Zeiten von sehr unterschiedlichen Völkerschaften beansprucht wurde. Es wird aber sicher eine Überlieferung bei den Juthungen gegeben haben, daß sie auch ethnisch die einzigen reinen Sweben (d. h. Menschen eigener Art) seien. Die Sitze der Südhermunduren hatten zwischen Main und Donau gelegen, im Westen seit Ende des 1. Jh.s vom Limes und im Osten vom Böhmerwald begrenzt; in der nördlichen Hälfte werden die Nachkommen der Ariovistischen Haruden gesessen haben, in der südlichen die der Eudusen[124]. An der Donau saßen demzufolge auch die Juthungen, etwa zwischen den Städten Ulm, Ingolstadt, Regensburg, Nürnberg und Passau[125]. Nach der Beschreibung des zeitgenössischen Atheners DEXIPPUS grenzte ihr Gebiet u. a. auch an den »*Rodanou*«. Man hat diesen Namen

Abb. 135: Bronzestatuette eines Germanen.

mit dem Rhein, ja selbst mit der Rhône und anderen Flüssen gleichgesetzt, merkwürdigerweise aber nicht mit der *Rhön,* obwohl eher der Name eines Gebirges zu erwarten wäre[126]. Vor der Umsiedlung der mitteldeutschen Eudusen an die Donau ist die Rhön als Nordgrenze immerhin sehr wahrscheinlich, auch wenn dazwischen sicherlich noch die Südharuden (als Teil der Alamannen?) gesessen haben werden.

Es gibt noch einen einzigartigen Zeugen für die ununterbrochene Verbindung der beiden eudusischen Stammesteile über Jahrhunderte hinweg: Die sogenannte »*Juden*straße« war zumindest in ihrem südlichen Teil ehemals eine *Jüten*straße, bevor der Name im Mittelalter verballhornt und auf die gesamte Handelsstraße zwischen Nürnberg und Leipzig übertragen wurde. Drei Jahrhunderte lang war sie über mehr als 200 km hinweg allen Widerwärtigkeiten der Trennung zum Trotz das einende Band, das schließlich auch die beiden Teile wieder zusammenführte, getreu der jahrhundertelang bewahrten Tradition, daß hier wie da Jüten wohnten, Abkömmlinge der einst aus Jütland ausgewanderten Eudusen: Juthungen!

In bezug auf die Lebensweise hatte sich zu beiden Seiten des Limes seit dessen Bestehen nicht viel geändert: Diesseits lebte man noch in reiner Agrargesellschaft auf Sippenbasis, und jenseits stand das Römische Reich, der allmächtige Staat, im Vordergrund, der von der Uneinigkeit seiner Nachbarn profitierte und diese deshalb schürte, wo immer sich Gelegenheit dazu bot (vgl. Tacitus Annalen II,62 u. Germania 33): »Während Germanicus diesen Sommer in verschiedenen Provinzen verlebte, erwarb Drusus keinen geringen Ruhm dadurch, daß er die Germanen zum Bruderzwist verleitete. – Es bleibe, so flehe ich, und bestehe fort bei diesen Völkern, wenn nicht Liebe zu uns, so doch gegenseitiger Haß!« Es waren in der Tat zwei Welten: »Das Leben der Germanen vollzog sich hier (im freien Germanien) vor allem in drei gesellschaftlichen Bereichen. Die von alters her bestehende Sippe war die wichtigste Zelle der germanischen Gesellschaft. Durch die Blutsverwandtschaft war der Kreis der Mitglieder bestimmt . . ., und das Sippenbewußtsein bildete die Maxime für das Handeln jedes einzelnen. Auch in den Kampf zog man nach Sippen gegliedert. Die einzelne Sippe war nach dem patriarchalischen Prinzip aufgebaut, während das alte matriarchalische nur noch in Relikten oder in der Vorstellungswelt (Religion) erhalten war.« (Schlette 1974. 30)

222

Kapitel 11

THÜRINGER
(Hermunduren und Seegermanen)

Erstes mitteldeutsches Königreich, Hunneneinfälle
Völkerwanderungszeit
4.–5. Jh. nZ.

Dieses so umgrenzte Gebiet (Thüringen) ist infolge seiner Lage im Herzen Deutschlands und Europas eine zentrale Durchgangslandschaft von hoher Bedeutung, die durch die Gunst der orographischen Verhältnisse noch verstärkt wird. Hier greifen die Ausläufer der norddeutschen Tiefebene weit in den Mittelteil der mitteldeutschen Gebirgsschwelle, in das thüringische Berg- und Hügelland ein, und durch das Hörsel- sowie Werratal besteht nach Westen ein natürlicher Aus- bzw. Eingang zwischen Ringgau und Thüringerwald hindurch. Aber selbst der Thüringerwald ist infolge seiner geringen Breitenausdehnung keine absolute Verkehrsschranke; er war dies nicht einmal zur Jungsteinzeit und zur Bronzezeit, wie Einzelfunde belegen, und während des Mittelalters wurde er von zahlreichen Straßen durchquert, die die Verbindung nach Franken herstellten.
Die Mittellage in Europa bedingt auch, daß hier von der Steinzeit bis ins frühe Mittelalter die verschiedensten Bevölkerungsgruppen einströmten und sich in den waldarmen Offenlandschaften vorübergehend niederließen oder seßhaft wurden.

MANFRED SCHICK 1968. 49

Vom Thüringer Becken aus ist die Rhön seit der Steinzeit immer wieder beeinflußt worden, sowohl durch die Pforte bei Eisenach hindurch als auch über den leicht passierbaren Thüringer Wald hinweg. Nicht nur kulturell, sondern auch bevölkerungsmäßig bestanden rege Beziehungen, die auch zwischen Hermunduren und Chatten nicht nur feindseliger Art gewesen sein werden. Der von TACITUS überlieferte Bericht um den Salzquellenstreit ist seiner Einzigartigkeit wegen sicher überbewertet worden im Hinblick auf das sonstige Verhältnis der beiden Nachbarn zueinander.

»Um 400 begegnet bei einem römischen Heerestierarzt das erstemal der Name *Thüringer,* wobei eine Anknüpfung an *Thur-* (den zweiten Teil von Ermunduren) wahrscheinlich ist, denn es wird sich nicht empfehlen, beide Völkernamen zu trennen. Es wird so sein wie bei dem Verhältnis von Juthungen: Eudusen; durch das Suffix soll das Verhältnis der Abkunft, Zugehörigkeit ausgedrückt werden. Thüringer wird also ›Nachkommen der Duren‹ bedeuten. Die neue Stammesgründung wird an die alte anknüpfen, ohne daß es sich ganz um dieselbe handelt.« (SCHWARZ 1956. 179) Der Abfall der Eudusen (Juthungen) von dem Bund (vgl. *Kapl 10*) wird auch durch die Tatsache bestätigt, daß das Thüringer Königreich das Territorium der Juthungen nicht mehr umfaßte[127].

Abb. 136: Tonschale von Erfurt.

Es endete im Maingebiet. Die Eudusen des Werra-Grabfeld-Raumes werden schon aus diesem Grunde keine andere Wahl gehabt haben, als zu ihren Stammesbrüdern an der Donau auszuwandern, wenn sie mit diesen andere als Thüringer Politik machen wollten. Zwischen ihren ehemaligen Wohnsitzen liegen einige Orte auf *-leben*, die in dieser Zeit von aus dem Thüringer Becken nachrückenden Haruden herrühren könnten. Auch nördlich des Harzes, im »Harudengau«, finden sich solche Namen; dieser gehörte auch zum Thüringer Reich, dessen Gründung in erster Linie den Angeln und Warnen zugeschrieben wird[128]. »Das Aufkommen des Thüringerreiches war durch eine Auffrischung der eingesessenen Nachkommen der Hermunduren durch Zuwanderer aus dem Norden möglich geworden. Das Recht der Thüringer, das 802 oder 803 aufgezeichnet worden ist, trägt den Titel ›Gesetz der Angeln und Warnen, das ist der Thüringer‹. Angeln und Warnen werden also den Thüringern gleichgesetzt. Die Anknüpfung an den alten Stammesnamen zeigt, daß es sich um einen Bund neuer Stämme mit dem alten handelt, so wie im Heere des Ariovist Haruden und Eudusen waren, die bei einer Staatsgründung mit den swebischen Stämmen zusammen erschienen wären.« (SCHWARZ 1956. 180) – Richtiger wohl: . . . erschienen *sind,* nämlich bei der Gründung des Hermundurenbundes.

Weitaus vorsichtiger äußert sich MILDENBERGER (1968. 201f): »Um 400 wird für die Bevölkerung Mitteldeutschlands zum ersten Male der Name Thoringi überliefert. Da innerhalb der spätrömischen Zeit keine Zuwanderungen oder Bevölkerungsveränderungen erkennbar sind, wird man den Namen Thüringer für die spätrömerzeitliche Gruppe anwenden dürfen. Der thüringische Stamm ist also am Beginn der späten Römerzeit durch die Verschmelzung der elbgermanischen Hermunduren mit den rheinweser-germanischen Bewohnern Thüringens entstanden, also etwa zur gleichen Zeit wie die übrigen germanischen Großstämme, nur ist sein Name wegen der größeren Entfernung vom Römerreich erst später überliefert worden. Die Beteiligung anderer Stämme oder Stammessplitter, etwa norddeutscher Angeln und Warnen, ist möglich, aber archäologisch nicht nachweisbar.«

Unter den »rhein-weser-germanischen Bewohnern« dürfen wir sicherlich die nordgermanischen Haruden verstehen, wie dies schon mehrfach dargelegt wurde. Und am Zuzug der Angeln und Warnen gibt es auch keinen Zweifel. Diese frisch aus dem Norden (Schleswig-Holstein) eingewanderten Stämme werden in erster Linie das Thüringer Becken, die Kornkammer Mitteldeutschlands, für sich in Anspruch genommen haben. Die von ihnen angelegten Orte auf *-stedt* liegen inmitten der älteren *-leben.* Einige Ortsnamen mit *Wern-* an Werra und Main könnten darauf hindeuten, daß sie sich auch hier niederließen, vielleicht nur als Oberschicht; die zahlreichen Ortsnamen auf *-stadt* in diesem Raum sind sicherlich den *-stedt* gleichzusetzen. Das Hauptsiedlungsgebiet der Warnen dürfte jedoch der ostsaalische Werenogau[129] gewesen sein. Die Volkskraft dieser beiden jungen Völker, die man ethnisch und geografisch zwischen Elbgermanen und Jüten[130] wird einstufen müssen, glich den Verlust der eudusischen und wohl auch südharudischen Substanz voll aus, so daß das Reich der Thüringer bald den Ruhm des hermundurischen Bundes übertraf. Ohne Zweifel dominierten sie in dem neuen Staat, man vermutet aber sicher mit Recht, daß an der Neugründung auch die mitteldeutschen Haruden noch entscheidend beteiligt wa-

Abb. 137: Ortband (Endbeschlag einer Schwertscheide) von Nebra.
Abb. 138: Thüringische Vogelkopffibeln von Stößen.
Abb. 139: Brosche von Weimar.

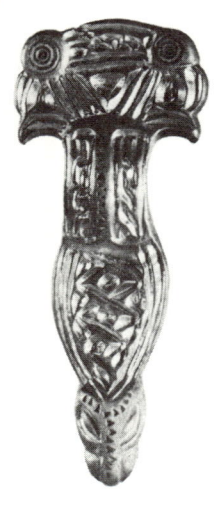

Abb. 140: Die Sachsen erschlagen die Thüringer Adligen und belehnen die Bauern (Untergang des Thüringer Reiches).

Abb. 141: Vor dem König ein Sachse (mit Sax), ein Franke (mit Mantel und Pelzkragen), ein Thüringer (mit Fisch) und eine Frau. Aus der Heidelberger Handschrift des Sachsenspiegels.

ren[131], obwohl ihr Name in der »Lex Angliorum et Werinorum hoc est Thuringorum« nicht erscheint. Man muß aber bedenken, daß diese erst im 9. Jh. niedergeschrieben wurde[132].

Die Rhöner, um die es hier hauptsächlich geht, sind von den neuen Stämmen zunächst kaum beeinflußt worden, zumal die Chatten die Gelegenheit nach dem Abzug der Eudusen benutzt haben werden, ihr Territorium auch hier endlich bis an die Werra auszudehnen. Doch später, als die innerdeutschen Grenzen durchlässiger wurden, hat der thüringische Einfluß zumindest die östlichen Rhöner entscheidend mitgeformt –

229

wie auch umgekehrt – deshalb dürfen sie hier nicht fehlen. Ohne die sehr auf ihre ethnische Reinheit bedachten Eudusen scheint das Eigenleben der thüringischen Stämme nicht mehr so ausgeprägt gewesen zu sein wie in hermundurischer Zeit, denn kulturelle Unterschiede innerhalb Thüringens sind jetzt kaum mehr zu beobachten. Die Werkkunst der Thüringer ist ebenso einheitlich wie bekannt wegen ihrer nordischen Gediegenheit *(Abb. 136–141)*.

Im 5. Jh. waren die Thüringer mit dem Hunnenfürsten Attila verbündet[133], dessen Reiterscharen 451 auf dem Rückweg von den Katalaunischen Feldern (Champagne/Frankreich) in der Rhön böse gehaust haben sollen. Wie mögen diese ihre Wut über die erste verlorene Schlacht – sie wurden von Römern und Germanen, hauptsächlich Goten, besiegt – an den armen Rhönbauern ausgelassen haben, wenn es stimmt, daß sich die Erinnerungen an ihre Greueltaten jahrhundertelang im Volksbewußtsein gehalten haben. Es muß allerdings bezweifelt werden, ob sich die Volksüberlieferungen tatsächlich auf die Ereignisse dieser Zeit beziehen. Möglicherweise gehen die Sagen auch auf die Einfälle der Awaren vom 6. bis 8. Jh.[134] oder auf die Ungarn zurück, denn diese beiden Völker wurden früher oft genug irrtümlich als Hunnen bezeichnet. Die Ungarn zerstörten z. B. Anfang des 9. Jh.s das Kloster Milz und 100 Jahre später Salzungen und einige Dörfer am Pleß[135].

Das vielversprechende Reich der Thüringer sollte nicht alt werden. Es wurde bereits im Jahre 531 ein Opfer der christlich-fränkischen Intrigen[136], denen diese »naiven Heiden« aus dem Norden nicht gewachsen waren. Tragischerweise hatten sich die nördlich benachbarten Sachsen mit dazu bewegen lassen, an der Niederwerfung der Thüringer teilzunehmen. Sie erhielten wohl einen ehrenvollen Anteil und konnten sich auch ihrer Freiheit noch eine Weile freuen, aber letztendlich erlitten sie das gleiche Schicksal wie die Thüringer – sie unterlagen nach langen Kämpfen den Franken und wurden Christen wie diese und jene.

Kapitel 12

FRANKEN

(Rhein-Weser-Germanen)

Planmäßige Kolonisation Mitteldeutschlands
Erstes deutsches Kaiserreich
Frühes Mittelalter
6.–10. Jh. nZ.

Vielleicht sollte man beim Entstehen der Franken nicht von einem »Bunde« sprechen, sondern nur von einem gemeinsamen Schicksal, das im Gegensatz zu den Römern und den unfreien Laeten im Streben gipfelt, sich westlich und südlich vom Rhein auszudehnen und in Gallien niederzulassen . . . Die Entstehung der Ostfranken wird . . . als hervorragendes Werk fränkischer Staatskolonisation aufgefaßt . . ., die große Masse des Volkes war . . . nichtfränkisch und elbgermanischer Herkunft.

ERNST SCHWARZ 1956. 152 ff

Durch eigene Schuld sind die Franken sehr ins Zwielicht geraten. Dennoch ist es ihr unbestreitbares Verdienst, die Einigung der durch die Völkerwanderung durcheinandergewirbelten und allzu selbständig gewordenen germanischen Stämme in Mitteleuropa bewirkt und damit den Grundstein zu dem späteren Deutschen Reich gelegt zu haben. Dem anfangs ziemlich lockeren Bund der Franken unter Führung der Salier traten seit ihrer ersten Erwähnung am Mittel- und Niederrhein im Jahre 258 im Laufe der Zeit fast alle rhein-weser-germanischen Stämme istwäonischen Ursprungs bei: Brukterer, Tenkterer, Usipier, Tubanten, Chattuarier, Hasuarier, Amsiwarier, Chamaver, Mattiaker und um 508 schließlich auch die ehemals wohl doch irminonischen Chatten[137] und mit ihnen natürlich die namentlich nicht mehr existierenden, aber in den Rhönern fortlebenden vormals ingwäonischen Haruden. Als Nachkommen auch der Tenkterer und Usipier waren die Franken demnach nicht nur Okkupanten, sondern gewissermaßen Rückkehrer.

»Der Name der Franken wird zuerst in römischen Nachrichten über das Vordringen dieser Germanen gegen den Rhein bald nach der Mitte des dritten Jh. genannt. Die Deutung des Stammesnamens dürfte, wie man schon im Mittelalter annahm, an die Begriffe ›mutig, kühn, ungestüm, frech‹ anzuknüpfen haben; gerne hat man Namen und Volkscharakter miteinander in Beziehung gesetzt. Eine nah verwandte Erklärung, die in den Franken die ›Freien‹ sieht, dabei an stolze Selbstbenennung eines Stammes denkt, der sich im wesentlichen von römischer Herrschaft freihielt, scheint zunächst auch einiges für sich zu haben; tatsächlich dürften aber ›Franke‹ und ›Freier‹ erst nach der Aufrichtung der fränkischen Herrschaft im Norden Galliens in der Rechtssprache annähernd zu Synonymen geworden sein; verglichen mit den oft minderfreien Gallorömern, war der Franke der Freie schlechthin.« (ERNST ZÖLLNER 1970. 1)

Abb. 142: Bonifatius fällt die Donareiche bei Fritzlar in Hessen.

Sicher klebt viel Blut an den Fingern der fränkischen Geschlechter der Merowinger und Karolinger, von den Königsmorden des 5.–7. Jh.s bis zur Massenschlachtung 746 in Cannstatt[138], welcher der gesamte alamannisch-schwäbische Heerbann (vielleicht mehr als 10 000 Mann!) zum Opfer fiel, und dem Blutbad 782 in Verden an der Aller[139], wobei 4500 freie Sachsen hingerichtet wurden. Hierfür gibt es keine Entschul-

234

Abb. 143: Bäuerliche Arbeiten in den 4 Jahreszeiten, Miniaturen aus dem Anfang des 9. Jh.

digung, auch nicht unter dem Aspekt, daß infolge der Völkerwanderung und durch orientalisch-religiösen Fanatismus in ganz Europa ein gewisser Sittenverfall eingetreten war. Dagegen sind die Kriegszüge gegen die Alamannen (496 bei Zülpich?) und Thüringer (531 bei Burgscheidungen?) ebenso wie gegen Westgoten (507) und -heruler, Thoringer, Burgunden (532), Langobarden, Baiern (555) und Sachsen politisch durch-

235

aus verständlich und ihre Erfolge respektvoll anzuerkennen vor dem Hintergrund ihrer Zeit und im Rahmen ihrer Möglichkeiten. Immerhin verstanden es ihre Könige und Hausmeier, wenn auch nicht nur mit diplomatischem Geschick, sondern oft genug mit Skrupellosigkeit, die anderen Stämme gegeneinander auszuspielen und einen nach dem anderen unter ihre Botmäßigkeit zu bringen. Auf der Basis der Freiwilligkeit hätte die Einigung der deutschen Stämme sicherlich wesentlich länger gedauert. Die seit etwa 500 römisch-katholischen Franken[140] setzten das von ihren Vätern in lauterer Absicht begonnene Einigungswerk mit größter Rücksichtslosigkeit fort, verhinderten aber gleichzeitig einen Zusammenschluß mit den arianischen Goten, Wandalen und Burgunden. Ihr Interesse war offensichtlich zunächst nur auf das Europa nördlich der Alpen gerichtet, obgleich eine gesamteuropäische Einigung damals, nach dem Untergang Roms, zu verwirklichen gewesen wäre.

Einen mächtigen Keil zwischen Alamannen und Chatten treibend, zogen sie mainaufwärts und zerschlugen mit den zunächst verbündeten heidnischen Sachsen das stolze Reich der Thüringer; und auf dem Fuße folgte die zwangsweise Missionierung *(Abb. 142)*. Die Grenzzonen profitierten zweifellos von der sofort dort eingeleiteten Kolonisierung *(Abb. 143)*. Im Tullifeld und im Baringau wurden z. B. gegen die zwar geschlagenen, aber immer noch zu fürchtenden Thüringer befestigte Orte angelegt: Herrensitze, die zugleich Zufluchtstätten für die Bauern waren, welche vielfach immer noch in Einzelgehöften siedelten, aus denen erst allmählich Dörfer wurden. Die alten Waldgaue konnten ihre relative Selbständigkeit nicht mehr lange behaupten. Sie fielen spätestens der von Karl martell eingeführten Grafschaftsverfassung *(Abb. 144)* zum Opfer, indem sie als Untergaue dem Grabfeld angegliedert wurden[141]. In dieser Zeit kamen anscheinend die Popponen zur Macht, aus denen das Grafengeschlecht von Henneberg hervorgegangen sein soll[142], dem dann die »freien« Bauern, Ganerben und Patrimonialherren mehr oder weniger lehnspflichtig waren; diese beherrschten ihrerseits den Rest der Bevölkerung. Für das Tullifeld wird die »Organisation der fränkischen Kolonisten, die zur Zeit der fuldischen Urkunden (8. Jh.) freilich schon weitgehend ihren politischen Charakter verloren hatte«[143], betont. Demnach wurden die Franken um diese Zeit nicht mehr ausschließlich als Herrenschicht empfunden, sie waren voll integriert und mit der Vorbevölkerung zum endgültigen Typus des Rhöners verschmolzen. Die zahlreichen Ortsnamen mit *Ober-, Unter-, Groß-, Klein-, -heim, -bach, -dorf, -born, -berg, -hof* usw. zeugen in reicher Fülle von der ersten fränkischen Kolonisationswelle vom 5.–8. Jh. in der

236

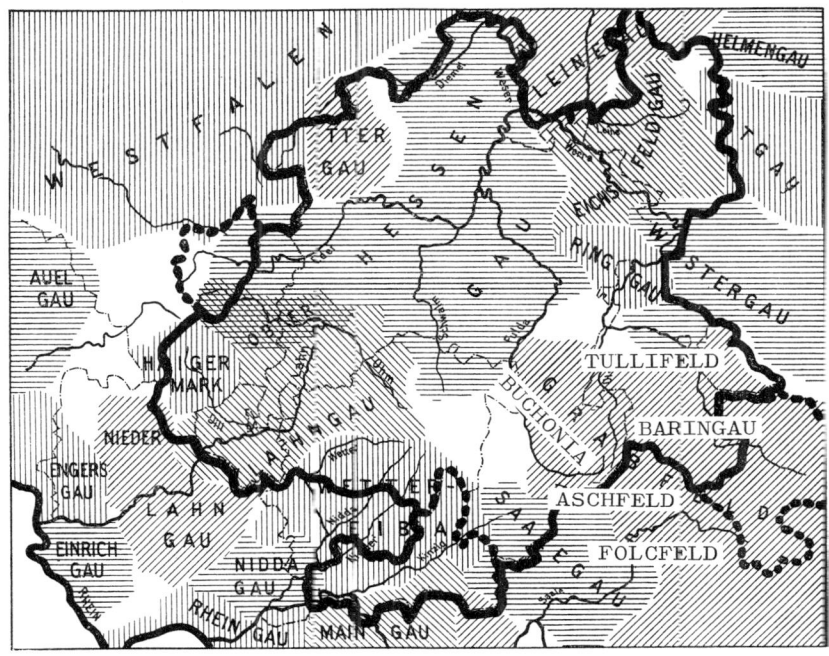

Abb. 144: Die karolingische Gaueinteilung Althessens. Die früheren »Wald-gaue« sind ergänzt.

Rhön und auch jenseits des *Rennstiegs,* der aber trotzdem bis heute eine deutliche Sprachscheide darstellt. Drüben spricht man fränkisch gefärb-tes »Dieringisch« und diesseits thüringisch durchsetztes Fränkisch, das dann links der Werra in das sogenannte »Hennebergische« übergeht, das man als ein hessisch-schwäbisch-niederdeutsches Gemisch mit nordgermanischem Einschlag bezeichnen kann, was sowohl der geogra-fischen Lage als auch der ethnogenetischen Entwicklung gerecht wird.

Zu den in frühfränkischer Zeit ausgebauten festen Marken gehören z.B. Klings, Weid, Katz, Herpf, Roßdorf und Walldorf sowie die drei »orientierten« *-heim-*Gruppen im Tullifeld-, im alten Grabfeld- und im Baringau. Als kleinere Siedlungen sind die meisten dieser Orte natürlich weitaus älter. Rings um diese Zentren gruppierten sich die Einzelgehöf-te, aus denen später die vielen *-hausen-*Dörfer erwuchsen, die teilweise selbst wieder zu Marken wurden. Manche Neugründungen verschwan-den auch wieder, wie zahlreiche Wüstungsnamen erkennen lassen, in

237

den wenigsten Fällen allerdings durch Kriegseinwirkung, wie irrtümlich oft angenommen wird, sondern vor allem durch Austrocknung von Brunnen und Auswanderung in die Ostgebiete, wo man sich fruchtbarere Äcker und größere Freiheiten erhoffte, später auch durch die sogenannte Landflucht, wegen größerer Sicherheit und vermeintlicher zivilisatorischer Annehmlichkeiten in den Städten.

In der zweiten fränkischen Siedlungsperiode, etwa von 800–1300, ließen die Frankenkaiser und -könige von weltlichen und geistlichen Fürsten neue Siedler aus den verschiedensten Völkerschaften heranholen. Ihre Ortsgründungen enden oft auf -*hagen, -hain, -rode, -kirchen, -zell* usw. In die Frühzeit dieser Periode gehören auch Ortsnamen, wie Odensachsen, Wüstensachsen, Kleinsassen, Sachsenau, Sachsenburg, Friesenhausen usf. Sie sprechen für sich selbst und erinnern an die von Kaiser Karl zwangsweise angesiedelten Sachsen und Friesen *(Abb. 145)*, natürlich nur Teile davon, wahrscheinlich die standhaftesten, die sich zu Hause nicht zu dem »alleinseligmachenden« Glauben bekehren lassen wollten – oder umgekehrt: die Gläubigen, die daheim nicht mehr sicher waren.

Auf die nicht minder unfreiwillig gekommenen Wenden gehen vielleicht Wenigentaft, Wünschensuhl, Windischenrosa und dgl. Namen zurück. Sie waren besonders in der Zeit der Klostergründungen als billige Arbeitskräfte sehr begehrt. Mebritz und Föhlritz sind trotz ihres slawischen Klangs eindeutige germanische Siedlungen, wie Helmers, Ekkardts, Seiferts, Bernhards usw., belegt durch die mundartliche Aussprache Mawerts und Fehlerts und alte Schreibweise, 1186 z.B. »am Ebnets«. Ebenso gehen die Ortsnamen auf -*winden* in der Regel auf ahd. *winja, winne* = Weide zurück, z.B. Hartschwinden = Weideplatz der Haruden[144].

Mit dem ausgehenden Mittelalter war die Besiedlung der Rhön beendet und der Rhöner vollendet, wenn man einmal davon absieht, daß nun durch größere Freizügigkeit auf individuelle Weise laufend anderes Blut hereinkam. Der Vollständigkeit halber müssen als potentielle Vorfahren noch Emigranten und Kriegsheere erwähnt werden, welche vor allem im 30jährigen Krieg sengend und brennend und nicht zuletzt auch vergewaltigend ihre Spuren hinterließen. Es waren vor allem Kroaten, Franzosen und Schweden, denen wir auf diese Weise eine bescheidene Verwandtschaft verdanken.

Diese fallen jedoch kaum ins Gewicht, ja nicht einmal die Stämme, die nur vorübergehend in der Nachbarschaft saßen. Wesentlich beteiligt an den Rhönern sind nur die Haruden, Chatten und Franken, also je ein

238

Abb. 145: Der Reiterstein (»Wotanstein«) von Hornhausen bei Halle, Grab-
stein eines sächsischen Adligen um 700.

Vertreter aus den drei germanischen Urstämmen Ingwäonen, Irminonen und Istwäonen, wenn man diese alten Kultbünde als solche anspre-
chen darf. Mit den Franken kam allerdings nicht nur eine fremde Religion, sondern auch ein ebenso fremdes Recht nach Deutschland. Doch
selbst unter Mönchskutten schlugen noch germanische Herzen, wie das

Ik gihorta ðat seggen ðat sih urhettun ænon muo
tin · Hiltibraht enti haðubrant untar heriun tuem,
sunu fatarungo. hiltibraht enti haðubrant untar heriun tuem
gudhamun gurtun sih iro suert ana · helidos
ubar ringa do sie to dero hiltiu ritun · hiltibraht
mahalta heribrantes sunu · her uuas heroro
man ferahes frotoro · her fragen gistuont fohem
uuortum · hwer sin fater wari fireo In folche · eddo
hwelihhes cnuosles du sis · ibu du mi enan sages · ik
mi de o dret uuet chind In chuninc riche · chud ist
min al irmin deot · hadubraht gimahalta hilti
brantes sunu dat sagetun mi usere liuti · alte anti
frote dea erhina warun · dat hiltibrant hætti
min fater · ih heittu hadubrant · forn her ostar
gihueit floh her otachres nid hina miti theotrihhe
enti sinero degano filu · her furlaet In lante luttila
sitten prut In bure barn unwahsan arbeo laosa
her raet ostar hina dæt sið detrihhe darba gi
stuontun fater er er min uuas · dat uuas so friunt
laosman her was otachre ummet tirri dega
no dechisto unti deotrichhe darba gistontun
her was eo folches at ente imo was eo pehhea ti leop
chud uuari her chonnem mannum ni panu ih
iu lib habbe irmingot quad

Hildebrandslied beweist. Dieses älteste erhaltene Stabreimgedicht, das um 600 herum entstanden sein dürfte, verdanken wir wahrscheinlich einem Rhöner, einem Fuldaer Mönch. Es blieb uns erhalten, weil er es auf die Innendeckel seines Gebetbuches schrieb *(Abb. 146)*; leider reichte der Platz nicht ganz, so daß uns der Schluß fehlt – er kannte ihn sicher auswendig und wird ihn leise vor sich hin gesprochen haben, während andere lateinische Bibeltexte aufsagten. Er wird auch auf seinen Reisen durch »die Buchen« dafür gesorgt haben, daß nicht alles verlorenging, was viele Generationen vor ihm an geistigen und kulturellen Leistungen geschaffen hatten, ebenso wie sein späterer Landsmann ULRICH VON HUTTEN, der bekannteste Ritter und gekrönte Dichter aus der Rhön, der im 16. Jh. als führender Humanist tapfer und unermüdlich für die geistige Renaissance und Aufklärung kämpfte, Fürsten, Bischöfen und Päpsten trotzend und seinen Rhöner Landsleuten ein bleibendes Denkmal setzend mit den stolzen Worten: »*Ich hab's gewagt!*«

»Das Hildebrandslied erzählt uns von einem dreifachen Kampf. Zuerst von dem spitzen Wortgefecht in lebendiger Rede und Gegenrede zwischen Vater und Sohn, wo Mißtrauen und trutzige Herausforderung dem Wissen, der Besonnenheit und dem heldischen Ehrbewußtsein des Vaters gegenübertreten. Dann die schweren Seelenkämpfe im Inneren des Vaters mit ihrer sehr erschütternden Tragik, die in dem Wehruf Hildebrands gipfelt. Er will noch das schreckliche Ende des Kampfes, das er voraus weiß, abwenden, ist sich aber bewußt, daß den Sohn die Beleidigung seines unerkannten Vaters durch den »fremden Hunnen« unwiderruflich zum Zweikampf verpflichtet. Diese fürchterliche Auseinandersetzung zwischen Vater und Sohn, die in schlichter Sachlichkeit und ernstem, pathoslosem Stil berichtet wird, weitet den Ausblick auf die große Tragik der germanischen Menschen, die sich im Ringen der Völkerwanderung, Bruderstamm gegen Bruderstamm, mörderisch vernichteten. (Emil Nack 1968. 237)

DAS HILDEBRANDSLIED

Übertragung der abgebildeten Handschrift:

Ik gihorta dat seggen,
dat sich urhettun aenon muotin,
Hiltibrant enti Hadubrant, untar heriun tuem
sunufatarungo: iro saro rihtun,
garutun se iro gudhamun, gurtun sih iro suert ana,
helidos, ubar hringa, do sie to dero hiltiu ritun.
Hiltibrant gimahalta Heribrantes sunu: her uuas heroro man,
ferahes frotoro; her fragen gistuont
fohem uuortum, hwer sin fater wari
fireo in folche, . . .
. . . eddo hwelihhes cnuosles du sis.
ibu du mi enan sages, ik mi de odre uuet,
chind, in chunincriche: chud ist mir al irmindeot

Hadubrant gimahalta, Hiltibrantes sunu:
dat sagetun mi usere liute,
alte anti frote, dea erhina warun,
dat Hiltibrant haetti min fater: ih heittu Hadubrant.
forn her ostar giweit, floh her Otachres nid,
hina miti Theotrihhe enti sinero degano filu.
her furlaet in lante luttila sitten
prut in bure barn unwahsan,
arbeo laosa her raet ostar hina.
sid Detrihhe darba gistuontun
fateres mines: dat uuas so friuntlaos man.
her was Otachre ummet tirri,
degano dechisto miti Deotrichhe.
her was eo folches at ente: imo was eo fehta ti leop;
chud was her . . . chonnem mannum.
ni waniu ih iu lib habbe' . . .
wettu irmingot quad* Hiltibrant obana ab hevane,
dat du neo dana halt mit sus sippan man
dinc ni geleitos' . . .
want her do ar arme wuntane bauga,
cheisuringu gitan, so imo se der chuning gap,
Huneo truhtin; »dat ih dir it nu bi huldi gibu.«

242

in hochdeutscher Übersetzung:

Ich hörte das sagen,
daß sich Ausfordrer einzeln trafen,
Hildebrand und Hadubrand, zwischen den Heeren,
Sohn und Vater. Sie sahen nach ihrem Panzer,
schlossen ihr Schirmhemd, gürteten sich ihr Schwert um,
die Reisigen, über die Ringe, da sie zu jenem Streit ritten.
Hildebrand anhob, er war älter an Jahren,
der Menschen Meister; gemessenen Wortes
zu fragen begann er, wer sein Vater wäre
der Führer im Volke . . .
. . . »oder wes Geschlechtes du bist?
Wenn du mir einen sagest, weiß ich die anderen mir,
Kind, im Königreiche. Kund ist mir alles Großvolk.«

Hadubrand, Hildebrands Sohn, begann also:
»Das sagten mir unsere Leute,
alte Meister, die zuvor da waren,
daß Hildebrand hieße mein Vater; ich heiße Hadubrand.
Ostwärts fuhr er einst, floh des Otaker Grimm,
mit Dietrich und vielen seiner Degen.
Verlassen im Lande ließ er sitzen
die Frau am Hof und den jungen Buben
ganz ohne Erbe. Er ritt nach Osten,
bald Dietrich zu darben begann
nun nach meinem Vater. Der gar Verfemte,
der war dem Otaker maßlos böse
und der Degen liebster dem Dietrich.
Er ritt nur an Volkes Spitze; ihm war Fechten das liebste.
Kund war er kühnen Männern.
Nicht glaub' ich, sei am Leben . . .«
»Zeuge, heiliger Gott, hoch du vom Himmel,
daß dennoch du nie mit so Versipptem
deine Sache führtest . . .«
Da nahm er vom Arm ab gewundene Ringe
aus klaren Gold, so wie's der König ihm gab,
der Hunnenherr: »Das schenk' ich nun aus Huld dir.«

Hadubrant gimahalta Hiltibrantes sunu:
»mit geru scal man geba infahan,
ort widar orte . . .
du bist dir alter Hun, ummet spaner,
spenis mih mit dinem Wortun, wili mih dinu speru werpan.
pist also gialtet man, so du ewin inwit fuortos.
dat sagetun mi seolidante
westar ubar wentilseo, dat inan wic furnam:
tot ist Hiltibrant, Heribrantes suno.«

Hiltibrand gimahalta, Heribrantes suno:
»wela gisihu ih in dinem hrustim
dat du habes heme herron goten,
dat du noh bi desemo riche reccheo ni wurti.«
»welaga nu, waltant got (quad Hiltibrant), wewurt skihit
ih wallota sumaro enti wintro sehstic ur lante,
dar man mih eo scerita in folc sceotantero:
so man mir at burc enigeru banun ni gifasta,
nu scal mih suasat chind suertu hauwan,
breton mit sinu billiu, eddo ih imo ti banin werdan.
doh maht du nu aodlihho, ibu dir din ellen taoc,
in sus heremo man hrusti giwinnan,
rauba birahanen, ibu du dar enic reht habes.«

»der si doh nu argosto (quad Hiltibrant) ostarliuto,
der dir nu wiges warne, nu dih es so wel lustit,
gudea gimeinun: niuse de motti,
hwerdar sih hiutu dero hregilo rumen muotti,
erdo desero brunnono bedero uualtan.«

do lettun se aerist asckim scritan.
scarpen scurim: dat in dem sciltim stont.
do stoptun to samane staim bort chludun,
heuwun harmlicco huitte scilti,
unti im iro lintun luttilo wurtun,
giwigan miti wabnum . . .

*(*hier endet der handschriftliche Text der Abb. 146)*

244

Hadubrand, Hildebrands Sohn, setzte fort:
»Mit dem Gere soll man Gaben empfangen,
Spitze gegen Spitze . . .
Du bist, alter Hunne, ein allzu schlauer,
lockst mich mit deinen Worten, willst werfen den Speer,
so alt du bist, und immer voll Untreu.
Das sagten alle mir, die die See befahren,
westlich das Weltmeer, daß Krieg ihn wegnahm.
Tot ist Hildebrand, Heribrands Sohn.«

Hildebrand anhob, Heribrands Sohn:
»Wohl aber seh ich an deinem Harnisch,
daß du daheim hast guten Herrn,
nimmer vom Reiche bannflüchtig reisest.
Wahrlich nun, waltender Gott, Wehgeschick wird.
Ich weilte der Sommer und Winter sechzig außer Landes,
seitdem man mich kürte zur Schar der Kämpen:
Vor keiner der Burgen der Tod mich schreckte.
Nun soll mich das eigene Kind mit dem Eisen treffen,
niederschlagen mit seinem Schwert oder ich ihm den Bluttod geben.
Doch kannst auch du spielend, wenn deine Kraft taugt,
von so altem Recken die Rüstung gewinnen,
den Raub dir erringen, wenn du ein Recht dazu hast.«

»Der wäre doch der feigste der Fahrer von Osten,
der den Kampf dir weigert, den dich wohl lüstet,
den gemeinsamen Zweikampf. Wenn du mußt, versuch es,
wer von uns seine Rüstung heut soll ablegen
oder über diese Brünnen beide walten.«

Da sprengten sie erst mit eschenen Speeren
in scharfen Schauern, es wehrten die Schilde.
Dann stoben die Starken zusammen im Fußkampf,
zerhieben harmlich die hellen Schilde,
bis ihnen die lindenen Schilde schartig wurden,
zerwirkt von den Waffen . . .

Vierter Teil

Zusammenfassende Übersichten und Schlußwort

Die Geschichte gehört dem Bewahrenden und Verehrenden,
dem, der mit Treue und Liebe dorthin zurückblickt,
woher er kommt, worin er geworden ist;
durch diese Pietät trägt er gleichsam den Dank ab für sein Dasein.
FRIEDRICH NIETZSCHE

Die wichtigsten Etappen der Rhönbesiedlung

5./4. Jt. vZ:

BANDKERAMIKER, bedingt seßhafte Wanderbauern aus dem mittleren Donauraum, dringen über Mittel- nach Nord- und Westdeutschland vor, siedeln u. a. auch auf den peripheren Flußterrassen der Rhön.

4./3. Jt. vZ.:

TRICHTERBECHERLEUTE (aus BANDKERAMIKERN und OSTSEEMEGALITHIKERN hervorgegangen) und MICHELSBERGER (aus BANDKERAMIKERN und NORDSEEMEGALITHIKERN) erobern Mitteleuropa.

3./2. Jt. vZ.:

SCHNURKERAMIKER = STREITAXTLEUTE überlagern von Osten her Vorbevölkerungen und bilden mit ihnen die Völkerfamilie der INDOGERMANEN, wenig später erreichen die westischen GLOCKENBECHERLEUTE, die Rhön umgehend, Mitteldeutschland.

16.–12. Jh. vZ.:

Auf den mittleren Rhönbergen bildet sich die FULDA-WERRA-KULTUR, eine eigenständige Gruppe der HÜGELGRABKULTUR, hervorgegangen aus autochthonen Populationen und zugewanderten EINZELGRABLEUTEN (= Teilgruppe der »ATLANTER« = ehemalige Bewohner der versunkenen Westhälfte Jütlands?).

12. Jh. vZ.:

URNENFELDLEUTE, indogermanische Wandervölker, in der Rhön vermutlich ILLYRER oder VENETER, siedeln in den Flußtälern.

7. Jh. vZ.:

THULINGER, UBIER u. a., durch Klimasturz in Norwegen heimatlos gewordene NORDGERMANEN (INGWÄONEN), lassen sich im Rhöngebiet und an der Rhône nieder.

4. Jh. vZ.:

KELTEN (VOLCER?) stoßen bis Mitteldeutschland vor und übernehmen politische Führung bis ins 1. Jh. vZ.

2. Jh. vZ.:

HARUDEN, wohl Bruderstamm der THULINGER, der sich zunächst in Jütland niedergelassen hatte, wo er durch Bodenauslaugung abermals heimatlos wurde, begründen in der Rhön die Waldgaue Buchonia, Tullifeld, Baringau und Aschfeld (Buchen-, Föhren-, Eiben- und Eschengau), außerdem Eichsfeld u. a. in Thüringen.

1. Jh. vZ.:

EUDUSEN, jütische SEEGERMANEN (IRMINONEN), verlassen aus demselben Grund ihre Heimat, vertreiben KELTEN, THULINGER und UBIER; sie gründen die Talorte auf *-ungen* zwischen den harudischen Bergsiedlungen, die in der Regel auf *-feld(en)* enden.

58 vZ.:

SWEBEN, Hauptstamm der ELBGERMANEN (IRMINONEN), vorher in Schweden beheimatet, vertreiben TENKTERER, USIPIER und TUBANTEN(?) aus Oberhessen, stoßen bis ins Elsaß vor, wo sie aber zusammen mit harudischen und eudusischen Kontingenten geschlagen und von den RÖMERN ausgewiesen werden.

58 nZ.:

CHATTEN, ursprünglich wohl SEEGERMANEN aus dem Kattegat (und deshalb auch IRMINONEN), jetzt Teil der RHEIN-WESER-GERMANEN, stoßen bis an Main und Saale vor, vertreiben die HERMUNDUREN vorübergehend bis hinter die Elbe (oder Saale?), verlieren jedoch nach der Salzschlacht das Thüringer Bekken, in das nun die unteren FULDA-WERRA-HARUDEN umgesiedelt werden; nur die RHÖNHARUDEN bleiben den CHATTEN botmäßig, die übrigen gehen in den HERMUNDUREN auf.

3. Jh. nZ.:

Die WERRA-SAALE-EUDUSEN verlassen ihre mitteldeutschen Sitze und vereinigen sich mit den DONAU-EUDUSEN zum Stamm der JUTHUNGEN, aus denen später die SCHWABEN hervorgehen. ANGELN und WARNEN, schleswig-holsteinische SEEGERMANEN (IRMINONEN), dringen in die freiwerdenden Gebiete nach und gründen mit den hermundurischen HARUDEN das Reich der THÜRINGER. Am Main konstituiert sich der Bund der ALAMANNEN aus SEMNONEN und Resten der HERMUNDUREN.

4. Jh. nZ.:

BUKINOBANTEN (BUCHENGAUER) erscheinen am Untermain als Bundesgenossen der ALAMANNEN und Oberschicht über MATTIAKER u. a.

250

5.–12. Jh. nZ.:

FRANKEN, aus den istwäonischen RHEIN-WESER-GERMA-
NEN hervorgegangen, unterwerfen nacheinander ALAMANNEN,
CHATTEN und THÜRINGER, kolonisieren die Rhön planmäßig,
siedeln später auch besiegte SACHSEN, FRIESEN und WENDEN
an.

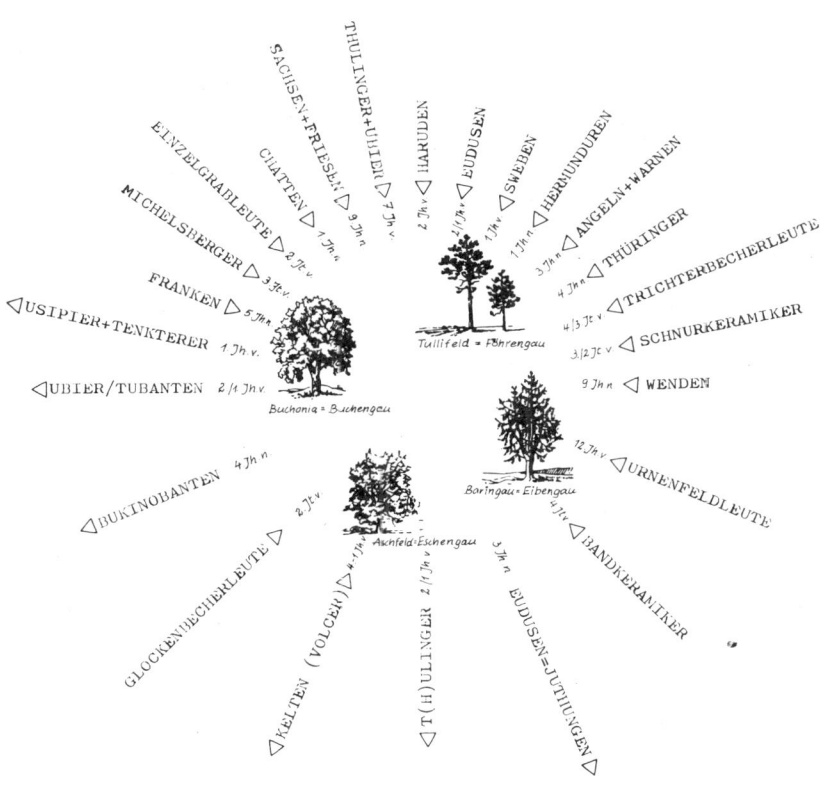

Abb. 147: Schematische Darstellung der Rhönbesiedlung.

Die Besiedlung der Rhön im Spiegel lokaler und weltweiter Geschichte

Siedler in der Rhön und Umgebung:	Zeit: histor. Ereignisse u. Zeitgenossen:

● ←——Hügelgrableute

Prägermanen

● ←——Urnenfeldleute

Urgermanen (Vorkelten?)

● ←——**Nordgermanen** (Thulinger) ——·—|

Rhöngermanen

● ←——Kelten (Helvetier/Volcae?) —— —|

**Seegermanen/Elbgermanen und
Rhein-Weser-Germanen:**

● ←——Haruden — — — — — — — — —|
● ←——Sweben (Quaden + Markomannen) —|
○——Thulinger und Kelten — — — — —
● ←——Eudusen — — — — — — — —|
○——Tenkterer/Usipier/Tubanten (?)— —|
○——Hermunduren/Quaden/Markomannen —
● ←——Chatten — — — — — — — —|
● ←——Hermunduren — — — — — —|
Bukino-, Barino- u. Tullibanten

● ←——Angeln + Warnen (Thüringer) — —|
○——Eudusen — — — — — — — —

○——Bukinobanten — — Alamannen — —

●●←——Franken — — — — — — —|

●←— — — — — — — — — —|

●←— — — — — — — — — —|
●←— — — — — — — — — —|
●←— — — — — — — — — —|
●←— — — — — — — — — —|

●←— — — Zweite fränkische — — —|
Siedlungsperiode

▼

Baiern, Hessen und Thüringer

1600 Bergsiedlungen u. Hügelgräber entst.
1300 Trockenperiode + Klimasturz
1200 Dorer (= Atlanter?) — — —→ Ägäis
     Italiker — — — —→ Norditalien
1000 Germanen — — —→ Oder-Weichsel
 900 Etrusker— — — → Italien
 800 2. Klimasturz, norw. Gletscher entst.
 786 1. Olympische Spiele
     Homer schreibt Ilias und Odyssee
 700 Bergfestungen in der Rhön
     Übergang von der Bronze- z. Eisenzeit
     Sweben — →Elbe. Zarathustra
     Alpengermanen — →Rhône
     Chatten—→Westfalen— →Hessen
     Jastorfkultur— — — —→Thüringen
 500 Westgermanen — →links d. Rheins
     Pythagoras, Xerxes. Buddha. Konfuzius
 450 Beginn der Latèneperiode
     Höhepunkt der keltischen Macht
 387 Kelten in Rom.-Sokrates, Platon
 345 Pytheas in Thule
     China baut ‚Große Mauer' gg. Hunnen
     Neue Ringwälle in der Rhön
 211 Hannibal in Rom. − Archimedes
     Skiren + Bastarnen → Schw. Meer
 113 ⚔ bei Noreja: Kimbern/Römer
 102 ⚔ Römer/Teutonen + Kimbern (101)
     → Oberrhein →.Gallien → Schweiz
  58 ⚔ Römer/Kelten + Germanen
     →Niederrhein.-Hermundurenbund
   8— →Elbe, Südhermunduren → Donau
   9 ⚔ im Teutob. Wald: Germanen/Römer
  58 ⚔ Salzschlacht an Werra oder Saale
  98 Tacitus schreibt ‚Germania'
     Römer bauen Limes gegen Germanen
 150 Ptolemäus verfaßt Erdkundebuch
     Goten — — — →Südrußland
 213 Gründung des Bundes der Alamannen
     → + Donau-Eudusen = Juthungen
     Burgunden →Main →Rhein →Rhône
     Ende der Christenverfolgungen in Rom
 350 Wulfila übersetzt Bibel
     →Mainmündung. Langobarden →Italien
 406 Wandalen → Rhein → Afrika
 451 ⚔ Römer + Germ./Hunnen + Germ.
     Juthungen → Rätien (Schwaben)
 496 ⚔ Franken/Alamannen u. werden kath.
 531 ⚔ Franken + Sachsen/Thüringer
 533 + 555 Untergang der Wandalen +
     Ostgoten. Awaren − Einfälle
     Mohammed begründet Islam
 687 Frankenapostel Kilian hingerichtet
 717 Wenden − Einfälle
 746 Blutbad Cannstatt: Franken/Alam.
 748 Sachsen − Einfälle
 782 Blutbad Verden: Franken/Sachsen
 805 Ungarn zerstören Kloster Milz
 901 −933 Ungarn zerstören Pleßdörfer
 962 Otto der Große Kaiser des Heiligen
     Römischen Reiches Deutscher Nation

⚔ = Schlacht,   / = Sieg über
● = Zuwanderung, ○ = Abwanderung

Ursachen der Hauptwanderungen

Nordische Wanderung (16. Jh. v.Z.)
Klimaoptimum erlaubt Besiedlung skandinavischer und mitteldeutscher Berglandschaften: HÜGELGRÄBERKULTUR in der Rhön.

Indogermanische Wanderung (13. Jh. v.Z.)
Trockenzeit, Erdbeben, Sturmfluten und Landsenkungen verursachen Abzug aus Jütland und Kattegatraum: ATLANTER (?) – DORER, URNENFELDKULTUREN.

»Swebische Landnahme« (7. Jh. v.Z.)
Temperatursturz mit Gletscherbildung in Norwegen hat Rückzug aus Skandinavien auf das Festland zur Folge: GAESATEN (THULINGER, UBIER u. a.), CHERUSKER (?), CHATTEN, SWEBEN.

Jütische Wanderung (2. Jh. v.Z.)
Naturkatastrophen, Auslaugung des Bodens und Überbevölkerung zwingen in Jütland zur Aufgabe der Lehmböden: KIMBERN, TEUTONEN, EUDUSEN, HARUDEN, WARNEN, ANGELN, AMBRONEN, WANDALEN, GOTEN, BURGUNDEN.

Abb. 148:
Mutmaßliche Herkunft und Wanderwege der Urrhöner.

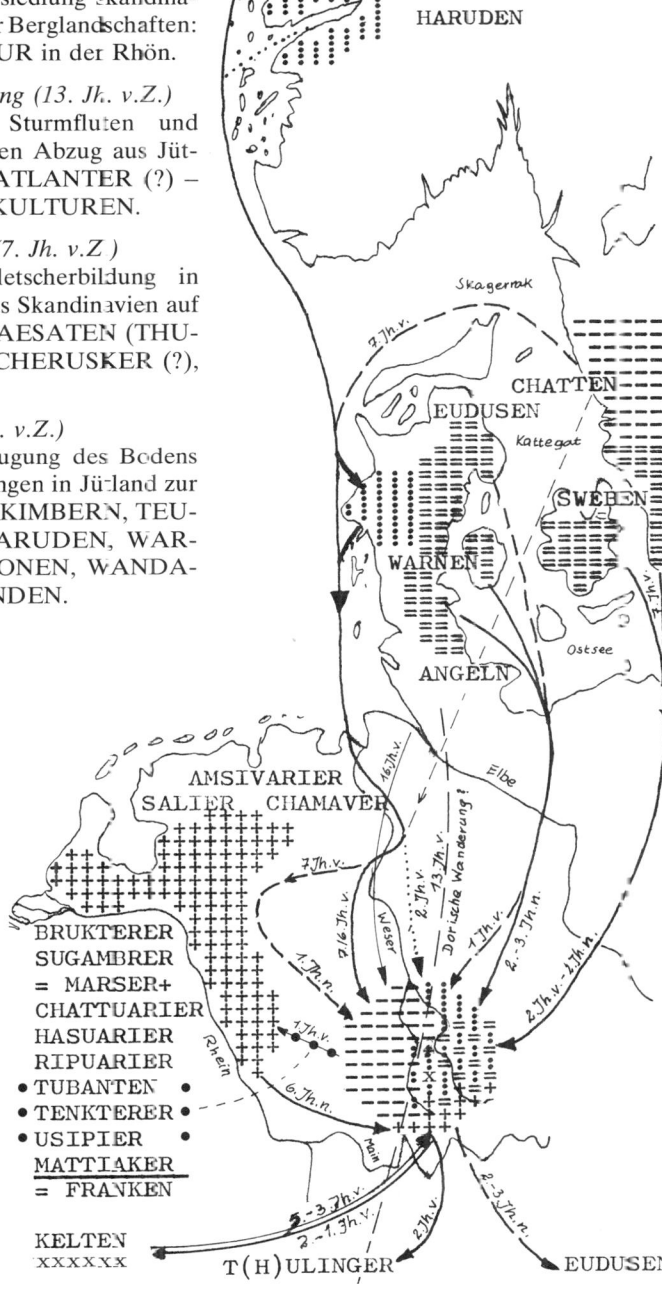

253

Schlußwort

Rückblickend sehen wir, daß fast alle ur- und frühgeschichtlichen Völkerschaften Europas irgendwann einmal den deutschen Mittelgebirgsraum »beeinflußt« haben. Ihre Kultur, ihr Brauchtum, ihre Sprache, kurzum: ihre ganze Art »floß« mit ihrem Blut »ein« in die jeweiligen Bewohner, wo sie weiterwirkt bis in unsere Tage. Das ist sicherlich nicht überall gleichermaßen so gewesen. In den Randgebieten Europas dominiert wahrscheinlich jeweils eine dort heimische Urbevölkerung bzw. die eine oder andere zugezogene Population mehr als hier in Zentraleuropa, wo sich fast alle Wege kreuzen.

Seit dem ausgehenden Mesolithikum ist eine permanente Ausstrahlung von Nord nach Süd zu beobachten, manchmal nur geistig-kultureller Art, oft aber auch als gewaltige Völkerbewegung, wenn das Küstenland an beiden deutschen Meeren wieder einmal zu eng wurde. Dort nämlich erwuchsen, allen Widerwärtigkeiten der Natur zum Trotz, immer wieder nicht nur neue junge Völker, sondern auch Ideen und Kräfte zur Bewältigung ihres Schicksals: gen Mitternacht geboren zu sein, wo der sonnenverwöhnte Südländer ewige Finsternis wähnt, wo aber in Wirklichkeit während des Mittsommers die Sonne nicht untergeht.

Und ob man es wahrhaben will oder nicht, dort gibt es für ein gesundes und stetig wachsendes Volk oft gar keinen anderen Ausweg als die Auswanderung. Das hat nichts mit eingeborenem »Drang in die Weite«, mit »Fernweh« oder »Eroberungsgelüsten« zu tun. Dagegen spricht neben der geradezu sprichwörtlichen Heimatliebe vor allem auch die allzu große Bereitschaft der Nordleute, fremde Leistungen höher zu schätzen als die eigenen. Wie anders sollte man es sich sonst erklären, daß das Schlagwort »ex oriente lux« jahrhundertelang nicht nur von ihnen geglaubt, sondern auch in aller Welt verbreitet wurde! Das ist nicht die Art eines Eroberervolkes, sondern eher der Ausdruck einer allzu übertriebenen Bescheidenheit und Selbstverleugnung, die in unserer Zeit bei fast allen überwiegend germanischen Völkern einen gefährlichen Höhepunkt erreicht haben.

Es war nicht zuletzt die Sorge um das wesentliche Deutschtum und das fast bis zum Zerreißen gespannte Band um die germanische Völkerfamilie, die dieses Buch entstehen ließ. An Hand eines kleinen Ausschnittes, am Beispiel des weithin unbekannten Völkchens der Rhöner, sollte gezeigt werden, wie vielfältig die Menschen zwischen dem Nordkap und den Alpen miteinander verbunden sind und welche heiligen Traditionen es zu bewahren gilt – hier und heute –, auf daß wir wieder zu uns selber finden.

Schließlich noch ein Wort zu diesen *Rhönern* im besonderen:

Als einem kleinen Völkchen der Mitte, das von vielen Seiten sowohl Verbindendes als auch Trennendes mitbekommen hat, ist den Rhönern Zurückhaltung, Bescheidenheit und Vermittlungsbereitschaft ebenso auf den Leib geschrieben wie Mißtrauen und Vorsicht. Ihr alter Wahlspruch »Räi on klår, treu on wåhr!« ist frei von jeglichem Eigenlob, selbstverständliche Verpflichtung zur eingeborenen Art. Von ihrem harten Los zeugen noch Berichte aus dem 19. Jh., als man einerseits etwas mitleidig von »unserer Gebirgsbevölkerung« sprach, andererseits aber achtungsvoll (oder um nicht »mager« sagen zu müssen?) ihren »hohen und schlanken Körperbau« hervorhob und auch sonst nicht mit Anerkennung sparte: »Neben diesen körperlichen Vorzügen, bei genügenden geistigen Anlagen, bewahren unsere Gebirgsbewohner noch alle Tugenden ihrer Väter: muthigen Sinn, große Biederkeit, Mäßigkeit, Ehrlichkeit und Fleiß, natürliche Höflichkeit, uneigennützige Gefälligkeitsbezeugung und Gastfreundschaft (bei Brod, Branntwein und gutem Willen), verbunden mit Vaterlandsliebe und Tapferkeit im Kriege (was Bayern und Hessen in zahlreichen Schlachten bewiesen) sind die hervorstechendsten Eigenschaften. Von dem Fleiße der Hessen[146] heißt es: Wo Hessen und Holländer[147] verderben, kann niemand Nahrung erwerben! Und trotz ihrer notorischen Armuth in dem steten Kampfe mit der feindseligen Natur ist ihnen das Betteln verhaßt; und sie hängen, dem nahen Vogelsberger ganz entgegengesetzt, der bei jeder Gelegenheit sein Geburtsland verleugnet, mit rührender Liebe an ihrer Heimath und werden gleich dem Schweizer von Heimweh ergriffen, wenn sie ihre Berge verlassen müssen. In den goldenen Zeiten der Bureaukratie galt die Rhön für ein kleines Sibirien, wohin man mißliebige Beamte und Geistliche verbannte.«[148]

Sei's drum! Die Rhöner wissen sehr wohl, daß sie Eigenarten und auch Eigensinn haben. Nicht zuletzt deswegen wurden sie jahrhundertelang von den großen Nachbarn, denen sie angegliedert waren, kulturell und wirtschaftlich benachteiligt. Doch heute kommen nicht nur Besucher aus nah und fern freiwillig und gern in dieses herrliche Fleckchen Erde und zu seinen Bewohnern, sondern auch Lehrer und Beamte, die man früher hierher strafversetzen mußte, als die Rhön noch »das Land der armen Leute« (RIEHL 1853) war. Aber ihre Reize waren auch damals schon be-

Abb. 149: Die Milseburg: »der schönste Berg der Deutschen« nach Alexander von Humboldt.

kannt, denn kein Geringerer als ALEXANDER VON HUMBOLDT nannte die Milseburg den schönsten Berg der Deutschen *(Abb. 149)*.

Heute ist die Rhön abermals »Grenzland im Herzen Deutschlands« (HANS SAUER 1974), aber sie ist und bleibt dennoch das »Land der Mitte« (RIEDER 1974), »eine besitzergreifende« (anon. 1974), »eine liebenswerte Landschaft mitten in Deutschland« (FRANZ SCHAUB 1974).

Kummer gewöhnt, tragen die Rhöner das schmerzliche Geschick der Teilung mit Geduld und Würde, wohl wissend, daß nichts ewig währt in dieser Welt. Und wie eh und je erschallt zu beiden Seiten der Grenze, die zwar teilt, aber nicht trennt, das Rhönlied von ANDREAS FACK:

> »Ich weiß basaltene Bergeshöh'n
> im Herzen der deutschen Gau'n,
> nicht riesenhoch, doch bezaubernd schön,
> möcht' immer und immer sie schau'n!«

Anhang I
Germanische Stammeskunde in Stichworten

Vorbemerkung: Die völkerkundliche Terminologie ist in der Literatur durchaus nicht einheitlich. Um Mißverständnissen vorzubeugen, werden einige wichtige Begriffe in dem Sinne erläutert, wie sie hier angewendet wurden. Die Kultbünde sind älter als die Sprachspaltungen (vgl. SCHWARZ 1956. 117), wonach in der Regel die Einteilung in NORD-, SÜD-, OST- und WESTGERMANEN vorgenommen wird.

1. Vorgermanische Kulturen und Völkerfamilien

1.1 INDOGERMANEN: Eurasische Sprachfamilie, deren ethnische Verwandtschaft und frühere Nachbarschaft aus gemeinsamen Wortwurzeln erschlossen werden kann: GERMANEN, KELTEN, ITALIKER, LATINER, SLAWEN. ILLYRER, VENETER, DAKER, THRAKER, ARIER u. a.

1.2 PRÄGERMANEN: Kulturen des Neolithikums in später germanischen Stammgebieten, aus denen sich URGERMANEN entwickelten: MEGALITH-, TRICHTER- und GLOCKENBECHER-, SCHNURKERAMIK- oder STREITAXTKULTUR, MICHELSBERGER.

1.3 URGERMANEN: Aus prägermanischen Kulturen hervorgegangene Populationen der Bronze- und Eisenzeit, die später als GERMANEN erscheinen: Nord- und mitteldeutsche HÜGELGRAB-, EINZELGRAB- und URNENFELDLEUTE, JASTORFKULTUR, aber auch aus diesen Gebieten abgewanderte Stämme, wie ATLANTER, DORER u. a.

2. Geografische Gliederung der germanischen Stämme

2.1 NORDGERMANEN
2.1.1 NORDSEEGERMANEN: THULER, HARUDEN, KIMBERN, TEUTONEN, AMBRONEN, FRIESEN, REUDINGEN, *UR*WANDALEN, -HERULER, -BURGUNDEN, -RUGIER, -HASDINGEN.

2.1.2 OSTSEEGERMANEN: EUDUSEN, AVIONEN, ANGELN, WARNEN, WINILER, SVIONEN, DÄNEN, *UR*SWEBEN, -CHATTEN, -CHERUSKER, -GOTEN.

2.2 WESTGERMANEN
2.2.1 ELBGERMANEN: SWEBEN, QUADEN, SEMNONEN, MARKOMANNEN, TRIBOKER, NEMETER, WANGIONEN, LANGOBARDEN, HERMUNDUREN.

2.2.2 RHEIN-WESER-GERMANEN: SALIER, CHAUKEN, CHAMAVER, BRUKTERER, AMSIVARIER, ANGRIVARIER, SUGAMBRER, CHATTUARIER, HASUARIER, MARSER, KUGERNER, RIPUARIER, CHATTEN, BATAVER, KANNANEFATEN, MATTIAKER, CHERUSKER, DULGUBNIER, KALUKONEN und
RHÖNGERMANEN: THULINGER, UBIER, TENKTERER, USIPIER, TUBANTEN.

2.3 OSTGERMANEN: SKIREN, GEPIDEN, LUGIER, RUGIER, SITHONEN, SILINGEN, HASDINGEN, WANDALEN, BURGUNDEN, HERULER, GOTEN, BUREN.

2.4 ALPENGERMANEN: TYLANGIER, DALITERNEN, TEMENIKER, KALUKONEN.

2.5 HALBGERMANEN: BELGEN, BASTARNEN, SEDUNI, VERAGRI, Reste der TEURIER und VOLCER(?), TULINGER(?).

3. Frühgermanische Kultbünde

Nach PLINIUS und TACITUS bestand eine uralte Dreiteilung der germanischen Völker, welche nicht nur auf religiösen, sondern auch sprachlichen und ethnogenetischen Unterschieden beruhte:

3.1 INGWÄONEN, etwa identisch mit den NORDSEEGERMANEN: Monotheistischer Asenglaube und Wanenkult kommen sowohl nebeneinander als auch miteinander verquickt vor. Hauptgott ist Thor, die Göttinnen tragen verschiedene Namen, z.B. Holle, Fulda. Opfertier ist vor allem der Ziegenbock.

3.2 IRMINONEN, etwa identisch mit ELB- und OSTSEEGERMANEN: Wanenkult dominiert neben dem Asenglauben. Hauptgott ist Freyr, Tyr, Tiuz, Ziu, Irmin (wohl alles landschaftlich verschiedene Namen desselben Gottes); Göttinnen: Freija, Nerthus. In Kultzentren, die meist an Seen oder auf Inseln lagen, sollen auch Menschenopfer dargebracht worden sein.

3.3 ISTWÄONEN, etwa identisch mit den ursprünglichen RHEIN-WESER-GERMANEN: Ausgeprägter Asenglaube, der mit Wodan an der Spitze früher polytheistischen Charakter annimmt als bei den anderen Bünden.

Bei den IRMINONEN scheint ein slawischer, bei den ISTWÄONEN ein keltischer Einfluß auf das Kultgeschehen vorzuliegen, der vielleicht auf die Grundbevölkerungen in diesen Gebieten zurückgeht, welche sowohl die OST- und WESTGERMANEN als auch deren jeweilige Nachbarn mitprägten.

4. Germanische Stammesbünde

4.1 SWEBEN: Ostsee- und elbgermanische Stämme, die im 2./1. Jh. vZ. KELTEN und keltisierte Stämme der GERMANEN aus Mitteldeutschland vertrieben, 58 vZ. jenseits des Rheins zum Stehen gebracht.

4.2 HERMUNDUREN: Nach dem Verfall des Swebenbundes vom 1.–4. Jh. nZ. mitteldeutsches Bündnis, dem sowohl IRMINONEN (RESTSWEBEN, EUDUSEN), INGWÄONEN (HARUDEN) und ISTWÄONEN (MARSINGEN) angehörten, vielleicht auch Reste von KELTEN (VOLCER, TEURIER) und ILLYRERN oder VENETERN (NARISTEN oder VARISTEN). Nach Abfall der später alamannischen Stämme und Zuzug von ANGELN und WARNEN entstand daraus das Reich der THÜRINGER.

4.3 ALAMANNEN: Kampfbund zur Bezwingung des Limes, 213 erstmals genannt, bildete sich am oberen Main aus zugewanderten SEMNONEN und Teilen der HERMUNDUREN. JUTHUNGEN (Nachkommen der EUDUSEN) gehörten dem Bund zwar an, wahrten aber ihre Selbständigkeit und nannten sich später SCHWABEN.

4.4 FRANKEN: formierten sich seit etwa 258 unter Führung der SALIER aus den RHEIN-WESER-GERMANEN, unterwarfen schließlich alle deutschen Stämme.

4.5 SACHSEN: seit 286 vereinigte nordseegermanische Stämme.

5. Wahrscheinliche Bedeutung germanischer Stammesnamen

ALAMANNEN

Freie Männer (vgl. Allod = frei vererbliches Eigentum, Allmende = freies Land in Gemeinbesitz), ähnlich wie die MARKOMANNEN (Grenzmänner) aus Jungmannschaften verschiedener Stämme zusammengesetzte Grenzschützer und Neulandgewinner (vgl. got. *alan* = wachsen, vergrößern, ausdehnen: lt. *alere,* griech. *álthomai* = werde heil!).

AMBRONEN

Kinder. Jungmannschaft der TEUTONEN.

AMSIVARIER

Anwohner der Ems.

ANGELN

Winkelbewohner (nach der dreieckförmigen Halbinsel südl. von Flensburg, vgl. Dreiangel) – oder wie

ANGRIVARIER

Weidelandbewohner (vgl. Anger = Dorfweide; dän.-norw. *eng* = Wiese), Ggs. WANGIONEN.

AVIONEN

Inselbewohner (friesische oder Kattegat-Inseln?).

BAJUWAREN

Bewohner des ehemaligen Landes der BOJER.

*BARINOBANTEN

Bewohner des Barin- oder Eibengaues in der Rhön (vgl. norw. *barnål* = Tannennadel, *barlind* = Eibe).

BASTARNEN

Mischlinge (vgl. Bastard), im Ggs. zu den SKIREN; weniger wahrscheinlich: Korb- oder Bastflechter.

BRUKTERER

Bruch- oder Sumpflandbewohner.

BUKINOBANTEN

Bewohner des Buchengaues in der Rhön.

BURGUNDEN

Berglandbewohner.

CHATTEN

Mutige, Kecke (vgl. norw. *kåt* = übermütig), nach ihnen benannt:

Kattegat = Seestraße der CHATTEN, vielleicht auch umgekehrt: CHATTEN = Anwohner des Kattegats; nicht überzeugend ist Hutleute nach norw. *hatt* = Hut.

CHATTUARIER

Bewohner des ehemaligen Landes der CHATTEN in Westfalen, vielleicht die früheren SUGAMBRER und/oder MARSER.

CHAUKEN

Hochgewachsene oder Hochwohnende (Wurtenbewohner?).

CHERUSKER

Hirsch(gott)verehrer (vgl. germ. *herut* = Hirsch) oder Schwertkämpfer (vgl. ahd. *heru* = Schwert).

DALITERNEN

Talbewohner. Teilstamm der WANDALEN (?).

DÄNEN

Sumpf- oder Tieflandbewohner.

DULGUBNIER

Kämpfer (vgl. germ. *dū!ga* = Streit, Feindschaft).

*DUREN

oder *DUSEN, germ. *DUROZ oder *THUROZ: Reine, Harte, Zuverlässige, Dauerhafte, Bewahrende; nur aus den zusammengesetzten (?) Namen EUDUREN, HADUREN (?) und HERMUNDUREN sowie ähnlichen idg. Namen (TURONEN, TEURIER, DORER) zu erschließen und aus dem Landschaftsnamen Dyrsland in Ostjütland (?). (Vgl. mhd. *dūren* = dauern, währen, an. *dýrr* = teuer, engl. *true* = wahr, lt. *durus* = rein, hart, griech. *dróos* = fest, aind. *turas* = rasch, kräftig). Daneben zu erwägen: Nachkommen oder Verehrer des Dor (Donar, Thor)[148].

EUDUSEN

oder EUDUREN, E(U)DURES, EUDOSEN, -ES, SEDUSII (verderbt) EUDUSIANI: (1) Steigerung von *DUREN (vgl. griech. *eu* = edel, wohlgeboren) = ursprüngliche, unvermischte, artreine, echte, dauerhafte, vollwertige *DUREN; (2) aus *eu* = edel usw.[149] und *duren* = Wesen (vgl. norw. *dyr* = Tier, ahd. *tior*, got. *tius,* afries. *diar;* urverw. aslaw. *dusa* = Atem) svw. Menschen (edle Wesen); (3) nach SCHWARZ: aus an. *ioð,* germ. *euthuz* oder *euðus* = Abkömmling; im Grunde gleichbedeutend mit (2), denn in beiden Fällen ist Abkunft höherer, edler Art gemeint (vgl. engl. *youth* = Jugend, ahd. *juncfrouwe* = Edelfräulein, mhd. *junc-here* = Edelknabe, später Junker, idg. *éudh,* ahd. *ūtar,* griech. *ūthar,* aind. *udhar* = Euter).

EUTEN

oder EUCII, EUTII, EUTHIONES, YTAS, YTE, EOTAS, EO-
TAN, JOTAR, JUTAE, JÜTEN: nach Schmidt alles spätere Formen
von EUDOSEN (s. EUDUSEN), nach Schwarz zu an. *YTAR,* dieses von **EUTIOZ* = Menschen, also auch gleichbedeutend mit EU-
DUSEN!

FLAMEN

Flachlandbewohner.

FRANKEN

Mutige, Kühne, Ungestüme, Freche (vgl. an. *frakkr* = schlagfertig,
entschlossen), erlangte später die Bedeutung Freie (von Rom Unab-
hängige).

FRIESEN

Freie (vgl. ahd. *fri* = frei) oder Bewohner des äußersten Küstenstrei-
fens (vgl. idg. *fer, fars* = Rand).

GAESATEN

Speermänner. Keltische Bezeichnung für germanische Söldner, also
kein Stammesname!

GAMBRIVIER

Entschlußfreudige, Rasche in Wort und Tat.

GAUTEN

Männer (vgl. an. *gotnar* = Männer, verw. germ. **geutan* = gießen).

GEPIDEN

Bedächtige, Zauderer oder Sumpfbewohner (vgl. idg. *gip* = Sumpf,
Morast).

GOTEN

Männer, s. GAUTEN.

HARUDEN

oder CHARUDEN, AROTHI, HADUREN: Bergwaldbewohner
(vgl. ahd. *hard* = Bergwald) oder Helden (zu idg. **karuts* = gewalttä-
tige Menschen)[150]; auch Nachkommen bzw. Verehrer des Asen Har
(d. i. der Hohe) ist erwägenswert. Vgl. *DUREN.

HASDINGEN

Langhaarige.

HASUARIER

Bewohner des Landes an der Hase (bis zum Osning).

HERMUNDUREN

s. *DUREN und EUDUSEN: Vereinigte *DUREN oder erhabene,

beherrschende, göttliche Abkömmlinge (vgl. *hermun* = irmin = heilig, erhaben, göttlich; sicherlich verwandt mit IRMINONEN oder HERMINONEN).

HERULER

Vornehme, Edle.

JUTHUNGEN

Abkömmlinge der EUDUSEN.

JÜTEN

s. EUTEN.

KALUKONEN

Kalkbodenbewohner.

KIMBERN

Bewohner des Himber- oder Himmerlandes, d.i. das Land vor dem Himmel, an der Kimm(ung), am Sehkreis bzw. Seehorizont (Nordjütland), nach *Tacitus* dem Ozean am nächsten; weniger wahrscheinlich: Kämpfer, Helden (vgl. an. *kempa*) oder gar Räuber (als kelt. Spottname).

KUGERNER

oder KUBERNER: Kuhdiebe (kelt. Spottname) an Stelle eines unbekannten älteren Eigennamens, evtl. Teilstamm der SUGAMBRER.

LANGOBARDEN

Langbärte. Übername der WINILER.

LUGIER

Verschworene, Verbündete (vgl. lat. *ligo* = verbinden) oder Späher als Übername für WANDALEN oder einen nichtgermanischen Stamm (?).

MARKOMANNEN

Grenzmänner (Thür. Wald, Rhön, Böhmerwald, Schwarzwald?).

MARSER

oder MARSEN: Teilstamm der SUGAMBRER.

MARSINGEN

Abkömmlinge der MARSER, Teilstamm der HERMUNDUREN.

MATTIAKER

(Ehemalige) Bewohner von Mattium (kelt. Oppidum).

NARISTEN

oder VARISTEN: Flußanwohner (Regen?) oder Nerthusverehrer;

wohl germanisiertes venetisch-illyrisches Restvolk des swebischen und hermundurischen Bundes.

NEMETER
Waldbewohner (vgl. *nemeton* = kelt. Waldgott).

QUADEN
Schwache (vgl. *quatt* = weich) oder Verdorbene, Unzuverlässige, Abtrünnige (vgl. mhd. *quât* = böse sein)?

RIPUARIER
Uferbewohner (an Rhein oder Mosel).

RUGIER
Roggenesser oder Roggenbauern.

SACHSEN
Schwertträger (zu germ. *sax* = Hiebschwert).

SALIER
Anwohner des Salzsees (Zuydersee).

SEMNONEN
Sippengenossen, Zusammengehörige.

SILINGEN
Nachkommen der *SILEN = Bewahrer des Kultgeschirrs (vgl. an. *sili* = Geschirr).

SITHONEN
Tieflandbewohner.

SKIREN
Reine, Unvermischte, Ggs. BASTARNEN.

SUGAMBRER
oder SIGAMBRER: Hüter des Stammesheiligtums, Teilstamm der GAMBRIVIER, (vgl. SILINGEN!).

SWEBEN
oder SUEVEN, SUEBEN: Wir selbst, Menschen eigener Art. Bedeutungskreuzung mit schweben = über die Wellen gleiten (vgl. Schwan) ist denkbar[151].

SVIONEN
später SCHWEDEN: Verwandte, Verschwägerte, s. SEMNONEN.

TENKTERER
Verbündete (vgl. aisl. *teng* = zusammenbinden).

TEURIOCHAEMAE
Bewohner des ehemaligen Landes der TEURIER, svw. HERMUN-DUREN.

TEUTONEN
Bewohner des (ursprünglichen) Volkslandes, keltisiert aus germ. *THEUDANOZ (zu *theudō = Volk).

THULER
Hochlandbewohner (vgl. idg. *telā oder tul, lat. tollere = erhöhen, air. tulach = Hügel, aslaw. dūlmū = Hügel, kelt. tul = Schildbuckel, ahd. tuli = Erdwall).

THULINGER
Abkömmlinge der THULER (in der Rhön).

THÜRINGER
Abkömmlinge der HERMUNDUREN; Ableitung von Thor oder *theut wird auch erwogen, ist aber unwahrscheinlich.

TRIBOKER
kelt. Übername für einen swebischen Teilstamm (?).

TUBANTEN
Die in 2 Gauen Wohnenden oder Verbündete (vgl. got. bandi = binden, bandwa = Heerbann, etwa analog zu Trabant = ursprünglich Kampfgefährte).

TULINGER
keltisierter Name der THULINGER, am Oberrhein.

*TULLIBANTEN
Bewohner des Tulli- oder Föhrengaues in der Rhön.

TYLANGIER
gräzisierter Name der THULINGER, an der Rhône, identisch:

UBERI
die Oberen (an der oberen Rhône)?, identisch:

UBIER
Wohlhabende, Üppiglebende oder Üble, Abtrünnige?

USIPIER
oder USIPETEN: Gut-Berittene (kelt. Übername).

WANDALEN
Fjordbewohner (= Wassertalbewohner) (vgl. norw. wann = Wasser, ndl. want = Fischnetz), Fischer. Ableitung von germ. vandjan = wenden oder ahd. wantalōn = wandern ist unwahrscheinlich.

WANGIONEN
Ackerlandanwohner, Feldbewohner (vgl. ahd. wang = Feld), gemeint ist wohl die Wetterau.

WARÄGER
Eidgenossen, WIKINGER in Rußland.

WARNEN ·
Wasser- oder Meeranwohner.

WIKINGER
Lagerleute (vgl. ags. *wikjan* = lagern) ohne feste Bleibe.

WINILER
Siegreiche Kämpfer, Gewinner; später: LANGOBARDEN.

* = wissenschaftlich, z. B. durch Analogieschluß, ermittelte (nicht schriftlich überlieferte) Namen und Begriffe.

Anhang II
Beiträge zur mitteldeutschen Ortsnamenkunde

Vorbemerkung: Als man im 19. Jh. gewisse Zusammenhänge zwischen Volksstämmen einerseits und Ortsnamentypen andererseits entdeckte, war zunächst eine euphorische Überbewertung die Folge, die aber bald von einer um so schlimmeren Ablehnung abgelöst wurde, nachdem sich erste zu hohe Erwartungen nicht erfüllt hatten. Trugschlüsse, heillose Verflechtungen und Irrtümer brachten den jungen Forschungszweig in argen Verruf, so daß EDWARD SCHRÖDER nachdrücklich forderte, die Lokalhistoriker mögen erst einmal mit der Bereitstellung reichen Vergleichsmaterials den Philologen in die Hände arbeiten. Deren Aufgabe sei es dann, die methodisch, archivalisch, geografisch und phonetisch fundamentierten Siedlungs- und Flurnamensammlungen für die Siedlungsgeschichte aufzubereiten. Die nachfolgend behandelten Ortsnamen (= Siedlungs-, Gau-, Berg-, Fluß- und Flurnamen) wollen ganz in diesem Sinne als reine Arbeitshypothesen verstanden sein, ohne Anspruch auf Vollständigkeit und Richtigkeit im einzelnen. Wenn gewisse Ortsnamen, die hier als typisch mitteldeutsch oder sogar stammesspezifisch bezeichnet werden, gelegentlich auch in anderen Gebieten vorkommen, darf dies nicht als Beweis dafür gelten, daß es sich also um gemeingermanische oder -deutsche Formen handele. Die willkürliche Schreibweise im Mittelalter hat andererseits dazu geführt, daß viele Namen bewußt oder unbewußt abgewandelt, synonym angeglichen, verballhornt, verstümmelt und damit sinnentstellt wurden, so daß zunächst einmal alle »verdächtigen« Namen aufgespürt werden müssen, auch wenn der erste Augenschein trügt.

1. Ortsnamen-Bestimmungswörter

Siedlungsnamen gehen oft von den Nachbarn aus, insbesondere in Grenzgebieten, wo sich zwei Stämme berühren. Dort finden sich vor allem auch Stammesnamen als Bestimmungswörter, allerdings oft bis zur Unkenntlichkeit verstümmelt. Deshalb wurden hier auch solche Namen mit aufgenommen, die als (anders) geklärt gelten oder wegen ihrer jün-

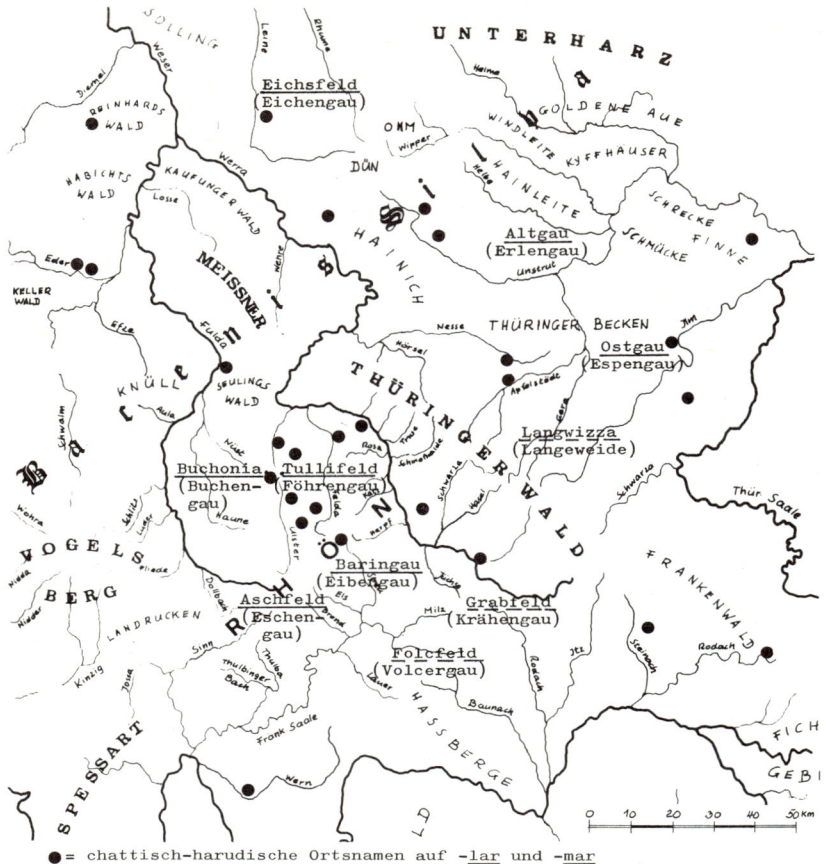

● = chattisch-harudische Ortsnamen auf -lar und -mar

Abb. 150: Potentielle Gaunamen der Haruden und Eudusen in Mitteldeutschland.

geren Suffixe (z.B. *-heim, -hausen, -rode*) in der Regel ausgeschieden
werden. SCHRÖDER präsentiert z.B. den Ort Herreden nach einer
Schreibweise von 797 als Hasareoda. Da die Ortsnamen auf *-rode* recht
beständig sind (das genannte Jahr erscheint übrigens hierfür als zu früh),
wird man sich fragen müssen, warum sich die alte Form nicht gehalten
hat – oder ob sich nicht ein damals schon verballhorntes Harudaha
(Harudenbach) dahinter verbirgt! Die älteste schriftliche Überlieferung
muß mitnichten auch die richtige sein!

Wenn also selbst so klare Grundwörter entstellt werden können, wie-
viel mehr sind dann erst die Bestimmungswörter gefährdet, zumal wenn

272

längst vergessene Volksstämme dafür Pate gestanden haben. Hier ließen die mittelalterlichen Kanzleischreiber ihrer Fantasie freien Lauf und praktizierten nach Gutdünken synonyme Angleichung und Verballhornung (vermeintliche Richtigstellung).

Mit ebensogroßem Interesse wie mit besonderer Vorsicht sind mitteldeutsche Ortsnamen zu behandeln, die mit *Har(dt)-, Her-, Hor-, Cat-, Kat(z)-* oder *Jud-, Jüd-, Jüt(z)-* beginnen, denn sie könnten von den HARUDEN, CHATTEN und EUDUSEN (JÜTEN) abgeleitet sein. Zu beachten ist jedoch, daß *hard* = Bergwald ein gemeingermanisches Wort war und daß im Mittelalter unheimliche Gegenden »volkstümlich« (so HEINRICH DITTMAIER, richtiger wohl: auf Geheiß der Kirche) Juden-, Teufels-, Hexen- oder auch Katzennamen erhielten. Insbesondere »Judenfriedhöfe« erweisen sich jedoch oft als vorgeschichtliche Kult- und Fundstätten. Da die aus dem Norden zugewanderten GERMANEN gern verfallene keltische und vorkeltische Wallanlagen als Sitze der Asen und Riesen deuteten, wird man bei den »Judenfriedhöfen« in erster Linie an Jötenheime zu denken haben (vgl. norw. *jotun* = Bergriese). Die Nordmänner, die Befestigungsanlagen aus ihrer Heimat nicht kannten, betrachteten die Walltrümmer als Sitze der Riesen (= Jöten), vgl. *Kap. 7.* In der Regel ist dann in unmittelbarer Nachbarschaft auch ein Asenberg zu finden, der meist eine freie sonnige Fläche aufweist, wo das Thing stattfand, daher auch die vielen Geismare, Ziegen- und Bocksberge, weil dort Ziegenböcke zu Ehren des nordischen Gottes Thor geopfert wurden. Im Falle des »Judenhügels« bei Königshofen im Grabfeld hat der alte Name sogar dazu geführt, daß im Mittelalter dort ein riesengroßer echter Judenfriedhof angelegt wurde, der heute noch vorhanden ist *(Abb. 151).*

Bei patronymischen Ortsnamen-Endungen kann das anscheinend von einem Stammesnamen herrührende Bestimmungswort auch ein echter Personenname sein, denn die GERMANEN nannten sich gern nach benachbarten Stämmen; hier nur eine kleine Auswahl solcher Rufnamen: Ambri, Arodus (Aruth), Katualta, Cimberius, Lugius, Thuring, Vangio, Wandil = Ambrone, Harude, Chattenfürst, Kimber, Lugier, Thüringer, Wangione, Wandale; Boiorix, Engilrich = mächtiger Boier, Angele; Eodunc, Erilar, Winnilo, Eowa = Juthung, Heruler, Winiler, Avione (oder gleichsinnig: Abkömmling, Vornehmer, Gewinner); Gotfried, Herminafried = freier Gote, Hermundure (oder unter deren Schutz Stehender); Gotwin, Tulwin = Freund der Goten, Thuler, Tulinger oder Tullibanten; Werinofried = freier Warne usw.

Schließlich können auch noch längst vergessene Begriffe Pate gestan-

Abb. 151: Judenfriedhof auf dem »Judenhügel« bei Königshofen im Grabfeld (Haßberge); aufgenommen 1975!

den haben, z.B. Gewässertermini, allerdings nicht so häufig, wie Hans Bahlow diese voraussetzt; sowohl für die Halbinsel Jütland als auch für die mitteldeutschen Orte Jützenbach, Jössen (Jutessen), Jüchsen, Öchsen, Jestädt, Utendorf und vielleicht auch Göttingen denkt er an einen Gewässerstamm. Trotzdem sind auch solche Namen geeignet, zur Stammesabgrenzung beizutragen, wenn es sich um stammesspezifische Termini oder Götter und Riesen handelt. So wird man z.B. Donnershauke, Bocksberge und Judenfriedhöfe eher den HARUDEN zuordnen dürfen, Freiberge den EUDUSEN und Wodans-, Wedensberge u.dgl. den CHATTEN, den Namen ihrer mythologischen Gestalten entsprechend: Donar – Ziegenbock – Jöten – Freyr – Wodan.

2. Ortsnamen-Grundwörter

Ortsnamensuffixe sind gewöhnlich nur eine Zeitlang an bestimmte Stämme gebunden und greifen dann auch auf Nachbarstämme über. Sie

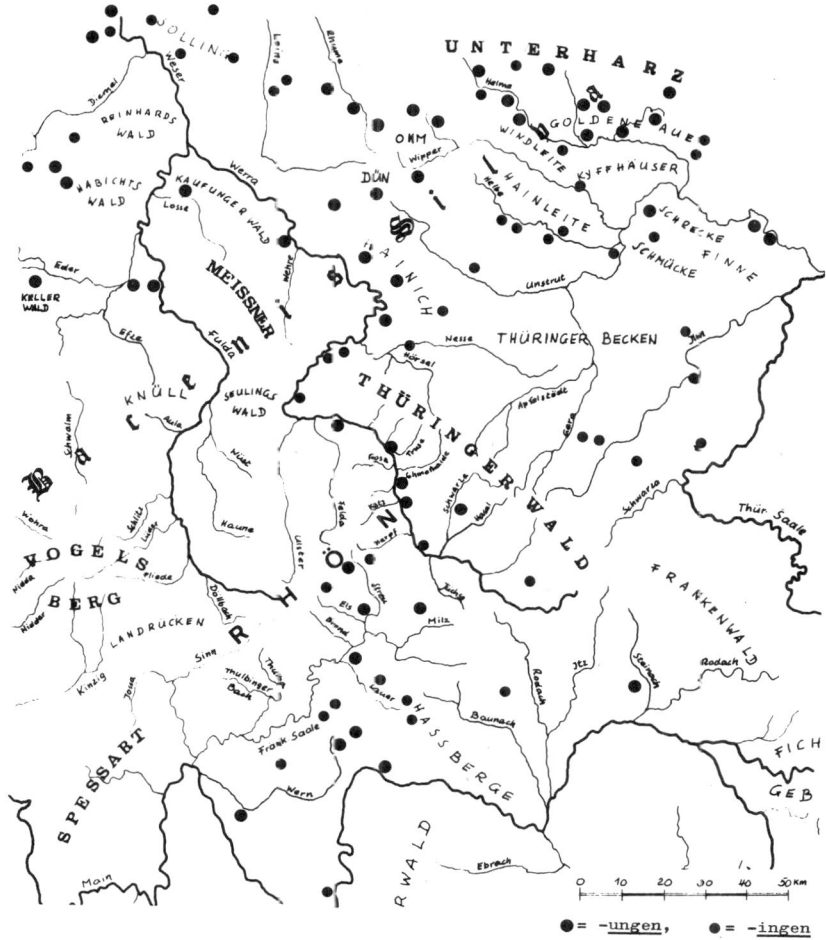

Abb. 152: Potentielle Siedlungen der Eudusen zwischen Harz und Main.

sind also in erster Linie Charakteristika einer bestimmten Zeit, dennoch meist von einem bestimmten Stamm herrührend, zumindest von einer benachbarten Stammesgruppe. Wenn man die Verbreitung der älteren Grundwörter mit den mutmaßlichen Wanderungen gewisser Stämme vergleicht, lassen sich doch unverkennbare Übereinstimmungen feststellen.

275

So kommt – *affa* etc. (vgl. Übersicht S. 282) nur westlich vom Harz (Alpe, Wülpe) und Thüringer Wald (Herpf) sowie nördlich des Mains (Aschaffenburg) vor. Man hat deshalb an keltische Herkunft gedacht, zumal sich keine unmittelbare Verwandtschaft mit dem gleichbedeutenden germanischen *-aha* nachweisen läßt. Andererseits ist es durchweg mit germanischen Bestimmungswörtern verbunden, so daß es sich allenfalls um eine Übernahme aus der keltischen Sprache handeln wird und nicht unbedingt um keltische Siedlungen; viel eher ist an chattische und/oder harudische zu denken, denn fast deckungsgleich erscheinen die für diese Stämme typischen *-lar* und *-mar*. Letztere reichen bis an die Saale und zeigen wohl das Vordringen beider Stämme bis dorthin an und nicht etwa ihre Herkunft von dort, denn die westfälischen Synonyme sind älter, was selbst SCHRÖDER einräumte, obwohl er noch an eine Ost-West-Wanderung der CHATTEN über Thüringen glaubte.

In die gleiche Zeit gehören wohl auch die *-ahi, -ari, -idi, -loh* und *-tar* samt ihren Ableitungen, ohne jedoch ebenso stammesgebunden zu sein wie die vorigen.

Nur wenig jünger, jedoch klar von den beiden genannten Gruppen unterschieden, sind die *-ungen (-ingen),* soweit sie als Bestimmungswort ein Appellativ, also einen Sachbegriff, aufweisen, demnach also keine Patronymika darstellen. Eine solche Gruppe liegt an Fulda und Werra und im Flußgebiet des Südharzes und läßt unverkennbar den Einfluß eines neuen Stammes aus dem Norden erkennen; es gibt eine Reihe guter Gründe, dabei an die EUDUSEN zu denken, die später als JUTHUNGEN an die Donau zogen, wo sie sich im 5. Jh. schließlich wieder SCHWABEN nannten. Schon SCHWARZ verweist auf diesen Zusammenhang, weil der Namentyp in der sonstigen Nachbarschaft der JUTHUNGEN fehlt. Auffallend ist auch die regelmäßige Nachbarschaft der *-ungen* mit *-felden.* Man darf sich nicht irritieren lassen, weil beide Namenformen später fast in ganz Deutschland als Patronymika wiederkehren, was leider viele Forscher veranlaßt hat, sie in einen Topf zu werfen mit den alten Appellativen. In Mitteldeutschland sind die *-feld(en)* in der Regel die höher gelegenen Siedlungen der vorwiegend viehzüchtenden HARUDEN, die *-ungen* analog dazu die etwas späteren Sitze der ackerbauenden EUDUSEN in den Flußtälern, wo vorher vielfach noch KELTEN in friedlicher Nachbarschaft mit den autochthonen GERMANEN gesessen hatten; manche Flußtäler mußten auch erst von den wassererfahrenen JÜTEN urbar gemacht werden. Feld (vgl. norw. *fjell* = Bergland) bedeutet Weideland, *-ungen* (vgl. Au, norw.-dän. *vang* = Au, Flur) ist dagegen das Ackerland. Das hohe Alter dieser Siedlungen

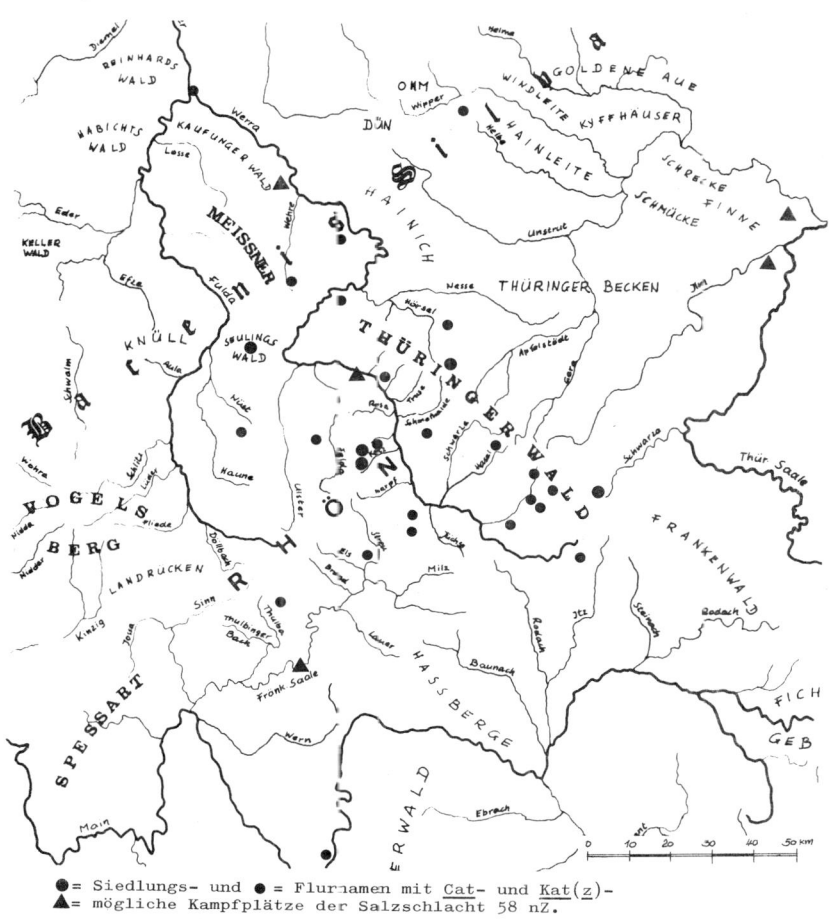

●= Siedlungs- und ● = Flurnamen mit <u>Cat</u>- und <u>Kat</u>(<u>z</u>)-
▲= mögliche Kampfplätze der Salzschlacht 58 nZ.

Abb. 153: Potentielle Siedlungen der Chatten in Mitteldeutschland.

geht allein schon daraus hervor, daß es außer Cralungen bei Meiningen
keinen Wüstungsnamen dieses Typs gibt; die ältesten Siedlungen waren
bekanntlich die beständigsten. Dafür spricht auch die überwiegende
Schreibweise mit »*u*«, die es nur hier in diesem Gebiet gibt. (Mohrungen
in Ostpreußen und Kaufungen bei Meißen sind spätere Gründungen von
mitteldeutschen Auswanderern). Die appellativen -*ingen* basieren auf
der alten Lautregel, daß auf einen Vokal im Bestimmungswort ein »*u*«,
auf einen Umlaut aber ein »*i*« im Suffix zu folgen hat. Daß diese Regel

277

Abb. 154: Potentielle Siedlungen der Angeln und Warnen im 3. Jh. in Mitteldeutschland sowie ältere Haruden-Siedlungen (*-leben*).

später willkürlich durchbrochen wurde, zeigen die Beispiele, die es mit
beiden Endungen gibt: Thür-, Behr-, Mor- und Schonungen bzw. -in-
gen. Am beweiskräftigsten für ihr hohes Alter und ihre Sonderstellung
sind jedoch die Appellative in den Bestimmungswörtern: Nach Flüssen
benannt sind z.B. Leinungen, Bodungen, Hünfeld und Eiterfeld (oder
ist es hier umgekehrt und wurden die entsprechenden Bäche nach dem
Hün- bzw. Eiterfeld benannt?), Salzungen und Schwallungen sind nach

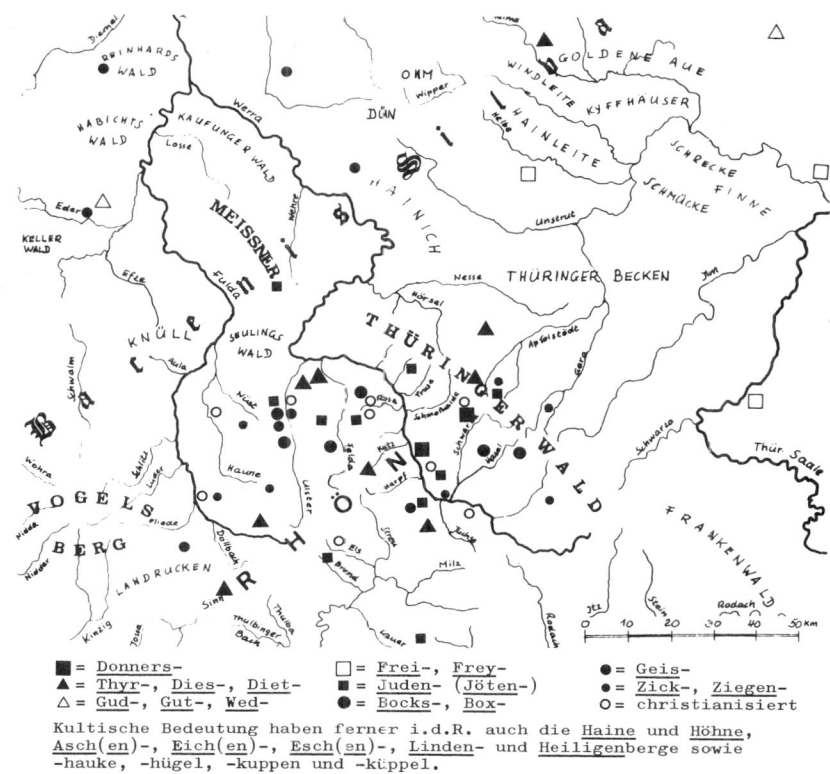

Abb. 155: Potentielle Ortsbezeichnungen aus der germanischen Mythologie.

Quellen benannt, Birkungen, Birkenfeld, Gerstungen, Gersfeld und
Wasungen nach Pflanzen, Hasungen, Rehungen und Gensungen nach
Tieren, Breitungen, Breitenfeld, H(ol)ungen, Lang(ung)en, Lengsfeld,
Hochfeld und Kreisfeld nach der jeweiligen Topographie.

Eigenartigerweise gibt es nun bei den DONAU-EUDUSEN keine
-*ungen;* das liegt aber ganz einfach daran, daß sie dort die Sitze der so-
eben abgezogenen QUADEN und MARKOMANNEN übernehmen
konnten. Sie werden also deren Siedlungen mitsamt ihren Namen beibehalten haben. In dem erweiterten Gebiet der späteren JUTHUNGEN
(nach Zuzug der WERRA-EUDUSEN) fallen aber einige -*angen* auf.
Hier macht sich wahrscheinlich die nordgermanische Senkung des vor-
germanischen »*o*« und des altgermanischen »*u*« zu »*a*« bemerkbar, die

279

von den EUDUSEN oder JUTHUNGEN noch mitgemacht wurde, nicht aber von den mitteldeutschen Stämmen, welche die *-ungen* übernahmen und so beibehielten. Die *-angen* gibt es deshalb sowohl in Norwegen als auch im Schwäbischen und dazwischen so gut wie nicht.

Zeitlich folgen nun die *-leben,* die vielfach immer noch den ANGELN und WARNEN zugeordnet werden, von SCHMIDT dagegen einem »namentlich unbekannten Stamm aus dem Norden«. Daß es sich bei diesem nur um die HARUDEN handeln kann, die um die Zeitenwende in das Thüringer Becken umgesiedelt wurden, ist in den Hauptkapiteln 7–10 ausführlich dargelegt worden. Das *-leben* ist kein echtes patronymisches Suffix, denn als Bestimmungswörter erscheinen sowohl Sippen- als auch Stammes- und frühere Ortsnamen; es bedeutet zwar Hinterlassenschaft, aber offenbar eingeengt bezogen auf fremde Vorbewohner oder Gründer und nicht etwa auf eigene Vorfahren oder Lehnsherren, denn damals war hier alles Land noch Gemeineigentum, so daß die eigentlich patronymische Namengebung noch gar nicht möglich war. Zudem sind die *-leben* nur in Thüringen als alt erwiesen, wo auch die meisten der insgesamt 150 Orte mit dieser Endung liegen. Die übrigen verteilen sich auf Jütland, Norddeutschland (ohne Schleswig und Sachsen) und den Raum zwischen Werra und Main, wo ebenso wie im Harzgau abermals umgesiedelte HARUDEN primär als Namengeber in Frage kommen.

Erst nach entsprechendem Wandel der gesellschaftlichen Struktur, also in der spätrömischen Kaiserzeit (etwa ab 3. Jh.), konnten wirkliche patronymische Ortsnamen entstehen. Eindeutig gehen z. B. die *-stedt* auf ANGELN und/oder WARNEN zurück, die *-ingen* auf die SWEBEN (SEMNONEN, ALAMANNEN, JUTHUNGEN u. a.), *-heim, -hausen* usw. auf die FRANKEN.

Wenn seriöse Forscher auch berechtigterweise Zurückhaltung empfehlen bei der Zuweisung bestimmter Ortsnamen an den einen oder anderen Stamm, so betonen sie andererseits doch selbst immer wieder eindeutige Beziehungen und Eigenheiten. Gerade in Mitteldeutschland lassen sich die Stämme der CHATTEN, HARUDEN, EUDUSEN, ANGELN, WARNEN und vielleicht auch noch einiger mehr schon an Hand der Grundwörter recht gut abgrenzen. Unter Hinzunahme der potentiell von den Stammesnamen abgeleiteten Bestimmungswörter ergeben sich erstaunlich klar umrissene Siedlungsgebiete, welche sogar die in den Hauptkapiteln 7–10 ausgesprochene Vermutung bestätigen, daß HARUDEN und EUDUSEN, die schon in Jütland Nachbarn gewesen waren, hier in Mitteldeutschland mehr »über-« als nebeneinander wohnten (vgl. Karten Abb. 150 u. 152–155).

3. Mutmaßliche Beziehungen zwischen Ortsnamen (typen) und Volksstämmen in Mitteldeutschland.

Ortsnamen (typen):	Zeit Ungef. Jh. d. Entstehung -/+ = vor/nach d. Ztr.	Thulinger	Haruden	Friesen	Sachsen	Tenkterer	Usipier	Tubanten	Franken	Chatten	Sweben	Hermunduren	Alamannen	Eudusen	Juthungen	Angeln	Warnen	Kelten	Illyer/Veneter	Slawen
Ortsnamen, die aus sprachlichen Erwägungen bestimmten Stämmen zugeordnet werden können:																				
1 Rhön	−7	x																		
2 Rhein, Main, Donau, Sieg, Lahn, Leine, Eder, Nidda, Kinzig, Rennstieg, Ohm, Eisenach, Taunus	−4																	x		
3 Buchonia, Barin-, Ost-, Altgau; Ulster, Tulli-, Asch-, Eichs-, Eiterfeld; Dal-; Teut-	−2	x																		
4 Grabfeld, Öchsen, Jüchsen, Göttingen, Jützenbach, Jössen, Jestädt	−1												x							
Ortsnamen, deren Bestimmungswörter möglicherweise (verstümmelte) Stammesnamen enthalten:																				
5 Thulba, Thulbinger Bach, Döllau, -bach, -berg, -feld(?). Dolmar	−7	x																		
6 Theuern, Folcfeld	−4																	x		
7 Har(d, dt, t)-, He(e)r-, Hor-, Had-, Hat-, Haun-	−2		x																	
8 Judenbach, -dorf, -kumpf, -straße, Jüd-, Jüt-, Eu-, Eß-, Ud-, Ut(h)-	−1													x						
9 Cat-, Kat(z)-	+1									x										
10 Angel-, Engel-, -engel	+3															x				
11 War(in)-, Wer(n)-																	x			
12 Fries(en)-	+8			x																
13 Sachsen-, -sachsen, -sassen					x															
14 Windisch-, Wünsch(en)-, Wenig(en),-winden (?)	−																			x

281

Ortsnamen(typen):

Ortsnamen(typen)	Zeit (Ungef. Jh. d. Entstehung −/+ = vor/nach d. Ztr.)	Thulinger	Haruden	Friesen	Sachsen	Tenkterer	Usipier	Tubanten	Franken	Chatten	Sweben	Hermunduren	Alamannen	Eudusen	Juthungen	Angeln	Warnen	Kelten	Illyrer/Veneter	Slawen
(Zeit)		Ingwäonen (Nordsee-G.)				Istwäonen (Rhein-Weser-G.)				Rhön-G.	Irminonen (Elb-G.)			Ostsee-G.				Sonst. Indogerm.		

Ortsnamen, deren Bestimmungswörter möglicherweise Namen aus Stammesmythologien enth.:

Ortsnamen(typen)	Zeit	Thulinger	Haruden	Friesen	Sachsen	Tenkterer	Usipier	Tubanten	Franken	Chatten	Sweben	Hermunduren	Alamannen	Eudusen	Juthungen	Angeln	Warnen	Kelten	Illyrer/Veneter	Slawen
15 Milseburg, Milz, Milsbrunnen																			x	
16 Judenberg, -busch, -friedhof, -küppel, -hügel, -kopf, -stein, -tal; Hün-; Donners-, Stoffels-, Fulda; Alba; Bocks-, Box-, Ziegen-, Zick-, Geis-	−2	x																		
17 Frei-, Frey-, Dies-, Diet-, Thyr-	−1													x						
18 Wod-, Wed-, Gud-, Guttensberg										x										

Stammestypische Ortsnamen-Grundwörter und deren abgeschliffene Suffixe:

Ortsnamen(typen)	Zeit	Thulinger	Haruden	Friesen	Sachsen	Tenkterer	Usipier	Tubanten	Franken	Chatten	Sweben	Hermunduren	Alamannen	Eudusen	Juthungen	Angeln	Warnen	Kelten	Illyrer/Veneter	Slawen
19 -affa, -apa,-p(e, f, h), -f(a, e)	−4	?				?												?		
20 -feld(e, en) = Appellativa	−2	x																		
21 -ungen/-ingen = Appellativa	−1													x						
22 -lar, -ler																				
23 -mar, -mer																				
24 -tar, -ter, -tra, -tre		x				x	x	x		x										
25 -ari,																				
26 -ahi, -ehe, -es, -ich(t),-ig(t)																				
27 -idi- ithi, -eda, -ede																				
28 -loh(e, en), -la, -li, -l																				
29 -strut(h)																				
30 -furt(h)																				
31 -aha, -ach, -a		x				x	x	x		x	x	x								

282

Ortsnamen(typen):	Ungef. Jh. d. Entstehung −/+ = vor/nach d. Ztr.	Ingwäonen Nordsee-G.				Istwäonen Rhein-Weser-G. (Rhön-G.)					Irminonen Elb-G.					Ostsee-G.			Sonst. Indogerm.		
		Thulinger	Haruden	Friesen	Sachsen	Tenkterer	Usipier	Tubanten	Franken	Chatten	Sweben	Hermunduren	Alamannen	Eudusen	Iuthungen	Angeln	Warnen	Kelten	Illyrer/Veneter	Slawen
32 -leben	+1	x																		
33 -anger, -angen	+3														x					
34 -wangen															x					
35 -stedt, -stett (en), -a- -ä-																x	x			
36 -los, -as, -es, -is, -s(en)									x											
37 -ingen = Patronymika										x	x									
38 -feld(e, en) = Patronymika		x							x	x	x	x	x		x	x	x			
39 -bach, -berg(e, en), -born, -brunn(en), -burg, -dorf, -fels(en), -haus(en), -heim, -hof(en), -holz, -ried(en), -rieth, -stein, -weg(e), -weil(er), -winkel	+5								x											
40 -hag(en), -hain, -kirch(en), -reut(h), -rod(a, e, en), -zell	+10								x											

Weitere Erläuterungen zu den Ortsnamen(typen) in den vorangegangenen Abschnitten des Anhangs II und den folgenden Seiten.

Erläuterungen

1 BAHLOW lehnt die überzeugende Deutung KUHNS (*hraun* = Lavafeld) ab und sieht auch hier einen Gewässerterminus, vgl. Kap. 6.
2 Die meisten keltischen Namen wurden im Laufe der Zeit eingedeutscht.
3 Zur Etymologie der »Waldgaue« siehe Kap. 7, vgl. auch Abb. 150.
4 Hier wird ein Gewässerterminus vorausgesetzt, der den JÜTEN eigen war.
5 Döllfeld ist wohl synonyme Angleichung von Tullifeld (s. Bsp. 3).

6 Sicher germanische Namen für die Restgaue der TEURIER und VOLCER.

7 Ein großer Teil dieser Gruppe wird auf germ. hard = Bergwald zurückgehen, trotzdem ist die Häufung in den mutmaßlichen Wohngebieten der HARUDEN (und dazu immer am Rande!) beachtlich: a) *Fulda-Werra-Saale:* Hardenhausen, Herrenhausen, Hüddingen, Herzberg, Hattendorf, Hatterode, Hardegsen, Hardenberg, Herzberg, Harzungen, Herreden, Heringen, Herrnschwende, Hersdorf, Hardisleben, Herressen, Breitenheerda, Heerda, Herrenhof, Hardt, Haarth, Herrenberge, Herda; b) *Rhön – Grabfeld:* Hersfeld, Herfa, Heringen, Hetzeberg, Herzeberg, Herrenbreitungen, Haadwiese, Hauenhof, Horn, Hartschwinden, Horbel, Hardt, Harleshöhe, Hartenberg, Hohe Harth, Harte Leite, Herrenholz, Harras, Harles, Herrenberg, -kuppe, -stieg, -weg, -hügel, Haderholz, Hornkuppe, Herpf, Hornburg, Hart, Haderholz, Haderwald, Dalherda, Hardt, Hattenhof, Harth, Horas, Horwieden, Hartershausen, Hattenberg, Hattenbach, Hauna; c) *Main:* Herreth, Herrnsdorf, Herrnloh, Hersbruck, Harrlach, Herrieden, Herrentierbach, Hartenstein, Hardheim, Harrbach, Herrnshausen, Herlheim, Hattersdorf, Herrenberg, Harsdorf.

8 Hier kommen in erster Linie Siedlungen in Frage, im Ggs. zu Bsp. 16: Judenbach, Jüdendorf, Eßfeld, Eßleben (je 2), Euerbach, -feld, -hausen, -heim, Eußenhausen, -heim, Euerdorf.

9 Catterfeld, Kathus, Kateberg, Kattenbühl, Katterberg, -burg, Katza, Katzberg, -hütte, -tal, Katzenbach, -löcher, -loh, -stein (3), -tiegel, -weigert (= weingarten), Kätzerode, Ober-, Unterkatz; vgl. auch Abb. 153.

10 Engelgau (Engili), Angelroda, Feld-, Holz-, Kirch-, Westerengel.

11 Waringau, Werenofeld, Werinfriedesburg, Wern, Wernarz, -eck, -feld, -fels, -hausen, -igerode, -ingshausen, -rode, -stein, Wernsbach (2), -dorf (8), -hausen, -wig, Ober-, Niederwerrn; vgl. auch Abb. 154.

12 Friesen, Friesendorf, -gau, -hausen (2), -hof, Friesgau, -dorf, -heim.

13 Sachsenau, -brunn, -burg, -dorf, -feld, -hausen (2), -heim, -kam, -ried, -tiegel, -siedlung, Sassendorf, Klein-, Oden-, Waldsassen, Harmuth-, Reichen-, Wüstensachsen.

14 Wenigenehrich, -lupnitz, -sömmerda, -taft, Wünschendorf, - . . .(?), Wind- (?), Windisch(en)-; nicht Hartschwinden (= Harudenweiden).

15 idg. mils = Riese (2), wahrscheinlich venetisch-illyrisch.

16 Judenberge etc., also Flurnamen, gehen i.d.R. auf nordgerm. jutun
= Bergriese zurück, siehe Kap. 7 u. Bsp. 8, vgl. auch Abb. 155.
17 Nach den irminonischen Göttern und Göttinnen Freyr, Freyja, Ziu
etc., siehe Kap. 8, vgl. auch Abb. 155.
18 Nach dem später höchsten germ. Gott Wodan, siehe Kap. 8, vgl.
auch Abb. 155.
19 affa = kelt. Bach, Wasser; Herpf, Aschaffenburg, Alpe, Wülpe.
20 feld = nordgerm. Weideland, Hochland (vgl. norw. fjell = Berg, fjel-
let = Hochland, Gebirge).
21 ungen = Auen, Ackerland (vgl. norw. vang = Au, Flur), vgl. Anm.
37. Alb-, Behr-==*, Benn-, Bever-, Birk-, Bod==, Breit-===,
Cral-, Els==, Faul-, Flad-=, Flens-, Gens-, Gerst-, Hafer-, Hall-,
Harz-, Has==, Heldr-=, Hend-, Hol-, Kauf==, Kron-, Lang-,
Lein==, Madel-, Mels-, Mor-, Natz-, Rann-, Reh-, Rüst-, Salz-,
Scheid==, Schied-, Schon-, Schwall-, Strahl-, Tast-, Teist-, Thür-,
Uftr-, Was-===, Wechs==, Weicht-, Wenn-, Wildungen =.
* (= steht für -ungen mit Zusatz wie Ober-, Nieder-, Burg-, Wald-
usw.), vgl. auch Abb. 152.
22 lar = freie Fläche (zu leer), Niederlassung (zu Lager): Butt-, Fritz-,
Geb-, Gos-, Heß-, Hof-, Huf-, Keß-, Meck-, Motz-, Pinz-, Wei-,
Wetzlar; insges. ca. 100, in Hessen 50, Thüringen 5; vgl. auch Abb.
150.
23 mar = Sumpf (vgl. Meer, Maar, Moor), häufig heiliger Opferplatz:
Crai-, Dol-, Geis- (6), Gör-, Hors-, Löh-, Pleis-, Rott-, Thiet-,
Wech-, Weimar (3); insges. ca. 60, in Hessen 20, Thüringen 15; vgl.
auch Abb. 150.
24 tar = Baum (norw. tre = Baum); z.B. Ulster = hulistar = Stech-
palme oder Holunder (vgl. norw. hyll-tre = Holunderbaum, Flie-
der).
25 ari = Gelände, Fläche (vgl. lat. area).
26 ahi = dicht bewachsenes Gelände, Dickicht.
27 idi = Heide, Platz, Stelle.
28 loh = lichter Wald; Gebüsch, Niederwald.
29 struth = dichter Wald.
30 furt = seichte Stelle.
31 aha = Bach, Wasser; oft verballhornt, z.B. Wiesenthal = Wisentaha.
32 leben = Hinterlassenschaft eines Vorbewohners, vgl. ON-Grund-
wörter u. Abb. 154.
33 angen = Weide (vgl. Anger = Dorfweide, norw.-dän. eng = Wiese).
34 wangen = spätere Form von -ungen, vgl. 21.

35 stedt = Stätte, Siedlung, Bleibe.

36 los = Genitiv von Personennamen: Dir-, Find-, Fried-, Heb-, Hetz-, Kü-, Macht-, Magd-, Mem-, Metz-, Mod-, Rüd-, Sieb-, Sieg-, Stärk-, Wetzlos.

37 ingen = Nachkommen, Abkömmlinge des . . ., drückt später nur noch Zugehörigkeit aus und wird schließlich zum bloßen Anhängsel; es gibt ca. 1500 -ing(en) im gesamten deutschen Sprachgebiet, gehäuft im schwäbisch-alamannischen Raum, die Mehrzahl ist patronymisch, vgl. Anm. 21.

Die mitteldeutschen -ingen sind größtenteils Ablautformen von appellativen -ungen; nach alter Lautregel folgte auf einen Umlaut im ersten Wortteil ein »i« wie in Thüringen oder Göttingen, durch synonyme Angleichung später häufig verballhornt: Bechl-, Behr-===*, Bess=====, Büd-, Cl-, Daubr-, Dett-, Ehr-, Einz-, Göll-, Gör-, Gött-, Grön-, Grün-, Heil-====, Hell-, Her--, Herr-, Hö-, Hörn-, Hüdd-, Kiss-, Ködd-, Laur===, Leub-, Liebr==, List==, Mein-, Mell-, Mor-, Nüdl-, Obr-=, Pützl-, Röbl==, Ror-, Schleus-, Schon-, Seul-, Stedtl-, Thür-, Us-, Vill-, Wedd-, Wettr-, Willingen.

* (= bedeutet Zusatz wie Ober- u. dgl.)

38 feld (vgl. Anm. 20) kommt später auch als Patronymikon vor, es hat dann nicht mehr die ausschließliche Bedeutung von Hoch- oder Weideland, sondern bezeichnet ganz allgemein landwirtschaftliche Nutzflächen.

39 Diese Grundwörter der fränkischen Zeit kommen bei fast allen deutschen Stämmen vor, sind also nicht allein an die FRANKEN gebunden.

40 s. vorstehende Anm.

Anhang III
Flurnamen als Zeugen der Vergangenheit, dargestellt am Beispiel eines Rhöndorfes und seiner nächsten Umgebung

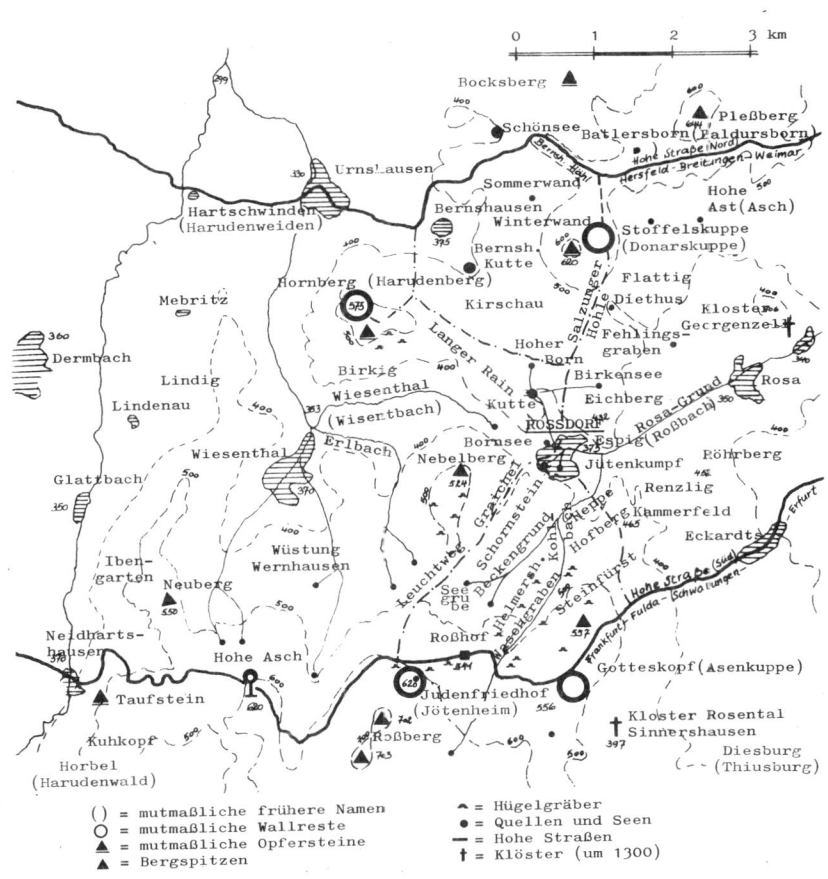

Abb. 156: Die Flurnamen in der Mark Roßdorf im Tullifeld (Rhön)

Roßdorf vor der Rhön wird urkundlich erstmals Ende des 8. Jh.s als »VILLA ROSTHORPHE IN PAGO TOLLIVELDUM«[152] erwähnt *(Abb. 156)*. Auf Grund seiner Lage und Struktur dürfte der Ort aber schon in frühfränkischer Zeit, also im 5. oder 6. Jh. entstanden sein. Und auf den Bergen der Mark Roßdorf gab es schon längst vor dieser Zeit Siedlungen und befestigte Plätze. Die beiden uralten Höhenstraßen, die in Ost-West-Richtung zu beiden Seiten des Dorfes verliefen (im Norden über Stoffelskuppe–Horn und im Süden über Gotteskopf–Roßberg)[153], waren hier quer über einen Sumpf durch eine Furt miteinander verbunden. Die Verbindungswege von der Furt (an Stelle des heutigen Dorfes) zu den genannten Bergen existieren noch als Salzunger Hohle, Langer Rain, Klosterweg-Heppe und Graichel-Leuchtweg. An allen vier Endpunkten sind Wallreste aus Basaltsteinen zu erkennen, die auf befestigte Zufluchtstätten, Signal-, Vorspann- oder Geleitstationen schließen lassen.

Hohe Straßen, die schon lange vor der fränkischen Kolonisation über die Rhönrücken führten, waren das Rückgrat der dichter besiedelten Auniederungen an Werra, Fulda, Ulster, Felda usw.[154]. Es ist kein Zufall, daß sich an diesen Straßen sowohl Hügelgräber als auch alte Flur-

Abb. 157: Wallreste am »Judenfriedhof« (Jötenheim) auf dem Roßberg bei Roßdorf vor der Rhön.

Abb. 158: Steinsatz aus dem Inneren eines Hügelgrabes am Nebelberg bei Roßdorf vor der Rhön, ausgegraben von Walther Clemen 1961.

namen auffallend häufen, sondern ein Abbild frühgermanischer Pionierzeit. Im Steinfürst, wo die meisten Grabhügel sind, wird man u. a. sicherlich auch ein Fürstengrab vermuten dürfen, weiter oben am Gotteskopf einen Heiligen Hain, den Sitz der Asen, und nicht weit davon, im Judenfriedhof (Abb. 157) am Roßberg ein *Jötenheim,* also den Sitz der Bergriesen, zuvor eine hallstattzeitliche Siedlung, später Gauwarte an der hermundurisch-chattischen Grenze. Hornberg *(Harudenberg) (Abb. 160 u. 161),* Hartschwinden *(Harudenweiden,* vgl. ahd. *winja,* winne = Weide), Horbel *(Harudenwald),* Katzenstein, Katza, Katzenborn *(Chattenstein, -bach, -born)* und Jütenkumpf *(Jütenbrunnen)* verweisen auf die hier sich begegnenden Stämme der HARUDEN, CHATTEN und EUDUSEN (JÜTEN). Thingplätze und Kultstätten dürften sich an der Hohen Asch *(Esche* = Heiliger Baum) und am Hohen Ast *(verballhornt aus Asch) in der Nähe des* Batlersborn *(Baldursbrunnen),* vermutlich auch auf der Diesburg *(Thiusburg)* und im Ibengarten *(Eibenpark)* befunden haben, Opferstätten am Taufstein und auf dem Bocksberg hinterm Pleß, wo zu Ehren Donars die Ziegenböcke ihr Leben lassen mußten. Auf der *Stoffelskuppe (Abb. 162)* mit ihrem altarähnlichen Gipfel *(Abb. 163)* wird wohl ein weithin sichtbares Kultzeichen (z.B. eine Irminsul) gestanden haben. Und vom *Leuchtweg* aus konnte man Rauch- und Feuerzeichen bis zum Thüringer Wald, zur Ho-

Abb. 159: Roßdorf vor der Rhön mit Gotteskopf, Roßberg und Nebelberg.

hen Rhön und zum Hohen Meißner senden, wenn Gefahr im Anzug war *(Abb. 158 u. 159)*.

Da die Kirche später ihre Kapellen und Klöster mit Vorliebe an heidnischen Kultstätten baute und an Stelle der alten Götternamen die ihrer Heiligen setzte, kann man mit Sicherheit folgern, daß die markante Stoffelskuppe vorher *Thors-* oder *Donarskopf* hieß und der Gotteskopf wahrscheinlich *Asenkopf,* zumal gleich gegenüber der Roßberg mit dem *Jöten-* oder *Riesenheim* liegt. Von einigen nach dem legendären Christopherus benannten Stätten weiß man sicher, daß sie vorher nach Thor, dem Gott der NORDGERMANEN, benannt waren, also wird es hier auch der Fall gewesen sein[155]. Beide Götterberge galten bis ins hohe Mittelalter als heilig im heidnischen Sinne, also als unverletzlich, so daß um 1300 herum zu ihren Füßen die Klöster Georgenzell und *Rosental* (Sinnershausen) als Bollwerke gegen wiederauflebende alte Sitten und Gebräuche errichtet werden mußten[156]! Offenbar hatten die Missionare trotz des Castrums Roßdorf (Wasserschloß), das vom Kloster Fulda hier an der Wegfurt erstellt worden war (nicht zuletzt auch zu ihrem Schutz), keinen nachhaltigen Erfolg. Von der Kirche umgedeutet sind auch die zahlreichen Judenfriedhöfe, -hügel, -berge, -köpfe, -küppel, -steine, -täler, -büsche u. dgl., die alle ehemalige *Jötenheime* gewesen sein dürften. Auf halbem Weg zwischen Roßhof und Roßbergsgipfel wird ein steiniges Waldstück als »Jüdekerfig« bezeichnet. Heute ist kaum mehr der Name bekannt, geschweige denn seine ursprüngliche Bedeutung. Und es

290

Abb. 160: Der Horn(berg) = Harudenberg(?) bei Roßdorf vor der Rhön.

Abb. 161: Mutmaßlicher Opferstein auf dem Horn.

ist auch fast nichts mehr zu sehen von der ehemals bedeutenden Anlage, die nicht nur wegen ihrer beherrschenden Position am Berührungspunkt von zwei Paßstraßen von besonderer strategischer Wichtigkeit war, sondern auch wegen der großartigen Aussicht *(Abb. 164)*: Normalerweise kann man das gesamte mittlere Werratal überblicken, vom Dolmar bei Meiningen über den Judenkopf (Abb. 165) bei Brotterode bis zum Dietrich-Öchsen bei Vacha, wo sich durchweg auch alte Anlagen (zumindest Signalstationen) befinden. Bei klarem Wetter reicht der Blick bis zur Steinsburg bei Römhild, zum Inselsberg im Thüringer Wald, zur Wartburg bei Eisenach und zum Hohen Meißner, dem wiederum ein Judenkopf vorgelagert ist. Einschließlich der Milseburg, die vom Berggipfel aus zu sehen ist, ebenso wie Wasserkuppe und Lichtenburg, bestand also Sichtverbindung zu etwa 10 vorgeschichtlichen Wallanlagen, darunter 3 keltischen Oppida. Die Wallreste auf dem Roßberg stammen vermutlich aus der Hallstatt-, die unmittelbar benachbarten Hügelgräber wohl schon aus der mittleren Bronzezeit. Die Anlage wird abwechselnd als Fliehburg und Signalstation in Notzeiten und als Kultstätte und Geleitstation im Frieden gedient haben, und zwar bis zur fränkischen Kolonisation, denn erst dann entstanden die meisten Dörfer, während vorher die harudisch-nordgermanischen Einzelgehöfte dominierten.

Bei einer um 1900 erfolgten nicht sehr fachmännischen Grabung wurde lediglich festgestellt, daß die Steinwälle ehemals ein Oval von ca. 100 x 150 m umschlossen. Die Überreste lassen eine ähnliche Konstruktion wie auf dem Kreuzberg und anderen vorkeltischen Anlagen vermuten[157]: kreuzweise verbundene Balkenrahmen, die mit Basaltfindlingen ausgepackt waren. Als das Holz dann verfaulte, fielen die Mauern in sich zusammen, und der Volksglaube der aus Norwegen gekommenen neuen Siedler verlegte den Sitz der Jöten (Bergriesen) in ihre unheimlichen Trümmer. Dem Mittelalter blieb es nachher vorbehalten, das ehemalige *Jötenheim* in einen Judenfriedhof umzumünzen[158]. Daß im Laufe der Zeit dann auch der dort beginnende *Leuchtweg* in einen Leichenweg umfunktioniert wurde, liegt auf der Hand. Der verderbte Name wird aber nur »offiziell« (leider auch auf Flurkarten) verwendet, mundartlich hat sich der alte Name durchgesetzt bis in unsere Zeit; und auch auf der benachbarten Hohen Asch steht heute noch ein einzelner blitz- und sturmzerfetzter Baum inmitten einer waldumsäumten Wiese, er wird nach wie vor, bewußt oder unbewußt eine alte Tradition wahrend, gehegt und gepflegt.

Wozu solche verballhornten Namen führen können, zeigt das Beispiel des Judenhügels bei Königshofen im Grabfeld. Auch dort befand sich

Abb. 162: Die Stoffelskuppe = Donarskuppe (?) bei Roßdorf vor der Rhön.

Abb. 163: Mutmaßlicher Opferstein auf dem Gipfel der Stoffelskuppe.

Abb. 164: Blick vom Jötenheim auf dem Roßberg bei Roßdorf vor der Rhön zum Jötenkopf und Inselsberg im Thüringer Wald.

eine vorgeschichtliche Wallanlage (mit Fundstücken zurück bis in die mittlere Steinzeit), ihre Trümmer wurden später ebenfalls als ein Jötenheim angesehen. Auf die frühmittelalterliche Nutzung weist die in dieser Zeit gebräuchliche Bezeichnung *Wartburg*. Und schließlich befindet sich dort auch ein echter riesengroßer Judenfriedhof. Ein findiges Feudalgeschlecht hat den vielen Juden im Grabfeld jahrhundertelang den unfruchtbaren und unwirtlichen Platz parzellenweise für teures Geld verkauft. Da nach mosaischem Glauben Grabplätze nur einmal benutzt werden, befinden sich nun Tausende von Grabsteinen dort *(vgl. Abb. 151)*, die alle Kriege und Stürme bis heute überdauert haben! Die Anregung zu dieser letzten Anlage kam natürlich von dem mißverstandenen früheren *Jötenhügel*.

Auch bei dem Roßdorfer Brunnen »Jüdekoumpf«[159] ist man versucht, den Namen mit den Handelsjuden in Verbindung zu bringen, die tatsächlich während der Jahrmärkte ihr Vesper dort verzehrten, zunächst weil ihnen der Zutritt zu den Wirtschaften verboten war, später vielleicht auch nur aus Geiz. Der Name ist aber älter als die Jahrmärkte, die erst seit 1714 stattfanden. Hier im Tal scheidet natürlich ein Jötenheim mit Sicherheit aus, also muß in der Nähe eine Siedlung der JÜTEN oder EUDUSEN gewesen sein, die in den Tälern der Werra und ihrer Nebenflüsse zwischen den auf den Bergen siedelnden HARUDEN wohnten. Das Grundwort Kumpf[160] kommt entweder von diesen befreundeten HARUDEN oder den benachbarten CHATTEN, denn das

294

Gegenstück zum *Jütenkumpf* ist offenbar der Katzenborn *(Chatten-brunnen)*, der seinen Namen sicherlich von den EUDUSEN erhielt, die als Flachlandbewohner das Wort Kumpf nicht kannten[161]. Stammesnamen als Bestimmungswörter wurden ja meist von den Nachbarn und nicht von den betreffenden Stämmen selbst gebraucht. Die beiden Brunnennamen sind von unschätzbarem Wert für die Bestimmung der alten Stammesgrenzen. Als 2000 Jahre alte Sprachdenkmäler stehen sie gleichwertig neben schriftlichen Urkunden oder Bodenfunden und sind auch nicht minder schwer zu entdecken als letztere, muß man doch nicht nur die Landschaft sehr genau kennen, sondern auch ihre Bewohner, deren Sprache und Geschichte.

In fränkisch-christlicher Zeit übernahm das Castrum (Wasserschloß) Roßdorf den Schutz der immer noch in Einzelgehöften wohnenden Bauern der Mark. Als Vorspannstation wurde der Roßhof, angelegt als Glied einer Geleitkette vom Rennstieg bis zur Fulda. Dazu gehören 3 Roßköpfe, 3 Roßberge, 2 Roßbäche, 1 Roßkuppe und der Roßhof. Für Roßdorf wird man eine Bedeutungskreuzung bzw. -umwandlung annehmen dürfen, denn hier wird der alte Bachname *Rosaha* zunächst Pate gestanden haben. Vor 2000 Jahren herrschte in Europa ein relativ feuchtes Klima[162]. Die Rosa scheint damals unter anderem auch einen Quellfluß am Roßberg gehabt zu haben und zwar genau im Judenfriedhof, also im ehemaligen *Riesen-* oder *Jötenheim,* wo heute noch ein paar kleine Quellen sind. Die Seegrube, der Beckengrund und die Hohle im Roßbergsgrund zeigen solche alten Bachbetten an. In der nordischen Mythologie wurden aber liebliche Bäche als Töchter der Bergriesen an-

Abb. 165: Blick vom Jötenkopf im Thüringer Wald zum Jötenheim und Roßberg in der Rhön.

gesehen (zumal wenn sie aus dem Jötenheim kamen!) und entsprechend benannt[163], hier sicherlich nach den wild wachsenden Rosen, denn auch Sinnershausen (am Gotteskopf) hieß ja früher *Rosental.* Demnach ist »die« *Rosaha* eine Jötentochter, also ein *Rosenbach* und Roßdorf ein *Rosendorf* an diesem Bach. Die spätere Einrichtung der Geleitstation hat schließlich zu einer vermeintlich synonymen Angleichung an die zahlreichen Roß-Namen an den Hohen Straßen entlang geführt, während der Bach seinen alten Namen behielt, er hatte ja mit den Pferden nichts zu tun.

Insbesondere bei den Roßbergen, -kuppen und -köpfen wird man auch an alte *Ratsberge* denken dürfen, auf denen sich die Thingstätten befanden, wo also Rat gehalten wurde, zumal das Wort Roß in der Mundart nicht geläufig ist. Beim Roßdorfer Roßberg sprechen für diese Vermutung nicht nur die heute noch vorhandene »Hohe Asch« *(heilige Esche),* sondern auch die von Roßdorf und Rosa abweichende Aussprache: hier ein offenes »o« (wie in engl. *horse*), dort ein gebrochener, nach »u« weisender Laut, genau wie (mundartlich) in Rose.

Anmerkungen

[1] Ausführliche Vergleiche bei REUTER 1922 und KUMMER 1950 u. 1972 –
[2] Früher wurde die Bezeichnung Affenmensch (Pithecanthropus) auf den Frühmenschen angewendet. – [3] Badische Neueste Nachrichten v. 29. 11. 1978: *Mastodontenskelette in Thüringen entdeckt.* Die beiden ersten in Europa gefundenen vollständigen Skelette von Mastodonten sind bei Kaltensundheim im DDR-Bezirk Suhl in mehrjährigen Grabungen freigelegt worden. Einzelne Knochen dieser elefantenähnlichen Rüsseltiere, die vor zwei Millionen Jahren ausgestorben sind, seien in Westeuropa, darunter auch in der Bundesrepublik, schon mehrfach gefunden worden. Nie zuvor sei es jedoch gelungen, ein nahezu komplettes Skelett zu bergen, hieß es bei ADN. Rekonstruiert hätte das Knochengerüst eines Tieres eine Höhe von drei und eine Länge von nahezu fünf Metern. Allein die Stoßzähne seien drei bis vier Meter lang. Aufgrund der Lage der Skelette nehmen laut ADN Wissenschaftler an, daß die Tiere an der Tränke an einem See abgerutscht oder eingebrochen und im Schlamm versunken sind. – [4] FEUSTEL 1971. 14 – [5] FEUSTEL 1971. 21 – [6] OTTO 1974. 5 – [7] FEUSTEL 1971. 23 – [8] MARQUARDT 1937. 4 ff – [9] OTTO 1974. 8 – [10] SCHULZ 1938. 10 f – [11] OTTO 1974. 13 – [12] PESCHECK 1975. 11 u. 33 ff – [13] OTTO 1974. 17 – [14] SCHULZ 1939. 41 – [15] MARQUARDT 1937. 8 ff – [16] PESCHECK 1975. 33 ff – [17] HAHN 1974. 21 – [18] PESCHECK 1975. 14 – [19] HAHN 1974. 16 – [20] OTTO 1974. 31 ff – [21] FEUSTEL 1958. 56 – [22] GADOW 1973. 77 – [23] GADOW 1973. 86 – [24] PESCHECK 1967. 26 – [25] GADOW 1973. 77 ff – [26] OTTO 1974. 40 – [27] PESCHECK 1967. 32 – [28] RICHARD SUCHENWIRTH 1941. 16 – [29] OTTO 1974. 44–47 – [30] »Der neue Brockhaus« 1973, s. u. *Slawen* – [31] vgl. Kap. 4 und 5. Neben den auffallend häufigen Parallelen in den geografischen Namen (weit häufiger als z.B. in Thüringen, wo der nordgermanische Einfluß also jünger zu sein scheint) gibt es in der Rhön noch viele allgemeine sprachliche Gemeinsamkeiten mit dem Norwegischen, z.B. bösse = Büchse, dokke = Puppe, dyr = teuer, hus = Haus, hud = Haut, hoste = Husten, hövel = Hobel, hår = Haar, öre = Henkel, ulydig = ungehorsam, utydelig = undeutlich, uro = Unruhe, uaerlich = unehrlich, fordel = Vorteil usw. – [32] Auf Anfrage des Verfassers ließ der erblindete, greise Prof. KUHN am 11. 8. 78 durch Herrn Dr. Dr. PETER BUCHHOLZ mitteilen, daß er nach wie vor davon überzeugt sei, daß Rhön zu *hraun* zu stellen ist. STURMFELS-BISCHOF

schließen diese Deutung nicht aus, denken aber mehr an Zuordnung zu kelt. *rinn* = Berg (mit ?). HERMANN NOELLE (1963 u. 1974) leitet sowohl Rennstieg als auch Rhön von kelt. *roinos* = Grenzweg, Grenzrain ab; aber die Rhön ist ein flächiges Gebirge, der Rennstieg dagegen nur ein Gebirgskamm. BAHLOW vermutet allzuoft, so auch hier, einen Gewässerterminus und führt Rönhof (früher Ronaha) als Beweis an, was natürlich viel jünger sein und »Wasser von der Rhön« bedeuten kann. Röhnberg (= Rohrberg) bei Gotha, Rhöndorf am Rhein und Rönfeld bei Flensburg mögen zu seiner Theorie passen, das Rhöngebirge jedoch nicht, wenn es auch voller Hochmoore ist, sein höchster Berg Wasserkuppe heißt und zahlreiche Flüsse von seinen Bergen kommen; von welchem Gebirge kommen keine? – [33] SCHWARZ 1956. 216: Die Quellen sind nicht nur karg und ungleich verteilt, sondern auch einseitig. Darauf beruht es, daß bei Tacitus in seiner Germania und bei Ptolemaeus Stammesnamen erscheinen, von denen sonst nichts mehr gemeldet wird. Es ist deshalb nicht ausgeschlossen, daß uns kleine Stämme überhaupt unbekannt sind. Unter diesen Umständen müssen die schriftlichen Quellen immer wieder durchgeprüft werden, denn es können neue Gesichtspunkte in den Vordergrund treten. Man muß sich darüber klar sein, daß manche Ausdeutung von einem bestimmten Standpunkt aus erfolgt ist und manche alte Annahme durch das Gesetz der Trägheit fortgeschleppt wird. Die römischen und griechischen Quellen beurteilen und melden vom Standpunkte der Außenwelt, sehen die Ereignisse der Grenzen und werden oft nicht richtig urteilen, weil ihnen Geschehnisse im Innern der Germania unbekannt geblieben sind. Darum ist es erlaubt zu kombinieren, wobei aber niemals die Tatsachen übersehen werden dürfen. Haltlose und unbeweisbare Kombinationen haben deshalb nicht viel Zweck. Doch können die Heranziehung vorgeschichtlicher, beweisfähig gewordener Ergebnisse und stärkere Ausnutzung sprachlicher Erwägungen weiter führen, wobei die Vor- und Frühgeschichte deshalb Schwierigkeiten bereitet, weil die einzelnen Gelehrten oft sehr verschiedener Anschauung sind und sich verschiedene Richtungen bekämpfen. Das enthebt nicht der Pflicht, sich um die Zusammenarbeit von Stammeskunde, Geschichte, Frühgeschichte und Sprachforschung zu bemühen, aber auch vom Auseinandergehen der Ergebnisse Kenntnis zu nehmen, bis sich eine Einigung anbahnt. – [34] NOELLE 1963. 387 – [35] SCHWARZ 1956. 45ff – [36] SCHWARZ 1956. 46; P. GÖSSLER bei PAULY-WISSOWA 1709 – [37] SCHWARZ 1956. 46 – [38] ZEUSS hegte wohl selbst schon Zweifel an seiner These und verwies deshalb in einer Fußnote auf den pagus Tullifeld in der Rhön, unter »Alpengermanen«. – [39] SCHWARZ

1956. 46 – [40] SCHWARZ 1956. 46; Noelle 1963 zählt sowohl Ambronen (387) als auch Tulinger (394) zu den Kelten; vorsichtiger äußert sich GÖSSLER bei PAULY-WISSOWA, 788. – [41] Der Grieche Pytheas traf um 345 vZ. während seiner Nordlandreise noch auf Thuler, welche wahrscheinlich auf einer mittelnorwegischen Halbinsel saßen. Ihr Name hat sich in vielen Sagen und Legenden erhalten, vielleicht weil sie die am nördlichsten wohnenden Germanen waren und deshalb als erste zur Abwanderung gezwungen. – Nach E. W. FÖRSTEMANN wird Thule gewöhnlich als ein ins Meer ragender Teil von Südnorwegen aufgefaßt. – [42] GÖSSLER bei PAULY-WISSOWA. 789, denkt an »lokales« -ingen (?). – [43] Badische Neueste Nachrichten v. 10. 12. 1977: *Sensationeller Fund: Grab aus Christi Zeit entdeckt.* Weil am Rhein (zz). Innerhalb des Stadtgebietes in Weil am Rhein machten Bauarbeiter einen für Archäologen sensationellen Fund! Sie entdeckten ein Brandgrab aus frührömischer Zeit. Nach Ansicht von Fachleuten wurde das Grab 40 Jahre nach Christi Geburt angelegt. Damals regierte Claudius das Römische Reich. Bisher war man der Auffassung, die Regio Basilensis sei erst 70 Jahre nach Christi besiedelt worden, offenbar waren die Römer aber doch schon vorher da. Wichtigster Fund im Grab war eine Distelfibel, eine Brosche, die zum Zusammenhalten der Kleider diente. Sie war gleichzeitig Stammesabzeichen und Schmuck. Außerdem barg man aus dem römischen Grab Keramikscherben. Es gab nur einen Volksstamm, der die Distelfibel, die ihren Namen von einer aufgesetzten Rosette in Distelform hat und aus Bronze besteht, herstellte, der germanische Stamm der Ubier. – [44] H. W. HAMMERBACHER 1974. 41 – [45] ZEUSS 1837 unter »Alpengermanen«; GÖSSLER bei PAULY-WISSOWA. 790 – [46] SCHMIDT 1970. 429, dagegen spricht auch die aO. genannte Tatsache, daß die Sweben um 58 vZ. die Ubier tributpflichtig machten. – [47] Stühlingen/Oberrhein, Chur/Schweiz, Toul und Thur/Elsaß sowie der Klettgau/Bodensee (nach NAPOLEON III.) werden genannt. – [48] SCHMIDT 1970. 409 ist anderer Meinung. – [49] ZICKGRAF 1944. 18 hält als vorzüglicher Kenner dieses Gebietes das Tullifeld für das Siedlungsgebiet einer bestimmten Menschengruppe und nicht für einen räumlich geschlossenen Bezirk. – SCHWARZ 1956. 111: Leicht können sich die Stämme teilen, so daß sie an ganz verschiedenen Stellen auftauchen . . ., überall bleiben Reste zurück . . ., bei den Gaunamen, die sich behauptet haben, ist zu beachten, daß es nicht die Urgaue sind, die fortleben, sondern die letzten Gaue, bei denen keine Änderung mehr erfolgt ist. – [50] Thule = Hochland und anord. *toll* = Bergkiefer gehen ohnehin wohl auf eine gemeinsame idg. Wortwurzel zurück, nach PAULY-WISSOWA etwa auf ·*telā* oder *tu*, vgl. lat.

tollere = erhöhen, air. *tulach* = Hügel, aslaw. *dūlmū* = Hügel, kelt. *tul* = Schildbuckel, ahd. *tuli* = Grenzbefestigung, mit Pfahlwerk und Dornen bewehrte aufgeworfene Erdwälle. – [51] Die von SCHREIBER angenommene Ableitung von ahd. *tuli* besticht zwar wegen der Möglichkeit, daß hier vorübergehend Grenzgebiet zu den Kelten war, aber wahrscheinlich war dieses gar nicht befestigt. – Die Gaugrenzen sind umstritten. Eindeutig wird Roßdorf in Urkunden des 9. und 10. Jh.s dem Tullifeld zugerechnet. Trotzdem meint ZICKGRAF übervorsichtig, daß lediglich die Orte beiderseits der oberen Felda erwiesenermaßen dazu gehörten, besser wohl: immer dazu gehörten! GEGENBAUER zieht die Westgrenze von der Hohen Rhön bis zur Ulstermündung. BACH rechnet Vacha noch dazu und die Bergkette Soisberg – Haselstein – Rockenstuhl – Auersberg – Milseburg – Wachtküppel – Hildenberg – Heidelstein – Lichtenburg, was eine ziemliche Zickzacklinie ergibt. GENSSLER betont sonderlich das Land zwischen Els und Streu und deren Zusammenfluß als südlichsten Punkt des Gaues. SCHULTES betrachtet, sicher zu weitgehend, das gesamte Gebiet beiderseits der Ulster bis an Fulda und Werra als dazugehörig. BRÜCKNER bezeichnet den Gau als an der Nordlehne der Rhön gelegen, was man als identisch mit dem Rest des Landes zwischen Fulda, Werra und fränkischer Saale, soweit es nicht zum Buchen- und Baringau gehört, ansehen kann. Das ist zwar recht vorsichtig formuliert, dürfte aber am ehesten zutreffen. (Nach C. L. BACH I, 1897). – [52] Die ersten Münzen wurden schon um 700 vZ. im Lyder-Reich geprägt. – [53] OTTO 1974. 50 – [54] Die in () angegebenen keltischen Namen nach NOELLE 1963 – [55] OTTO 1974. 50f. Wallreste sind auf folgenden Rhönbergen festgestellt worden (ohne Anspruch auf Vollständigkeit): Alte Mark, Arzberg, Baier (Sachsenburg), Dietrich, Ebersberg, Gangolfsberg, Görzenberg, Gotteskopf, Grasburg, Heppberg, Hohe Schule, Höhn, Horn, Kleinberg, Kreuzberg, Mettermich, Milseburg, Öchsen, Roßberg, Rückberg, Schleidberg, Stallberg, Stoffelskuppe, Umpfen. Aber weder hier noch im benachbarten Thüringer Wald, dem Grabfeld und in den Haßbergen kann mit Sicherheit gesagt werden, ob sie aus »vorkeltischer«, d. h. illyrischer oder rhöngermanischer oder aus keltischer Zeit stammen, weil nur selten planmäßig gegraben wurde. Entsprechend selten sind die für eine genaue Datierung unentbehrlichen Bodenfunde. – [56] nach IHM. bei PAULY-WISSOWA. 1873 ff – [57] Die Ambronen werden gelegentlich auch als Kelten angesehen, so z. B. von NOELLE 1963. 387 – [58] SCHWARZ 1956. 162 – [59] SCHLETTE 1974. 90: . . . von Norden fielen immer häufiger germanische Stämme in das Gebiet der Kelten ein. Die Cimbern und Teutonen dürften nicht die einzigen gewesen sein. –

[60] SCHMIDT 1970. 5 – [61] Buchengau entspricht der Bacenis silva im engeren Sinne; wenn die Alten den Namen auch sehr unterschiedlich anwenden, gemeint sind immer die buchenreichen Mittelgebirge, in Sonderheit die Rhön. Aus dem Mittelalter kennen wir das Buchische Quartier des Ritterkantons Rhön-Werra – mit dem bekanntesten Vertreter Ulrich von Hutten – und aus dem Bauernkrieg den Buchener Bauernhaufen. Daß der Name immer weit über die Gaugrenzen bekannt war und auch heute noch geläufig ist durch die Redensart »in den Buchen«, mag nicht zuletzt an seiner klaren Verständlichkeit liegen, denn die Namen der anderen Rhöngaue haben sich nur in der Rhön selbst gehalten, dies aber immerhin trotz ihrer politischen Auflösung bereits in frühfränkischer Zeit! – Die Grenze zwischen Nadel- und Laubwald verlief damals von Thüringen durch das Grabfeld (ANTON GROSSMANN 1976. 33), so daß man am Rande der Rhön mit einer Mischzone rechnen darf, in der jeweils der eine oder andere Baum dominierte, im Tullifeld ist das bis heute die Föhre, obwohl es z. B. auch im Ibengarten bei Dermbach noch 1000jährige Eiben und anderswo schöne Buchenwälder gibt; ähnlich liegen die Verhältnisse in den anderen Gauen. – [62] SCHWARZ 1956. 59 u. 168f – [63] Den entscheidenden Hinweis auf diesen alten Brauch verdanke ich meinem Freund HEINZ WAGNER, DDR 6214 Steinbach. – [64] DITTMAIER 1963. 123 – [65] KUMMER 1972. 19 u. 199ff – [66] Die überlieferte Schreibweise Sueben (Suebi) ist nach unseren heutigen Rechtschreibregeln irreführend, denn das »U« steht eindeutig für »V«, das wie »W« zu sprechen ist (vgl. engl. v = wi, w = double-ju!), deshalb wird hier dem »W« der Vorzug gegeben. – [67] KUMMER 1972, V. – [68] TACITUS Germania 39 – [69] KUMMER 1972, X – [70] SCHWARZ 1956. 157 – [71] KUHN Vor- und frühgeschichtliche Ortsnamen in Norddeutschland und der Niederlanden. In: Westfälische Forschungen 12, 1959. 26 – [72] SCHMIDT 1970. 143 – [73] SCHMIDT 1970. 346, SCHWARZ 1956. 159 – [74] SCHMIDT 1970. 131f – [75] SCHMIDT 1970. 134 – [76] SCHMIDT 1970. 129 – [77] SCHWARZ 1954. 2 – [78] NOELLE 1974 erklärt dies recht überzeugend. – [79] SCHLETTE 1974, 187ff – [80] SCHWARZ 1956. 175 – [81] SCHWARZ 1956. 145 – [82] SCHRÖDER (1938) vermutete auf Grund der Ortsnamensuffixe -wedel und -büttel, die nördlich und südlich Holsteins fehlen, hier einer alten Ost-West-Wanderweg aus dem Kattegat. Da andererseits in Holstein die -leben fehlen, schließt er Nord-Süd-Wanderungen zu Lande aus. Aber SCHWARZ (1956, 193) bezweifelt die Stichhaltigkeit dieser These. – [83] SCHRÖDER (1938), der noch an dem Wanderweg über Thüringen festhielt, räumte selbst schon ein, daß die äußeren Umstände bei den Ortsnamen-Parallelen in Westfalen und Mitteldeutschland für eine

Priorität der westlichen sprechen, z.B. Scherfede-Scherbda, Halver-Halberstadt, Hes-Heß-Häßlar, Horsmar, Velmeden, Borken, Balhorn, Wipper. – [84] SCHULZ 1939 und wohl im Anschluß daran MILDENBERGER 1968. 195 – [85] R. v. USLAR 1938. 181 f – [86] SCHWARZ 1956. 146 – [87] nach IHM. bei PAULY-WISSOWA. 2199 – [88] TACITUS Annalen 13, 57 – [89] SCHMIDT 1970. 319 – [90] SCHULZ (1939) wollte mit seinem Hinweis auf ähnliche Kampfplatzopfer in Ostjütland und auf den Kattegatinseln, wo Wodan zu dieser Zeit noch unbekannt war, wohl auch eine entsprechende Differenzierung andeuten. Gemeinsam scheint beiden Stämmen dagegen noch das aus Skandinavien mitgebrachte Interesse an den heiligen Quellen gewesen zu sein wie auch deren Verehrung. Vgl. auch K. HELM 1946, »Wodan«, in: Gießener Beiträge zur deutschen Philologie Nr. 85. – [91] nach IHM. bei PAULY-WISSOWA. 2200 – [92] vgl. STURMFELS-BISCHOF: »Hessen« – [93] OTTO 1974. 77 – [94] SCHWARZ 1956. 117f u. 178 – [95] SCHWARZ 1956. 164 u. SCHMIDT 1970. 318 – [96] OROSIUS verfügte um 417 sicherlich über bessere Handschriften von CÄSAR als die heutige Generation. Der mutmaßliche frühere Sitz der Eudusen in Dyrsland wäre ein weiteres Argument für diese Schreibweise, wenn die herkömmliche Übersetzung »Tierland« zugunsten von »Durenland« aufgegeben werden könnte. – [97] SCHWARZ 1956. 177 – [98] SCHMIDT 1970. 318, danach nannten sich, *ohne* ethnische Verwandtschaft auch die Bajuwaren nach dem Land der Bojer und die Chattuarier nach dem Land der Chatten. – [99] SCHWARZ 1956. 178, TACITUS, Germania 41, Annalen 13,57. – [100] SCHWARZ 1956. 164 – [101] OTTO 1974. 66 u. SCHMIDT 1970. 318 – [102] SCHRÖDER 1938 – [103] Die Bemerkungen von SCHMIDT sind schon ein halbes Zugeständnis an die Haruden, denn andere Nordgermanen waren hier nicht. Das Suffix -*leben* hat die Bedeutung »Hinterlassenschaft, Erbe von einem Vorbesitzer« – also: Eigentum eines anderen; deshalb kann das Bestimmungswort sowohl einen Personen- als auch Orts- oder Stammesnamen enthalten. – [104] SCHWARZ 1956. 180 u. E. WASSERZIEHER 1966. 98 – [105] vgl. Kap. 7 u. 8 – [106] Damit würde das neuerdings auch in die Diskussion mit einbezogene Schwäbisch-Hall etwas mehr an Wahrscheinlichkeit gewinnen, falls die Gegner der Chatten nur *Süd*hermunduren (= Wodansverehrer) gewesen wären. – [107] SCHMIDT 1970. 319 oben u. Anm. 3 – [108] SCHMIDT 1970. 341. – [109] MILDENBERGER 1968. 197 – [110] dafür SCHMIDT 1970. 316; dagegen SCHWARZ 1956. 178 – [111] OTTO 1974. 76 – [112] SCHMIDT 1970. 256ff u. 292 Anm. – [113] SCHMIDT 1970. 224f – [114] SCHWARZ 1956. 76; SCHMIDT 1970. 271, nennt sie zwischen Taunus und Neckar (am Ende des 4. Jh.s) – [115] SCHWARZ 1956. 70 – [116] Im DDR-Duden 1969 heißt es noch: Wandalismus, fälschlich für

Zerstörungswut; 1976 ist »fälschlich« ersetzt durch »auch«. – [117] Schwarz 1954. 1, ders. 1956 174, Schmidt 1970. 237 u. 253 – [118] Meyer 1950. 7 – [119] Meyer 1950. 9 – [120] Meyer 1950. 6 – [121] Schmidt 1970. 225: »Aber ein ins Gewicht fallender fremdstämmiger (!) Zuwachs« – nämlich zu den Alamannen – »ist erst in späterer Zeit erfolgt, so besonders durch die Juthungen.« – [122] Meyer 1950. 4 – [123] nachdem sie seit etwa 390 politisch mit den Alamannen vorübergehend vereinigt waren – [124] Schwarz 1956. 168 f – [125] Meyer 1950. 9 u. 16, Schmidt 1970, 237 f, Schwarz 1956, 174 – [126] Schmidt 1970. 238 – [127] Schwarz 1956. 179 – [128] Schmidt 1970. 322 f – [129] Schwarz 1956. 180 – [130] Tacitus, Germania 40 – [131] Schwarz 1956. 115; Schmidt 1970. 322, spricht von einem namentlich unbekannten Volk aus dem Norden, womit aber nur die Haruden gemeint sein können. – [132] Schwarz 1956. 180; Schmidt 1970. 322 – [133] Schmidt 1970. 323 – [134] Schwarz 1956. 224 – [135] H. Pusch, Kloster Rohr, 1932, 14; A. Reukauf, Geschichte des thüringisch-fränkischen Geschlechts der Reukauf, 1937, 20; C. Vogt, Die Ruine Frankenberg bei Helmers, in: Blätter für Heimatkunde, Beilage der Mitteldeutschen Zeitung v. 12. 8. 1926. – [136] Schmidt 1970. 325 ff u. 330 – [137] Schwarz 1956. 148; Schmidt 1970. 359 f, denkt vielleicht an früheren Anschluß. – [138] Hammerbacher 1974. 143–148 – [139] Hammerbacher 1968. 123; E. Nack 1968. 294 – [140] Schwarz 1956. 150; Otto 1974. 101 – [141] A. Volland 1935. 40 schreibt die Grafschaftsverfassung Karl Martell zu und datiert sie in das Jahr 741. – [142] Zickgraf 1944. 77 ff; Bach 1897, II. 3 ff – [143] Zickgraf 1944. 18 – [144] H. Helmbold 1935 erklärt Hartschwinden als »Winden eines Haduberhi«. – [145] Was für Rhönhessen gilt, trifft sicher auch für Rhönfranken und -thüringer zu, um bei den heutigen Namen zu bleiben. So wie man aber den besonders zähen Typ im oberen Ulstertal bis heute Rhönkelten nennt (wohl zu Recht, denn die Milseburg war die letzte keltische Bastion), kann man auch noch Rhönthule- oder -haruden finden, überall dort nämlich, wo sich Verschlossenheit, Eigenbrötelei, Bescheidenheit und Wagemut mit Jähzorn, Leichtsinn und Übermut paaren, denn das sollen die Eigenschaften sein, die ihre nordgermanischen Vorfahren mitgebracht haben. Obwohl die vier Waldgaue in der Rhön 741 dem Grabfeldgau angegliedert wurden, erscheinen sie in späteren Urkunden immer wieder als sogenannte Untergaue. Im Verlauf der Geschichte sollten sie jedoch eine recht unterschiedliche Entwicklung erfahren: Das Tullifeld wurde zum Kern der fränkischen Grafschaft Henneberg-Schleusingen, die im 16. Jh. zu Thüringen kam, der Baringau blieb über Henneberg-Hartenberg bei Franken bzw. Bayern, und die Buchonia fiel mit den Klöstern Fulda und Hersfeld an Hessen, dementsprechend gingen ihre Bewohner in den großen Stammesbünden und späteren Ländern auf:

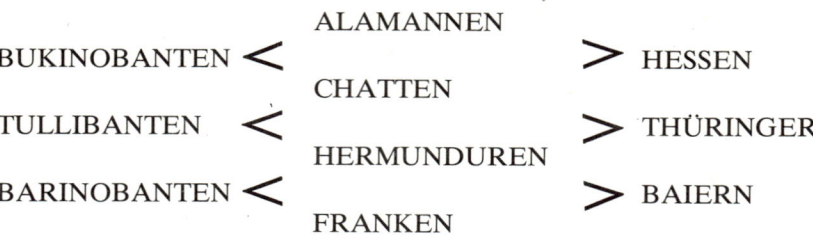

146 Holländer (= Holzgauer oder Hochländer?) nannte man früher die jungen Burschen aus der Rhön, die sich im Sommer oft weit außer Landes bei den Bauern verdingten; im Winter kehrten sie heim und nährten sich notdürftig mit Korbflechten, Peitschenmachen und Pfeifenkopfschnitzen. Sie waren beliebt wegen ihrer soliden Arbeit und gefürchtet wegen ihrer großen »Kartoffelmägen«. – 147 Sicher lächeln wir heute über die ein wenig einfältig anmutende Beschreibung aus BALTHASAR SPIESS, Die Rhön (1867). Aber man muß doch einräumen, daß vor mehr als 100 Jahren Aussagen über solche Stammeseigentümlichkeiten durchaus noch möglich waren. – 148 Das »r« kann sowohl vor als auch nach dem Vokal stehen, vgl. z. B. brennen – burn, Brunnen – Born, brecht – bert, druf – dorf. – 149 Diese umfassende Bedeutung des Wortes »eu« bzw. »gut« findet sich noch in zahlreichen mittel- und süddeutschen Redewendungen, z. B. guter Groschen = edler Groschen (aus Silber, Ggs. neuer = legierter Groschen), gutes Mehl = weißes, unvermischtes Mehl (Ggs. dunkles After- oder Nachlaufmehl, in der Rhön unterscheidet man auch zwischen schönem Mehl = Weizenmehl, Kuchenmehl und dunklem Mehl = Roggen- oder Brotmehl), gute Milch = ursprüngliche, natürliche, vollwertige Milch, Vollmilch (Ggs. entrahmte Milch, Magermilch), guter Wein = artreiner Traubenwein (Ggs. Haustrunk = mit Obstsaft gemischter, gestreckter unreiner Wein), guter Anzug = dauerhafter Festtagsanzug (früher aus Tuch im Ggs. zum Alltagsanzug aus Zeug oder Leinen), gute Butter = echte Butter (Gegensatz: Margarine, Butterersatz). – 150 Die ingwäonischen Stämme, insbesondere in Norwegen, bevorzugten eindeutig landschaftsbezogene Namen: Hochland-, Bergwald-, Kalkboden-, Talbewohner usw.; bei den irminonischen, insbesondere in Schweden, überwiegen dagegen die eigenschafts- oder verwandtschaftsbezogenen: Mutige, Kecke, Wir selbst,

Verschwägerte usw.; auf Jütland wechseln beide Namentypen herüber und hinüber. – [151] Andere Deutungen, wie z.B. »die Schlafmützen (die in der Kultur Zurückgebliebenen) oder »die Schweifenden« erscheinen weniger glaubwürdig; dagegen kann »die Freien« (die im freien Germanien Wohnenden) – ähnlich wie später die Franken – nicht ganz ausgeschlossen werden. – [152] Vgl. DOBENECKER 1925 Nr. 64, DRONKE 1850 Nr. 133, STENGEL 1956. 307, PISTOR 1607. 501, EBERHARDI Bl. 91^r; später, in den Jahren 819, 825, 829 und danach überwiegend Rosdorf. – [153] ZICKGRAF 1944. 17, 69, 225 – [154] PESCHECK 1970. 49 – [155] FRIEDRICH LUTHER (1935) bietet zwar eine gute Etymologie: Stoffelskuppe = Berg mit dem kleinen Felsen (germ? stophil = kleiner Fels), was hier zutreffen würde, aber kaum bei den zahlreichen übrigen Stoffels- oder Stopfelsbergen. – [156] H. CARLSSON 1940. 59 – [157] PESCHECK 1970. 52f, vgl. Kap. 6, Abb. 13 u. 14 – [158] Obwohl Juden schon im frühen Mittelalter erwähnt werden, kommen sie für die Volksentwicklung im biologischen Sinne nicht in Betracht. Durch den Makel der »Gottesmörder« und ihre eigene Intoleranz wurden sie seit eh und je von der christlichen Bevölkerung gemieden. Der sogenannte Rassenhaß des 20. Jh.s hat eindeutig seine Wurzel in dieser kirchlichen Ächtung einerseits und Selbstisolierung andererseits. Gelegentlich wurde diese Spannung früher schon vom Adel ausgenutzt, wenn er bei reichen Juden verschuldet war. So mußte sich ab und zu, auf Anweisung von der Kanzel herunter, die »christliche Volksseele« erheben, um die Juden und damit auch die Schulden loszuwerden. Ein solcher Aufstand fand z.B. 1198 in Meiningen statt, wobei alle dortigen Hebräer den Tod fanden, ein weiterer 1349, über den ein altes Historienbuch – mitgeteilt im Thüringer Tageblatt v. 5. 8. 1925 von KURT SIEMERS – berichtet: »In dem Jahre 1349 hielten sich zu Meiningen viele Jüden auf, welche mit großen kaiserlichen und fürstlichen Freiheiten begabt waren. Diese haben am Palm-Sonntage unter sich eine Vereinbarung gemacht, wie sie auf den Carfreitag unter der Passionspredigt die Christen in den Kirchen überfallen und soviel wie möglich tilgen und dämpfen wollten. Haben auch die vier folgenden Tage über sich ziemlich verstärkt. Es hat aber der Allsehende GOtt die Sache so wunderlich geschickt, daß solch Blutbad über ihre eigenen Köpfe hinausgeschlagen. Denn als eine Christenmagd sich etwas verspätet, vom Obertor herab auch zur Kirchen und Passionspredigt gehen wollte und an die Jüden-Capelle kam, höret sie ein ziemlich Geräusch bei und unter den Jüden, geht deswegen hinzu und vernimmt ihre bösen Anschläge, wie sie sich unterreden, die Christen in der Pfarr- und Klosterkirchen zu überfallen. Sie läuft eilends nach der Kirchen, macht ein Geschrei und offenbart solches. Darauf sind die Jüden bald gefänglich behalten und die Geflüchteten erlegt worden. Die Gefangenen aber mit Weib und Kind, Gut und Gesinde, sind hernach vom Bischof Alberto zu Würzburg zum Feuer verurteilt und nach dreien Monaten zu Meiningen unter der Stadt verbrannt worden. Und wird gesagt, daß zwo schöne Juden-Mägde unter dem Haufen gewesen, welche zween Bürgers-Söhne mit dem Beding, daß sie sich taufen ließen, zu Weibern nehmen und ehelichen wollten. Sie haben aber nicht einwilligen wollen, sondern sind zum Feuer geeilet, um lieber mit ihren Eltern und Freunden im Feuer zu sterben, denn Christen zu werden.« – [159] Nach GRIMMS Deutschem Wörterbuch kommt Kumpf in der Bedeutung flacher Brunnentrog nur in Osthessen (Hersfeld, Steinau, Marburg) vor, also sozusagen im »harudischen« Teil. – [160] Zur Etymologie des Wortes Kumpf vgl. norw. *kum* = Becken, ags. *cumb* = Schale, schott. *comb* = Mulde, walis. *cwm* = Gletschersee, es scheint also den Nordgermanen und Kelten eigen zu sein. – [161] MILDENBERGER 1968. 192 – [162] vgl. Kap. 7 und MEYERS Lexikon 1876, s. v. »Jōten« und »Deutsche Mythologie«.

Fach- und Fremdworterklärung

Akropolis = hochgelegener, befestigter, zentraler Kultplatz

Analogieschluß = auf Ähnlichkeit beruhende Schlußfolgerung

Anatomie = Lehre von der Zergliederung der Lebewesen

Anthropologie = Wissenschaft vom Menschen

Appellativum = konkretes Hauptwort, bezeichnet das Ding selbst und die Gattung (z.B. Mensch, Schwester, Baum)

Archanthropus = Frühmensch (zwischen Ur- und Altmensch)

Archäologie = Altertumskunde = »Spatenforschung«

Aristokratie = Adelsherrschaft

Asen = germanisches Göttergeschlecht

Assimilierung = Assimilation = hier: das Aufgehen in einem anderen Volk

Aurignac = Ort in Südfrankreich, danach benannt eine Kulturstufe der jüngeren Altsteinzeit

autochthon = ureingesessen, einheimisch, am Ort entstanden

Bacenis silva = Mittelgebirge, wohl die Rhön (Buchonia)

Boghazköi = Hauptstadt der Hethiter in Kleinasien

Castellum, Castrum = befestigte Siedlung, später Herrensitz

Cromagnon = nach dem Ort Crô Magnon (Frankreich) benannte spät-eiszeitliche Menschengruppe

dialektisch = hier: mundartlich

divide et impera! = Teile und herrsche! (Römischer Grundsatz)

Dolmen = Urform der Großsteingräber (besonders in Nordwestdeutschland)

Domestizierung = Zähmung von Wildtieren zu Haustieren

dominieren = vorherrschen, beherrschen, überdecken

Druiden = keltische Priester

egozentrisch = alles auf sich beziehend, für das eigene Ich wertend

ethisch = sittlich

ethnisch = volkseigentümlich, eine bestimmte Volksgruppe betreffend

Ethnogenese = Herkunft und Entwicklung eines Volkes

ethnogenetisch = entwicklungsgeschichtlich (volksbezogen)

Euhominine = echte, wirkliche Menschen

euphorisch = sorglos, heiter, übertrieben optimistisch

Evolution = Entwicklung

Exogamie = Heirat aus einer Gruppe (meist Sippe) heraus

ex oriente lux = aus dem Osten kommt das Licht; überhebliche orientalische These, besonders des Christentums

expandieren = (sich) ausdehnen

facettiert = geschliffen, abgeschrägt

Feudalgeschlecht = Adels- oder Lehnsgeschlecht

Gallia cisalpina = der (aus römischer Sicht) diesseits der Alpen liegende Teil Galliens

Ganerben = Miterben (hier: einer Grundherrschaft)

Gentilordnung = gesellschaftliche Organisation auf Sippengrundlage

gräzisieren = nach altgriechischem Muster formen

Habitus = äußere Gestalt

Hallstatt = Ort in der Steiermark, nach ihm benannt die ält. Eisenzeit

Hávamâl = Sprüche des Hohen (des Gottes Odin); Teil der Edda (Sittengedicht)

Hercynischer Wald = (Ein) Mittelgebirge (Schwarzwald, Alb, Thür. Wald?)

Hominide = alle Menschenformen der Vor- u. Jetztzeit

Homo erectus = der aufrecht gehende Mensch (Frühmensch, Archanthropus)

Homogenität = Gleichartigkeit, Übereinstimmung

Homo habilis = der geschickte (Werkzeug herstellende) Mensch (Urmensch)

Homo sapiens = der mit Vernunft begabte (jetztzeitliche) Mensch

Homo sapiens diluvialis = der Eiszeitmensch

Huntingrevolution = Jagdrevolution (Übergang von Pflanzen- auf Fleischkost)

Hypothese = Voraussetzung, noch unbewiesene Annahme

Idol = Götzenbild, Abgott, Trugbild

Indiz(ien) = Merkmal (Verdacht erregende Umstände)

Integration = Zusammenschluß, Vermischung

Inzest = Geschlechtsverkehr zwischen nahen Blutsverwandten

Keltomanie = voreingenommene Verehrung und Überschätzung der Kelten

Klimaoptimum = Warmperiode (z.B. während der Bronzezeit in Nordeuropa)

Kollektivum = vielheitliches Substantiv (Vieh, Obst, Gebirge)

Kolonisierung = Kolonisation = Besiedelung noch unbebauten Landes

Komponente = Teil eines Ganzen

konstituieren = bilden, einrichten, gründen

Kontinuität = Stetigkeit, Fortdauer

Kult = Verehrung, Religionsausübung

Kultur = der menschlichen Höherentwicklung dienende Errungenschaften

Latène = nach dem Ort La Tène (Schweiz) benannte jüngere Eisenzeit

magna mater = große Mutter = steinzeitliche Muttergottheit

Mastodonten = ausgestorbene Rüsseltiere des Spättertiärs

Matriarchat = Mutterherrschaft, Mutterrecht

Maxime = Regel, Grundsatz

mediterran = die Mittelmeerländer betreffend

Megalithikum = Periode der Großsteinbauten (jüngere Steinzeit)

Menhir = aufrecht stehender Steinblock aus dem Megalithikum

Mesolithikum = Mittelsteinzeit

Mikrolithen = kleine Feuersteingeräte der Mittelsteinzeit

minuziös = peinlich genau, kleinlich

Missionierung = Einführung einer religiösen Lehre (bes. d. Christentums)

Monotheismus = Glaube an einen einzigen (Schöpfer)gott

mosaisch = jüdisch, von Moses stammend

Mythologie = Götterlehre

Mythos = Sage, Geschichte, Überlieferung aus vorgeschichtlicher Zeit

Neanthropus = Jetztmensch

Neolithikum = Jungsteinzeit

Okeanide = Meeresgottheit der griechischen Sage

Okkupanten = Eroberer

Oppidum = Stadt, hier: stadtähnliche, befestigte keltische Siedlung

orientieren = nach den Himmelsrichtungen ausrichten oder bezeichnen

Orographie = beschreibende Darstellung des Erdreliefs

Paläanthropus = Altmensch (zwischen Früh- und Jetztmensch)

Paläolithikum = Altsteinzeit

Paläontologie = Lehre von den ausgestorbenen Tieren und Pflanzen

Patriarchat = Vaterherrschaft, Vaterrecht

Patrimonialherren = Großgrundbesitzer mit erblicher Gerichtshoheit

patronymisch = vom Vaternamen abgeleitet

peripher = am Rande liegend

permanent = dauernd, anhaltend, ununterbrochen

Phallus = männlicher Geschlechtsteil

phonetisch = lautlich

Pollenanalyse =Methode der Altersbestimmung nach Blütenstaubresten

Polytheismus = Glaube an mehrere Götter, Vielgötterei
Population = Bevölkerung, Volksgruppe
potentiell = möglich, der Anlage nach wirkungsfähig
prädestiniert = vorherbestimmt
prähistorisch = vorgeschichtlich
präindogermanisch = vorindogermanisch (vor der Bildung d. idg. Völker)
Präsapiens = letzte Stufe vor dem Jetztmenschen (Altmensch, Paläanthropus)
Primaten = Herrentiere (Menschen, Affen, Halbaffen)
Priorität = Vorrang, Vorrecht, Vorzug
Radiokarbondatierung = Methode der Altersbestimmung nach radioaktivem Kohlenstoff in den Fundgegenständen
Renaissance = Wiedergeburt, Wiederaufleben, Wiederaufblühen
rituell = nach feierlichem Brauch verlaufend
Skulptur = plastisches Bildhauerprodukt
Status = Stand, Stellung, Zustand
subhuman = unterhalb des Menschen, noch nicht menschlich
Suffix = Nachsilbe
Symbiose = das Zusammenleben versch. Arten zu beiderseitigem Nutzen
Synonym = bedeutungsgleiches oder sinnverwandtes Wort
tektonisch = den Bau und die Bewegung der Erdkruste betreffend
Terminologie = Fachwortschatz
Terminus = Fachwort
Tertiär = Erdzeitalter (Braunkohlenzeit)
Thermolumineszenzdatierung = Methode der Altersbestimmung nach Leuchterscheinungen bestimmter Stoffe bei Erwärmung
Thing = germanische Volks- oder Gerichtsversammlung unter freiem Himmel
Topographie = Lehre von der Oberflächengestalt der Erde
Tribut = Zwangsabgabe
Verballhornung = Verschlechterung trotz beabsichtigter Verbesserung
Wanen = nordisches Göttergeschlecht
Wustung = Wüstung = verlassene, aufgegebene Siedlung
Zivilisation = dem technischen Komfort frönende Lebensweise

Erläuterung der Kapitel-Vignetten

Kap. 1: Rekonstruktion des Homo habilis nach einem 2–3 Mio. alten Schädel (KNM-ER 1470 in den National Museums of Kenya, vgl. Abb. 2). Zeichnung: J. Hucke, Weimar.

Kap. 2: Altpaläolitische Horde beim Zerteilen der Jagdbeute, Sammeln von Pflanzennahrung, Braten von Fleisch und Herstellen von Lanzen. Ausschnitt.

Kap. 3: Einzeljagd. Mesolithisches Felsbild in Ostspanien.

Kap. 4: Geplante Endstufe der Anlage von Stonehenge.

Kap. 5: Rekonstruktion eines bronzezeitlichen Grabhügelfeldes mit eindrucksvollen Steinkränzen und Mahnmalen. (Die Friedhöfe lagen früher an Wegen.)

Kap. 6: Bronzewagen mit goldbelegter Scheibe aus der älteren Bronzezeit. Trundholm/Seeland. Nachbildung: Württemberger Maschinenfabrik Geislingen. (Vgl. Abb. 72 und Titelbild).

Kap. 7: Keltische (?) Sandsteinplastik von Gotha, 92 cm.

Kap. 8: Nordgermanischer Runenstein.

Kap. 9: Gefangene Germanin. »Trauernde Thusnelda«. Marmorstatuette in der Loggia dei Lanzi, Florenz. 1. Jh. (vgl. Abb. 111).

Kap. 10: Germanischer Fürst. Aus dem Relief an der Trajansäule, Rom (vgl. Abb. 131).

Kap. 11: Helm von Stößen, Kr. Weißenfels.

Kap. 12: Statue des Frankenkönigs Chlodwig. 6. Jh.

Bildnachweis

Aachen, Stadtbildstelle: 143
Berg, Uwe; Verlag Toppenstedt: 32
Brüssel, Institut Royal du Patrimoine artistique: 110
Clemen, Walther; Schmalkalden: 14, 158
Dresden, Deutsche Fotothek: Kap.-Vign. 12
Deutscher Verlag der Wissenschaften, VEB, Berlin: 25, 26, 135
Eisenach, Wartburgstiftung: 84
Feustel, Rudolf; Weimar: 18, 20, 21, 23, 44, 45, 55, 58, 59, 76, Kap.-Vign. 2, 3
Fischer, Gustav; VEB Verlag Jena: 1–3, 5, 6, 9, Kap.-Vign. 1
Fladungen, Rhönmuseum: 106, Farbfoto 3
Florenz, Loggia dei Lanzi: 111, Kap.-Vign. 9
Gerster, Georg; Zumikon/Schweiz: 27, 28
Gotha, Museum f. Regionalgesch. u. Volkskunde: 12, 13, Kap.-Vign. 7
Grabert, Wigbert; Verlag Tübingen: 54, 63, 64, 73
Halle, Landesmuseum für Vorgeschichte: 36, 37, 50, 53, 125, 130, 138, 145, Kap.-Vign. 11
Holste, Friedrich; Berlin: 57, 60–62
Jena, Friedrich Schiller Universität: 94, 95 (Ur- u. Frühgesch. Inv.-Nr. 5188–5190)
Jestedt, W. Fritzlar: 142
Kassel, Staatl. Kunstsammlungen, Abt. Vor- u. Frühgesch.: 33a
Kopenhagen, Nationalmuseum: 72, 92, 102, 103, 120, 121, Umschlag-Titelbild
Kreuder, Rolf; Bildarchiv Tann: 107, 108
Langewiesche; Verlag Königstein: 149
Leipzig, Institut für Vor- und Frühgeschichte: 38
List, Paul; Schulbuchverlag München: 10
Mainz, Römisch-Germanisches Zentralmuseum: 4, 83
Marburg, Bildarchiv Foto: 43
Mildenberger, Gerhard; Ruhr-Universität Bochum: 19, 49, 75, 89
Nack, Emil; Wien: 146
Norwich, H. M. Office Copyright Department: 29–31, Kap.-Vign. 4
Pescheck, Christian; München: 40, 47, 77, 78, 96, 97, Kap.-Vign. 5
Peschel, Karl; Jena: 88
Reinerth, Hans; Forschungsinstitut f. Vor- u. Frühgesch. Unteruhldingen: 17, 22, 34, 51, 52, 69, 70, 81, 105, 112, 126, 132, 134, 136, 137, 140, 141, 144
Rhönklub Fulda: 79
Rom, Deutsches Archäologisches Institut: 131, Kap.-Vign. 10
Röth, Erich; Verlag Kassel: 33b

Schleswig, Schlesw.-Holst. Landesmuseum Schloß Gottorp: 122
Schroll, Anton & Co.; Verlag Wien: 71
Schulz, Walther; Halle: 8, 11, 41, 42, 139, Kap.-Vign. 6
Schulze, H. O.; Verlag Lichtenfels: 16
Stuttgart, Württembergisches Landesmuseum: 135
Tübingen, Institut für Urgeschichte: 25, 26
Urania; Verlag Leipzig-Jena-Berlin: 65–68, 87, 90, 91, 101, 113, 123, 133, Kap.-Vign. 8
Weimar, Museum für Ur- und Frühgeschichte Thüringens: 7, 115–119
Wien, Naturhistorisches Museum, Prähistorische Abteilung: 24
Würzburg, Landesamt für Denkmalpflege, Zweigstelle Franken: 15, 35, 39, 56, 74, 85, 86, 93, 124
Aus dem Archiv des Verfassers: 46, 48, 80, 82, 98–100, 104, 109, 114, 127–129, 147, 148, 150–165, Farbfotos 1, 2, 4–7

Literaturverzeichnis

Atkinson, R. J. C. (1978) *Was ist Stonehenge?* Swindon

Andree, Julius (1922) *Bergbau in der Vorzeit.* Bd. 2. Leipzig

– (1939) *Die Externsteine, eine germanische Kultstätte.* Münster

Bach, C. L. (1897–1908) *Im Tullifeld.* Heft I–IV. Kaltennordheim

Bahlow, Hans (1965) *Deutschlands geografische Namenwelt.* Frankfurt/M.

Bauer, Hans (1974) *Reise in die Karolingerzeit.* Leipzig

Bergstrøm-Vatcher-Hine (1974) *Stonehenge.* London

Bosinski, G. (1970) *Der altsteinzeitliche Fundplatz Gönnersdorf/Rhein.* In: Vorzeit, Zs. f. Vor- u. Frühgesch., Volksforsch. u. Heimatkunde, 19. Jg., Heft 1–4. Singen. Hg. Hans Reinerth

Böttcher, Julius (1955) *Die Geschichte Ohrdrufs I.* Ohrdruf

Breitinger, Emil (1962) *Zur gegenwärtigen Kenntnis der ältesten Hominiden.* In: Anz. d. phil.-hist. Kl. d. Österr. Akad. d. Wiss., Jg. 1961, Nr. 22. Graz.

Brockhaus, Der neue (1973 ff). Wiesbaden

Brögger, A. W. (1926) *Kulturgeschichte des norwegischen Altertums.* In: Instit. f. sammenlignende Kulturforskning. Serie A VI. Oslo

Buschendorf, Gisela (1956) *Wie der Mensch den Kampf um die Beherrschung der Natur begann (Die Urgesellschaft).* In: Weltall – Erde – Mensch. Leipzig. Hg. Gisela Buschendorf, Horst Wolffgramm, Irmgard Radandt

Carlsson, Hjalmar (1940) *Wiesenthal in der Rhön.* Herrnhut

Cäsar, Gaius Julius (1972) *Commentarii de bello gallico.* 12. Aufl. (Hg. F. Eckstein). Frankfurt/M.

Clemen, Walther (1962) *Gräberfunde am Nebelberg bei Roßdorf.* In: Das freie Wort, 12. 4. 1962. Schmalkalden

Dittmaier, Heinrich (1963) *Rheinische Flurnamen.* Bonn

Dobenecker, Otto (1896 ff) *Regesta diplomatica necnon epistolaria historiae Thuringiae.* Bd. 1. Jena

Dronke, Ernst Fr. Joh. (1844) *Traditiones et antiquitates Fuldenses.* Kassel

Duden, Der Große (1969 u. 1976) VEB Bibliogr. Inst. (Hg.). Leipzig

Ebert, Karlheinz (1978) *Der große Sprung vom Tier zum Menschen.* In: Bad. Neueste Nachr., 5. 7. 1978. Karlsruhe

Eggers, Hans-Jürgen (1973) *Vorgeschichte – kurz gefaßt: Altsteinzeit.* Folge 2. In: Vorland, Zs. f. europ. Vorgesch., 1. Jg. Pinneberg

Feld, Jürgen (1970) *Steinzeitsiedlungen bei Heidelberg.* In: Vorzeit, Zs. f. Vor- und Frühgesch., Volksforsch. u. Heimatkunde, 19. Jg., Heft 1–4. Singen

Feustel, Rudolf (1958) *Bronzezeitliche Hügelgräberkultur im Gebiet von Schwarza (Südthüringen).* In: Veröffentl. d. Mus. f. Ur- u. Frühgesch. Thüringens. Weimar

– (1971) *Urgesellschaft*. Weimar

– (1978) *Abstammungsgeschichte des Menschen*. Jena

Förstemann, Ernst W. (1967) *Altdeutsches Namenbuch*. Bonn

Gadow, Gerhard (1973) *Der Atlantis-Streit*. Frankfurt/M.

Gauß, Hans u. Holzapfel, Ursula (o.J.) *Thüringer Museum Eisenach, Ur- und Frühgeschichte des Kreises Eisenach*. Eisenach

Gebhardt, Bruno (1970) *Handbuch der deutschen Geschichte*. 9. Aufl. (Hg. H. Grundmann). Stuttgart

Gehring, Hugo (1943) *Edda. Götterlieder, Heldenlieder*. Berlin

Goeke, Klaus (1978) *Archäometrie*. In: Bild d. Wissenschaft, Heft 7. Stuttgart

Gottschald, Max (1971) *Deutsche Namenkunde*. Berlin

Götze, Alfred (1928) *Die »Schwurschwerter« der Wartburg*. In: Mannus, Zs. f. Vorgesch., VI. Erg.-Bd. Leipzig

Götze, Alfred–Höfer, P.–Zschiesche, P. (1909) *Die vor- und frühgeschichtlichen Altertümer Thüringens*. Würzburg

Grahmann, Rudolf (1952) *Urgeschichte der Menschheit*. Stuttgart

Grimm, Jacob u. Wilhelm (1854–1961) *Deutsches Wörterbuch*. Leipzig

Hachmann, Rolf–Kossack, Georg–Kuhn, Hans (1962) *Völker zwischen Germanen und Kelten*. Neumünster

Hahn, Hans (1974) *Exkursion in die Rhön*. In: Führer zu vor- u. frühgesch.Denkmälern, Heft 1. Mainz

Hammerbacher, Hans Wilhelm (1968) *Die Donareiche*. Heusenstamm

– (1974) *Die hohe Zeit der Sueben und Alamannen*. Heusenstamm

Helm, Rudolf und Retzlaff, Hans (o. J.) *Die Rhön*. Königstein/T.

Helmbold, Hermann (1935) *Zur Ortsnamenforschung*. In: Heimatblätter f. d. Kreis Eisenach, Heft 3. Eisenach

Henius (1928) *Großes Orts- und Verkehrslexikon für das deutsche Reich*. Berlin

Hepp, Armin (1974) *Möglichkeiten und Grenzen der quantitativen Genealogie*. In: Genealog. Jb., Bd. 14. Neustadt/Aisch

Herrmann, Joachim (1976) *Zwischen Hradschin und Vineta, frühe Kulturen der Westslawen*. Leipzig

Hertel, Julius (1893) *Salzunger Wörterbuch*. Jena

Holste, Friedrich (1939) *Die Bronzezeit im nordmainischen Hessen*. Berlin

– (1953) *Die Bronzezeit in Süd- und Westdeutschland*. In: Hb. d. Urgesch. Deutschlands, Bd. 1. Berlin

Hucke, Hermann (1939) *Der Hennebergische Sprachraum*. In: Jb. d. Henneberg.-fränk. Geschichtsvereins. Meiningen

Keiling, Horst (1976) *Die Entstehung der Jastorfkultur und zeitgleicher Kulturen im Rhein-Weser-Gebiet und deren geografische Verbreitung*. In: Die Germanen. Geschichte und Kultur der germanischen Stämme in Mitteleuropa. Berlin

Kesting, Hermann (1961) *Arminius und die Varusschlacht*. Detmold

Koch, Ernst (1926) *Die Weinstraße bei Ritschenhausen und ihre Umgebung*. In: Schr. d. Vereins f. Sachsen-Meining. Gesch. u. Landeskunde, Heft 84. Meiningen

König, Werner (1978) *dtv-Atlas der deutschen Sprache*. München

Kosiek, Rolf (1975) *Das Volk in seiner Wirklichkeit*. Berg am See

– (1978) *Der kopflastige Mensch*. In: Klüter Blätter, Monatshefte f. Kultur u. Zeitgesch., 29. Jg., Heft 3. Berg am See

Kossinna, Gustaf (1978) *Die Herkunft der Germanen*. Bonn

Krause, Wolfgang (1940/41) *Die Herkunft der Germanen*. In: Jb. d. Akad. d. Wissensch. Göttingen

Krüger, H. (1974) *Zur Siedlungsgeschichte der Gießener Lahntalweitung*. In: Führer zu vor- u. frühgesch. Denkmälern, Heft 1. Mainz

Kuhn, Hans (1959) *Vor- und frühgeschichtliche Ortsnamen in Norddeutschland und den Niederlanden*. In: Westfäl. Forsch. 12. Münster

– (1962) *Das Zeugnis der Namen*. (s. oben Hachmann . . .)

– (1963) *Grenzen vor- und frühgeschichtlicher Ortsnamentypen*. In: Akad. d. Wissenschaften u. d. Literatur. Mainz

Kummer, Bernhard (1950) *Brünhild und Ragnarök*. Lübeck

– (1972) *Midgards Untergang*. Stade

Langenscheidt (1976) *Universal-Wörterbuch Norwegisch*. Berlin

László, Gyula (1974) *Steppenvölker und Germanen*. Berlin

Lukan, Karl (1965) *Alpenwanderungen in die Vorzeit*. Wien

Luther, Friedrich (1935) *Vom Pleß und seinem Anhang*. In: Heimatkalender f. d. Kreis-Herrschaft Schmalkalden. Schmalkalden

Mania, Dietrich (1972/73) *Das Eiszeitalter zwischen Thüringer Wald und mittlerer Elbe*. In: Urgesch. u. Heimatforsch., Mus. f. Ur- u. Frühgesch. Thüringens, Heft 10 u. 11. Weimar

Marquardt, Erich (1937) *Denkmale der Vorzeit aus dem Kreis Meiningen und seiner nächsten Umgebung*. Jb. 1937 d. Henneberg.-fränk. Geschichtsvereins. Meiningen

– (1939) *Vorgeschichte, Einzelfunde*. In: Jb. d. Henneberg.-fränk. Geschichtsvereins. Meiningen

Mehl, Heinrich (1976) *Marienbild und Schreckkopf, Volkskunst in der fränkischen Rhön – Charakteristika und Beispiele*. In: Land der offenen Fernen. Fulda

Meyer, Herbert (1949) *Die Juthungen*. In: Zs. f. württemberg. Landesgesch. IX. Stuttgart

Meyers Konversations-Lexikon (1874 ff). Leipzig

Mildenberger, Gerhard (1968) *Geschichte Thüringens. Die vorgeschichtlichen Grundlagen*. In: Mitteldeutsche Forsch. 48/I. Köln

Müller, Rolf (1936) *Himmelskundliche Ortung auf nordisch-germanischem Boden*. Leipzig

– (1970) *Der Himmel über dem Menschen der Steinzeit*. Berlin

Müller-Beck, Hansjürgen (1957) *Das obere Altpaläolithikum in Süddeutschland*. Bonn

Nack, Emil (1968) *Germanien*. Wien
Nietzsche, Friedrich (1975) *Also sprach Zarathustra*. Stuttgart
Noelle, Hermann (1963) *Geh von deinem Acker, Kelte!* Eßlingen
– (1974) *Die Kelten und ihre Stadt Manching*. Pfaffenhofen
Norden, Eduard (1934) *Altgermanien*. Leipzig

Otto, Karl-Heinz (1960) *Deutschland in der Epoche der Urgesellschaft*. Berlin
– (1974) *Entstehung, Entfaltung und beginnende Zersetzung der Urgesellschaft, Zerfall und Auflösung der Urgesellschaft*. In: Deutsche Gesch., Bd. 1. Berlin

Pescheck, Christian (1966) *Landwirt, Handwerker und Erfinder in vorgeschichtlicher Zeit*. In: Unterfränk. Heimatbogen 18. Würzburg
– (1967) *Vor- und Frühgeschichte Unterfrankens*. In: Mainfränk. Hefte 38. Würzburg
– (1970) *Vor- und Frühgeschichte*. In: Der Kreuzberg und sein Umkreis. Volkach
– (1971) *Das Kultwagengrab von Acholshausen*. In: Mainfränk. Jb. 23. Würzburg
– (1974) *Von der Milseburg nach Salz*. In: Führer zu vor- u. frühgesch. Denkmälern, Heft 1. Mainz.
– (1975) *Vorgeschichte im Gebiet zwischen Rhön und Haßbergen*. In: Führer zu vor- u. frühgesch. Denkmälern, Heft 28. Mainz
Peschel, Karl (1962) *Die vorgeschichtliche Keramik der Gleichberge bei Römhild in Thüringen*. In: Veröffentl. d. Mus. f. Ur- und Frühgesch. Thüringens. Weimar
– (1976) *Germanen und Kelten*. In: Die Germanen, Geschichte und Kultur der Germanischen Stämme in Mitteleuropa. Berlin
– (1978) *Anfänge germanischer Besiedlung im Mittelgebirgsraum*. Berlin
Pistor, Johannes (1607) *Rerum Germanicarum veteres iam primum publicati Scriptores VI*. Frankfurt
Pittoni, Richard (1972) *Das Mittelmetallikum, die Frühzeit der Indogermanischen Einzelvölker Europas*. Wien
Preidel, Helmut (1973) *Nomadenvolk der Frühgeschichte: Die Awaren*. In: Vorland, Zs. f. europ. Vorgesch. 6. Pinneberg
Pusch, Hermann (1932) *Kloster Rohr*. Meiningen

Reinerth, Hans (1926) *Die jüngere Steinzeit in der Schweiz*. Leipzig
– (1928) *Die schnurkeramischen Totenhäuser von Sarmenstorf*. In: Mannus, Zs. f. Vorgesch. VI. Erg.-Bd. Leipzig
– (1940) *Urgermanen*. In: Vorgeschichte der deutschen Stämme. Leipzig
– (1942) *Lebendige Vorzeit*. Berlin
Reukauf, August (1937) *Geschichte des thüringisch-fränkischen Geschlechts der Reukauf*. Coburg

Reuter, Otto Sigfrid (1922) *Das Rätsel der Edda und der arische Urglaube*. Sontra

Richthofen, Bolko v. (1970) *Zur Herkunft der Germanen und Indogermanen*. In: Mannus, Dt. Zs. f. Vor- u. Frühgesch., Heft 1, Bonn

Rieder, Hannes (1974) *Die Rhön, Land der Mitte*. In: Die Rhön. Frankf./M.

Riehl, Wilhelm Heinrich (1853) *Das Land der armen Leute*. Stuttgart u. Tübingen

Rößler, Helmut (1961) *Deutsche Geschichte*. Gütersloh

Roth, H. (1975) *Funde des 1.–4. Jh. im Saale-Grabfeldgebiet*. In: Führer zu vor- u. frühgesch. Denkmälern, Heft 1. Mainz

Sauer, Hans (1974) *Die Rhön – Grenzland im Herzen Deutschlands*. Fulda

Schaub, Franz (1974) *Eine Landschaft zum Verlieben*. In: Die Rhön. Frankf./M.

Schick, Manfred (1968) *Geschichte Thüringens – Die natürlichen Grundlagen*. In: Mitteldeutsche Forsch. 48/I. Köln

Schlette, Friedrich (1974) *Germanen zwischen Thorsberg und Ravenna*. Leipzig

– (1976) *Kelten zwischen Alesia und Pergamon*. Leipzig

Schlüter, Otto (1952) *Die Siedlungsräume Mitteleuropas in frühgeschichtlicher Zeit*. In: Forsch. z. deutschen Landeskunde 63. Hamburg

Schmidt, Ludwig (1970) *Die Westgermanen*. München

– (1939) *Zur Geschichte der Hermunduren*. In: Germania 23/1. Berlin

Schröder, Edward (1938) *Deutsche Namenkunde*. Göttingen

Schulz, Walther (1938) *Indogermanen und Germanen*. Leipzig

– (1939) *Vor- und Frühgeschichte Mitteldeutschlands*. Halle

– (1940) *Die Thüringer*. In: Vorgeschichte der deutschen Stämme. Leipzig

– (1941) *Das Thüringer Königreich und seine Bewohner*. In: Jb. d. Henneberg.-fränk. Geschichtsvereins. Meiningen

Schwantes, Gustav (1958) *Die Gruppen der Ripdorf-Stufe*. In: Jschr. f. mitteldeutsche Vorgesch. 41/42. Berlin

Schwarz, Ernst (1954) *Die Herkunft der Juthungen*. In: Jb. f. fränk. Landesforsch. Würzburg

– (1956) *Germanische Stammeskunde*. Heidelberg

Seyer, Rosemarie (1976) *Antike Nachrichten*. In: Die Germanen, Geschichte und Kultur der Germanischen Stämme in Mitteleuropa. Berlin

Solger, Friedrich (1959) *Das überpersönliche Leben*. Berlin

Spanuth, Jürgen (1965) *Atlantis*. Tübingen

– (1977) *Die Atlanter*. Tübingen

Spieß, Balthasar (1867) *Die Rhön*. Würzburg

Stark, Georg (1974) *Kleiner Staffelberg-Führer*. Lichtenfels

Stengel, E. E. (1956) *Urkundenbuch des Klosters Fulda I*. Marburg.

Stocker, Eugen (1976) *Die große Zeit der Buchauer Ausgrabungen*. Bad Buchau

Sturmfels, Wilhelm-Bischof (1961) *Unsere Ortsnamen*. Bonn

Suchenwirth, Richard (1941) *Deutsche Geschichte*. Leipzig

Tacitus, Publius Cornelius (1973) *Germania*. Stuttgart. Übers. v. Manfred Fuhrmann

Uslar, Rafael v. (1938) *Westgermanische Bodenfunde des 1.–3. Jh. n. Chr. aus Mittel- und Westdeutschland*. Berlin

Vetter, Walter (1937) *Die persönlichen Fürwörter im thüringischen Sprachraum*. In: Heimatblätter f. d. Kreis Eisenach, Heft 3. Eisenach

Vilmar, A. F. Chr. (1883) *Idiotikon von Kurhessen*. Marburg/Lahn

Vogt, C. (1926) *Die Ruine Frankenberg bei Helmers*. In: Blätter f. Heimatkunde. Beil. d. mitteldt. Ztg. v. 12. 8. 1926. Erfurt

Volland, Arno (1935) *Zur Siedlungsgeschichte des Gerstengaues*. In: Heimatblätter f. d. Kreis Eisenach, Heft 3. Eisenach

Wahl, Volker (1974) *1. Der Name Schmalkalden 2. Ursprung und Entwicklung der Stadt Schmalkalden im Mittelalter*. In: Mus. Schloß Wilhelmsburg, Beitr. z. Gesch. Schmalkaldens. Schmalkalden

Wasserzieher, Ernst (1966) *Woher? Ableitendes Wörterbuch der deutschen Sprache*. Bonn

Witter, Wilhelm (1938) *Die älteste Erzgewinnung im nordisch-germanischen Lebenskreis*. In: Mannus-Bücherei Bd. 60, 63. Leipzig

Wunderlich, Hans-Georg (1977) *Die Steinzeit ist noch nicht zu Ende. Archäologie der menschlichen Seele*. Reinbek

Zeuß, Kaspar (1837) *Die Deutschen und ihre Nachbarstämme*. München

Zickgraf, Eilhard (1939) *Forschungen zur Geschichte der Wildbänne und alter Grenzen im Gebiet der Grafschaft Henneberg-Schleusingen*. In: Jb. d. Henneberg.-fränk. Geschichtsvereins. Meiningen

– (1944) *Die gefürstete Grafschaft Henneberg-Schleusingen*. Marburg/Lahn

Zöllner, Erich (1970) *Geschichte der Franken*. München

Zotz, Lothar F. (1939) *Die Altsteinzeit in Niederschlesien*. Leipzig

Personenverzeichnis

(mythologische Gestalten sind mit * bezeichnet)

Ortsverzeichnis

(weitere Ortsnamen in Anhang II, S. 281–286)

Sachverzeichnis

Für freundliche Beratung und Literaturhinweise zu Dank verpflichtet bin ich Herrn Univ.-Prof. Dr. HANS REINERTH, Forschungsinstitut für Vor- und Frühgeschichte Unteruhldingen, Herrn em. o. Prof. Dr. ERNST SCHWARZ, Erlangen, Herrn Univ.-Prof. Dr. CHRISTIAN PESCHECK, Bayerisches Landesamt für Denkmalpflege Würzburg, Herrn GEIR HELGEN, Kustos der Oldsaksamlingen an der Universität Oslo, und meinem langjährigen Freund HEINZ WAGNER, Steinbach bei Bad Liebenstein. Ferner danke ich allen im Bildnachweis genannten Stellen für die großzügige Überlassung von Reproduktionsrechten und Bildvorlagen.